# 人性视角下
# 中小学教学关系的研究

罗永华 著

广东高等教育出版社
Guangdong Higher Education Press
·广州·

**图书在版编目（CIP）数据**

人性视角下中小学教学关系的研究／罗永华著．—广州：广东高等教育出版社，2022.9

ISBN 978－7－5361－6697－4

Ⅰ.①人…　Ⅱ.①罗…　Ⅲ.①中小学—教学研究
Ⅳ.①G632.0

中国版本图书馆CIP数据核字（2022）第026611号

RENXING SHIJIAOXIA ZHONGXIAOXUE JIAOXUE GUANXI DE YANJIU

| | |
|---|---|
| 出版发行 | 广东高等教育出版社<br>地址：广州市天河区林和西横路<br>邮政编码：510500　电话：（020）87553335<br>http://www.gdgjs.com.cn |
| 印　刷 | 广东海洋印刷有限公司 |
| 开　本 | 787毫米×1 092毫米　1/16 |
| 印　张 | 14.5 |
| 字　数 | 260千 |
| 版　次 | 2022年9月第1版 |
| 印　次 | 2022年9月第1次印刷 |
| 定　价 | 32.00元 |

# 序

教学关系是中小学教育的现实表现，也是其得以存在的最基本条件。随着科学与技术的发展，人类面临着更丰富的世界和更复杂的生存环境，学校教育的形式、内容与手段已经发生了很大变化。

罗永华老师从事基础教育工作多年，对教育教学实践有着自己的思考，她认为基础教育应该是基于人性、利用人性和为了人性的。作为外语学科教师，她期待人文性与工具性相结合的外语教育生态，她期待生动活泼的外语教学课堂。她特别关注教育中的人，尤其是教师与学生的存在与发展状态。

除了有丰富的教育教学实践经验，罗老师对片面应试教育的状态、深刻背景与后果影响有着切肤之体验。为此，她以教学关系为切入口，试图表达出自己的思考与见解。本书真切地反映了她的思考，字里行间流露着深深的忧患意识，看到“应对式”教学关系导致了教育教学实践的“非人性”现象。显然，她并不满足于纯粹的情感表白，而是试图去表达出一种理性的思考，琢磨着构建一种理论视角与实践框架。

由此，人性视角下的教学关系应运产生。首先，它是一种整体的教学关系，融合教与学关系、教学过程、师生关系等各种关系主体。其次，它是一种学术立场，即人本主义立场，反映作者对基础教育生态一以贯之的反思与期待，将教育中的人、事统一于人性之下、“关系”之中。再次，人性视角下教学关系的具体特征表现为“求真—尚美—崇善”，具有浓厚的中国传统人性论色彩，重视对人存在样式的研究。主张人是整体性的存在，而非孤立、割裂与抽象的样态，物质与精神对于人具有同样重要的作用；主张社会性是人存在的基础，个性是人存在的依托；主张“人性的善”是先验的和生成的相结合。“求真—尚美—崇善”教学关系以培养“整体的人”为目标，依循“适性—扬性—成性”的理路，突出人性与教学关系存在、维系与功能彰显的结合。其中，“适性”强调教学要尊重璞玉之材，“扬性”强调教学要满足好奇之心，“成性”强调教学要成就向善、成善之情。最后，人性视角下的中小学教学关系可从三条途径展开：生动真实的教与学关系，探究合作的教学过程，示范对话的师生关系。

罗老师围绕“人性的解蔽、澄明与敞亮”的理论明线，从“非人性”到“人性”的实践暗线构建人性视角下的教学关系，着重阐述、描述和论证人性视角下的教学关系的应然、实然与必然，唤醒教育背后的主体意识，能给人以深思与启迪，为反思和改进当前教育教学实践提供一个不同的视角。

本书既包括丰富的教育教学实践案例，又有大量的教育研究方式展示，具有一定的理论创新与实践贡献，对当前课程教学改革具有一定的指导意义。

2021 年 12 月

# 目　录

# 第一章 绪 论

“教育既是人性的需要，也是人性的生成与改善过程。教育应当出于人性本性而进行尊重生命本性、维护感性生存和善待自然德性的人性教育。”①人性之美好总是牵引着人为更好的存在而行动，为更好的教育而求索。

教育为人性臻于美好而存在。教育既承担着强大的历史使命和社会责任，也为人的存在、发展和变革提供强大的力量。反思教育与我国课程教学改革历程，在新的历史时期与新的社会环境下，学校教育该为“培养什么样的人”和“如何培养人”的论题做些什么样的思考与实践？两千多年前的孔子已然做出回答：不断学习，以远离困惑；不执己念，以减轻忧愁；不懈追求，以战胜恐惧。知行合一，行者无疆。既然人是时间与空间里有限的存在，那研究就从此时、此地开始。

## 第一节 研究缘起

20 世纪末以来，全球课程改革浪潮再起。21 世纪初，中国开始了新课程改革，20 多年过去，学校教育教学面貌发生了很大变化，也反映出很多问题。作为社会活动存在现实表现的教学关系发生了巨大变化。从教学关系的主体来看，教师已经不是知识的唯一载体，更不是知识的权威，教师的角色必须由传统教育的知识传授者转变为教育的设计者、指导者与帮助者，成为与学生共同学习的伙伴。② 随着互联网技术和人工智能技术的使用，未来教学中，师生角色依然存在，但教师与学生的界限可能会变得模糊，教师与学生可能不仅是课程的主体和实践者，而且是课程的开发者与创造者。从形式来看，教学关系将可能不再是“人—人”关系，而是“人—物—人”关系或“人—机器—人”关系，表现状态是基于线上和线下教师与学生相互学习

---

① 肖绍明，扈中平. 教育何以复归人性［J］. 高等教育研究，2010，31（6）：25－32.

② 顾明远. 未来教育的变与不变［J］. 基础教育论坛，2016（33）：1.

的学习共同体。从发生的场域和时间来看，教学关系将会从封闭的校园走向开放的校园，会由相对固定的时间走向相对自由的选择安排。

但学校教育的主体是人，这一点还是没变。那么“何为与所为”就是一个人性的认识过程：教育的目的是培养“人”，那培养什么样的人就必然涉及对“人为何与为何人”的理解；教育的内容是为了“人”的发展，那如何培养人必然关系到“如何为人”的理论与实践。由此可见，人性是教育的出发点，是教育的手段，是教育的目的，贯穿教育活动的全过程。此背景下，人性视角下教学关系构建的提出主要基于以下三方面原因。

## 一、教育教学实践中的“非人性”现象

教学关系是教育活动的直接表现，没有教育活动，教学关系无处可存；没有教学关系，也没有真正意义上的教育活动。从宏观上看，教学关系是一个内含师生关系、教学过程、教与学关系以及各种要素运行的整体。

我国从 21 世纪初开始的新课程改革已经实施了 20 多年，“课程改革”一词虽已深入人心，但不少教学实践场域依然唱着昨天的歌谣。许多教师还采取着与他们自己学生时代所接受的一样的、被批判的教学行为。教学关系中的“非人性”现象仍然普遍存在。

例如，灌输式的教学活动依然充斥课堂。教师对教与学关系的认识依然停留在过去的时代，不少教师和学生认为教与学是单向运行的行为，内容与形式都由教师决定，课堂是由教师主宰的场域。实践中教与学活动的主要形式以教师讲授为主，通常的课堂教学模式是先教后学；课堂组织形式比较单一，主要是教师讲、学生听；教与学活动单向传递较多，互动分享较少，浅层互动较多，深度交流较少。教与学活动缺少对学生主动好学之性的保护与激发，逐渐让学生成为被动的学习者，僵化了他们的思考认知，窄化了他们的知识视野与情感表达。

例如，应试教育依然占据着绝大部分的教学时空。不少教师认为教学过程就是上课、出题、出卷和改题、讲题与释卷的过程，不少学生认为教学过程就是听课、做题和参加考试的过程。不少师生认为教学过程就是一项围绕目标、内容、设计、实施和评价的封闭单向运动过程与生态。教师的大部分教学实践以经验的、静态的知识授受为主要目的；教学内容选择的主要依据是课程标准、教学大纲与教材，具体内容以传递知识、训练技能与应试训练为主；教学方法则以讲授法、练习法为主，对学生学业评价以考试成绩为唯一依据。学校对教育教学效果的评价以考试成绩与升学表现为主，而较少关注学生的身心发展。教学过程缺少对学生好奇探索之性、喜新创新之才的发扬，缺少对学生批判与创新思维的培养。学生逐渐成为考试成绩与社会当下

功利的追逐者，他们的思维发展越来越狭隘，情感体验越来越单薄，视野见识越来越狭窄。

例如，不少教师与学生对师生关系的认识与实践各有异化。有些教师认为自己只是专业授课人士，与传道者身份无关，授课任务完成即可；有些教师认为自己是服务人员，与伦理道德培养无关，让学生满意即可；有些学生则认为接受教育仅仅是为自己走向职场做准备；有些学生与家长认为交了学费，教师理应为自己提供迎合自己的服务。可见，师生关系受社会环境、经济发展和文化观念等方面的影响，充分折射了物质与功利社会的方方面面。

实践中大部分教师认为，教师与学生关系的维系主要依靠课堂教学活动中教师和学生的教与学关系。虽然大部分教师认为自己最重要的职责是教书育人，但他们认为教师的学科教学成绩是影响师生关系的最重要因素，所以他们的所有行为都围绕着如何提高学生学习成绩进行。与此同时，虽然大部分学生认为人格魅力与道德水平是学生心中最重要的好教师标准，但也认同教师的学科教学成绩是评价教师最重要的因素。这种师生关系逐渐让教师成为纯粹为了生存而教书的专业人士，缺少了丰富的教育生涯品位。学生也逐步成了纯粹为了升学而努力奋斗的学习者，缺乏了体验生命历程的能力。

概括说来，在当下的教与学关系中，学生依然是被“教授”的对象，并没有主动参与到成长的历程中。课堂充斥的是对静态知识的精确解读与反复训练，学生的知识视野、学习能力与思维品质并没有随着年龄的增长而发生应有的改进，学生的人性大智慧更没有被开启。在作为教学过程存在的教学关系中，教师与学生自身的个性、风采与情感智慧被尘封，呈现于外的是对社会功利的一致追求。在作为师生关系存在的教学关系中，教师与学生在生命成长中的人性被忽略、忽视或无视，缺乏对人性的提升，如个体性的全面发展、社会性的均衡开拓与自然善性的大力弘扬。总而言之，师生对教学关系的“真善美”价值追求没有得到充分的体现。

很明显，在当下的教学关系中，无论是教师、学生还是其他主体，都较少深层思考与切实践行教育教学目的。种种“非人性”的教学行为导致大部分学生成为缺乏批判思维与创新精神的青少年，成为缺乏独立思考意识与能力的被动学习者，成为缺乏朝气、生气与锐气的少年老成者。我国未来社会需要什么样的人？教育到底该培养什么样的人？学校教育该有着什么样的教学关系？这些问题值得深思。

## 二、未来教育的人性呼唤

人类对于教育的认识随着社会的改变而不断更新。随着经济的发展与人们生活水平的提高，学生拥有了更丰富的物质生活条件和学习环境。科学与技术的发展，如互联网、人工智能技术的广泛使用，将深刻影响着学生的生存状态与生存方式，学校教育教学环境也将发生很大变化。

近20年以来，多媒体技术、网络技术相继进入教育领域，目前已经进入“人工智能+教育”时代。虽然当下还属于“弱人工智能时期”，在教育领域的融合应用技术主要有作业自动批改、拍照搜题类在线答疑、智能测评和个性化学习等四个方向，但研究者与开发者们立志未来要从教学过程中学习者、教学者的角色分类出发，从学习者模型与教学模型两大领域进行开发，提出未来教育是人与人工智能协作的时代，充分发挥机器与人类的不同优势，借助人工智能完成教育过程中简单重复的脑力劳动，在提高教学效率、满足个性化学习等方面充分服务人类。① 随着劳动工具解放了人类的体力劳动，人们的物质生活越来越丰富，闲暇时间日益增多，艺术活动、精神审美活动在人们生活中的作用越来越大。教学改革和教学目标应更多地着眼于培养和促进学生发展方面，例如，人的思维方式、价值观念和由此产生的行为合理性。教学应提供平台，为人类更好地与自己、他人及社会更和谐发展提供可能，让教学成为人类美好生活的源泉。

如何面对更丰富的物质条件和多样复杂的生存状况？毫无疑问，人类需要更高级的思维发展、更敏捷灵活的思维水平、更理性的思维态度。但人类只有超越于物性的人性，方可与机器共舞，与人工智能共存，正如学者所警告与建议的：人工智能是一种比核技术更需要引起我们警惕的新技术，为了应对此严峻的挑战，我们必须通过教育来保持和提升我们得以超越万物的人性。②

什么样的教育能保持和提升人性呢？关注人性的教育方能充满人性的光辉，为了人性的教育方能让主体具有提升人性的可能，以人性为教育手段的教育方能使教育人性化成为可能。

## 三、教学改革的课堂回归

面对当下教学实践与未来教育需求，联合国教科文组织提出“教育作为全球共同利益”的愿景，“人文主义教育观”被重申③。反思人类教育历程，

---

① 李昭涵，金桦，刘越．人工智能开启“互联网+教育”新模式［J］．电信网技术，2016（12）：6-10.

② 项贤明．人工智能与未来教育的任务［J］．华东师范大学学报（教育科学版），2017，35（5）：21-24.

③ 联合国教科文组织．反思教育：向“全球共同利益”的理念转变？［M］．联合国教科文组织总部中文科，译．北京：教育科学出版社，2016：69.

学校教育如何坚守并为“教育作为全球共同利益”提供可能？美国、欧盟、日本和澳洲等国家和地区相继提出了“21 世纪人”的核心素养和关键能力。我国于 2012 年提出基础教育阶段要培养学生的核心素养与关键能力，在进行了大量的理论与实证研究后，进一步明确了 21 世纪的中国需要具有创新精神和实践能力的人，基础教育人才培养模式需要改革，需要掀起“课堂革命”。[①] 提出基础教育阶段要建构“以学生发展为本的新型教学关系”[②]，并要改进教学方式和学习方式，变革教学组织形式，创新教学手段，改革学生评价方式。有学者提出要将基础教育阶段的研究重点转向课堂教学以及具体的教与学行为的探讨。[③]

在实践领域，围绕核心素养与关键能力的培养，各类学校纷纷行动，有学者提出要以学科核心素养为抓手，推进学校教学改革。[④] 有学校提出了“以生活视角重构课堂，用设计思维改变教学”的“核心素养的教学转化”策略。[⑤] 可见，我国教学改革的目标逐渐从宏观的学校管理、课程设置层面转向课堂，尤其是转向深度探讨教学对象、教学目标、教学内容与教学方式等微观层面；值得重视的是，对学生的关注逐渐从群体转向个体，从群性转向个性；对教师的作用探讨，认为教师的价值从知识传递组织转向价值观念的分享，对自身发展及生命价值、人生幸福观的传递，在现代化的学校中，教师在教学中更多的是一个组织者、辅导者、协调者、合作者以及教学过程总体进展的调控者和责任人。[⑥] 所有这些对于教学改革微观层面的探讨，实质上反映了建立新型教学关系的要求。

无论是中国古代传统社会以“教为中心”的教学活动，还是现代社会“学生中心”“学习中心”的课堂教学，教学关系的产生源于人性对生存与物质的自然需求、对物质与精神世界的社会需求和对世界探索的个体好奇之心，源于社会对更好发展的努力，源于个体对自身更好状态的追求。没有人

---

① 陈宝生. 努力办好人民满意的教育［N］. 人民日报，2017-09-08（7）.

② 中共中央办公厅 国务院办公厅印发《关于深化教育体制机制改革的意见》［EB/OL］.（2017-09-25）［2017-12-21］. http://www.moe.gov.cn/jyb_xwfb/gzdt_gzdt/201709/t20170925_315201.html.

③ 张绍军. 我国新世纪基础教育课程改革从课程到课堂走向研究［D］. 长沙：湖南师范大学，2016.

④ 史宁中. 推进基于学科核心素养的教学改革［J］. 中小学管理，2016（2）：19-21.

⑤ 张艳. 课堂革命，教育的担当使然：学为中心的课堂变革思考［C］. 国家教师科研专项基金科研成果（十四），2017：2.

⑥ 叶澜. 教育概论［M］. 北京：人民教育出版社，2006：162.

性对于自身更好生存状态的欲望，对于潜意识中精神生活需求的满足，就不会有教学关系的产生。教学关系的实现能帮助人类不断地认识自我、认识他人、认识自然与认识社会，离开人性对于客观世界与主观世界的认识需求与好奇冲动之心，教学关系就不复存在。“人被赋予了历史的使命，这个使命就是人性化。而非人性化则是对这一使命的歪曲，是对人成为更完美的人的使命的扭曲。”① 基于教学关系产生起源、存在维系与发展功能的理论思辨，针对当下教育教学实践中普遍存在的“非人性”现象、未来教育的人性呼唤以及当下教学改革的需求，本书提出构建人性视角下的教学关系是顺应历史变革，满足对“未来教育该培养什么样的人和如何培养人”的回应。本书努力构建与研究人性视角下的教学关系，旨在为改进和完善学校教育教学实践提供理论支撑与实践指导。

## 第二节　研究目的与意义

科学、技术、经济的变革与发展总是改变着教育和教学。20 世纪末以来，对“人性”的研究开始大量进入我国教育研究领域，体现“教育与人性”的“教育人学”日益兴起。然而，“人性”在教育教学理论领域与实践领域的研究与实施还不够深入，教育教学实践中的“非人性”现象仍然普遍存在。为了解决教学关系实践中的“非人性”问题，本研究综合运用了文献研究和实践研究（含行动研究、课堂观察、访谈法、问卷调查法、案例分析法、实验研究等方法）。首先，展开人性视角下的教学关系问题的研究。其次，通过分析教学关系的产生来源、存在状态与目的功能，对整体意义上的教学关系进行了人性视角的解读。再次，通过理论思辨构建了人性视角下的教学关系，并阐明了其合法性与可行性。为了进行人性视角下教学关系的实践研究，本研究重点探析了人性视角下的教学关系，即“求真—尚美—崇善”教学关系的观念路径。本研究还实施了行动研究，结合高中英语教学实践可视化教学关系的存在与运行，论证与检验了“求真—尚美—崇善”教学关系对教学实践的改善作用。最后，以行动研究的成果为基础，进行了“求真—尚美—崇善”教学关系下的中学英语课堂构建研究，发展了人性视角下教学关系的实践途径，并形成了人性视角下教学关系的运行机制，以期对教

① FREIRE P. The politics of education: culture, power and liberation [M]. London: Macmillan, 1985: 111.

学关系实践提供理论指导与实践支持，着力减少教学关系实践中的“非人性”现象，最终改善教学实践，提升学生学业表现与完善学生的人性发展。

## 一、理论意义：深化教学和教学关系研究

教师对教学关系的理解和践行影响着学生的发展与成长。构建人性视角下的教学关系，是将整体的教学关系置于本体之下，从整体的层面，以整体主义思维来研究教学关系中的种种问题，如产生与起源、存在与维系、功能与作用、目的与意义等，既尊重教学关系的人为性与为人性，也表达教学关系的科学性与社会性。

一方面，本研究突破了从单个维度研究教学关系的做法，从整体上考察教学关系。首先，从整体主义思维出发，以人性为统领，从教学实践各主体的运行现状出发，着重构建并实践了人性视角下的教学关系，深化了教学与教学关系的理论研究，丰富了教学领域的研究成果。其次，构建人性视角下的教学关系，是构建“以学生发展为本的教学关系”的尝试，它将为我们提供一个新的思路，即从学生的角度，关注学生的发展，关注学校教育教学的各种生态与效果。人性视角下教学关系的构建表明了新的历史时期，教学中的人的发展被真正置于主体地位。另一方面，本研究突破传统以教为中心考察教学关系的做法，以人性发展为主体考察教学关系，反思、解蔽、澄明与敞亮教学关系中的人性。人性视角下的教学关系在宏观上从价值理性的层面构建了新时期的教学关系，在微观上从人的个体性存在、社会性存在和善恶性存在等层面构建了“求真—尚美—崇善”的教学关系模型，彰显了教育人性化的实践哲学意蕴。构建人性视角下的教学关系，要关注教师作为个体人与社会人的双重身份。它呼吁教师不仅需从教学关系中“类型人”的社会功能角度思考自己的意义，从学生与自己生命本身的发展来处理教学关系，更需从教学关系中“个性人”的生存角度彰显自己与教学的独特魅力与价值。

总之，在培养人、发展人的作用上，教学关系的存在、发展与运行是教育目的得以实现的核心系统，也是学校教育存在及得以发展的核心价值体系。

## 二、实践意义：为教学实践的改善求索探路

教学实践围绕教学的社会功利价值运行之风愈演愈烈，“应对式”的教学关系使师生身心疲惫，师生个体性存在的精神性发展日渐贫瘠，社会性发展缺乏主体精神的支持。何为“以学生发展为本”的新型教学关系，如何构

建？第一，本书致力于研究如何在教学实践中凸显学生的主体地位，提升学生的教学主体自觉意识。在人性视角下的教学关系中，教师与学生是实践的主体，而非被动的应对者；教师作为实践的主体，为教学关系的人性凸显服务。第二，人性视角下教学关系的行动研究为教育管理者与教师构建新型教学关系提供了实践支持。

针对目前教育教学关系被分数对比、绩效考核和政治任务等社会功利价值评价相关手段绑架的现象，人性视角下的教学关系提出了以人的整体性发展为价值取向，以人的个体性、社会性和善恶性存在的完善与和谐发展为实施原则与指导思想。如何发扬“以学生发展为本”的新型教学关系？本书提出的人性视角下教学关系的实践途径，即以生动真实的教与学关系、探究合作的教学过程与示范对话的师生关系，帮助教育实践工作者改善教学关系，探索出一条新路。

教学实践可以帮助学生实现全面的个体性发展、均衡的社会性存在与坚定的对于善的信仰。本研究为人性视角下教学关系理念下的课堂构建提供了实践思路。教学实践者可以参考借鉴本研究中的教学关系课堂观察量表、教学关系测量表及其他具体的评价工具。

总之，教学关系是教学论的重要组成部分，本研究回应了教学关系理论的探索需求，开拓了教学关系有关问题的研究，促进了教学论学科的发展。教学关系实际上隐含了教学中的各种变量，教学关系的处理是对教学问题解决方法的探索，具有重要的理论意义和实践价值。①

本研究为教学理论的思辨、教学实践的反思与教学关系的理解认识提供了新的视角与内容。第一，丰富了认识视角。从人性视角看待教学关系，不同于以往将教学关系局限于师生关系之下，或将教学关系等同于教与学关系，而是从整体的角度看待教学关系，是对教学关系本体概念的构建与解读。第二，充实了理论与实践内容。不仅将“人性视角”视为一种手段，还将人性视角下的教学关系作为研究对象，丰富了教学关系理论的内涵体系，同时为学校管理者与教师思考教学关系的有关问题提供了新的思路。

## 三、研究路径

本研究从人性视角研究教学关系，依据理论研究和现状分析（合法性和合理性），构建了人性视角下的教学关系。再通过行动研究和课堂构建论证与检验此模型的可行性，以完善和发展该教学关系。具体来说，首先，本研

① 段兆兵. 教学关系研究：教学研究的新课题［J］. 当代教育科学，2009（9）：25－28，43.

究通过文献研究，找出理论的建立依据，即研究的合法性，解蔽教学关系中本有的人性视角；其次，根据理论构建人性视角下的教学关系模型，敞亮人性视角下的教学关系；再次，依据问卷调查及分析，解释研究的合理性，描述教学关系现状；最后，通过行动研究和课堂构建研究，完善与发展该教学关系模型及实践途径，并将关系的体系和机制进行历时与共时的具体化，形成人性视角下的教学关系运行机制。

本研究既非理论的应用研究，而是具有一定创新性的教学关系理论建构研究；也非仅仅从人性视角来研究教学关系，而是将人性视角下的教学关系作为研究对象，积极寻求理论建构依据和实践需求基础，构建一个具有一定独创性的教学关系体，并通过行动研究和课堂构建研究校正与完善该教学关系模型的运行实践。“人性视角下的教学关系”具有较丰富的内涵。它以改善教学的现状为目标，通过模型求证，充实人性视角下教学关系的三个主要维度——求真的教与学关系、尚美的教学过程、崇善的师生关系，期待给教学改革提供一定的理论与实践指导。由于笔者长期在基础教育阶段从事一线教学工作，所以本研究的实践研究部分，即行动研究和课堂构建研究主要在基础教育阶段完成。

# 第二章　文献述评

本研究着重从教学关系、基础教育阶段教学关系、人性与教育、人性视角下的教学关系四个主题对已有相关研究进行综述。通过文献梳理，本研究得出以下结论：第一，以整体主义思维来研究教学关系本体是教学研究的应有之义。对教学关系的研究是一个古老的话题，已经有大量的成果，但多数研究内容为师生关系、教与学关系，主要是从学校的、管理的、教师的角度来研究，较少从“学习者”“学生”等角度来构建教学关系，也较少从本体角度来对教学关系进行构建与研究；较少采用整体主义思维来关注教学各主体、各要素之间的关系及其运作，教学关系的研究有待进一步深入。第二，构建人性视角下的教学关系是合理且具有独创性的。人性与教育、人性与教学有着非常密切的联系，它们互为基础、互为依托。第三，国内当下理论界对人性与教育、教学的研究主要集中在理论构建上，对教育教学实践的深度关注较少，尤其对基础教育阶段的教学关系研究较少。因此，构建人性视角下的教学关系是合法的、合理的和必要的。

## 第一节　教学关系的研究

### 一、国内外对教学关系的研究

#### （一）国外对教学关系的研究：走向整体与互动

国外主要从 student - teacher relationships、teaching and learning 和 relationship between teaching and learning 三个方面进行教学关系的研究。通常师生关系和“教与学”的关系研究是结合在一起的，近年来，学者对学生个人层面研究较多。有学者认为建立学习者个人层面对教与学的积极态度会带来有意义的师生关系，这种师生关系会深刻地影响学生对学校的态度，所以要重视个人心理中的教与学的态度培养。① 近年来，国外对教学关系的研究非常关注互动的教学关系。有学者认为，教是一种依据教师的专业判断，同时回应学生需求与关心的解决问题的过程，教不仅研究教的内容，而且要研究如何教，关键是研究学生对教师行为的理解与反思。② 该学者还看到了教学关系的互动性，看到了教学作为一种关系的意义及其对教师和学生两者的巨大价值。文章认为师生、生生，以及相关主体，甚至场所、内容的关系都是基于教学关系而存在的。

不少学者看到了教学关系的整体意义与价值，尤其是对于组织“以学生为中心”的教学活动具有重要意义。指出“以学生为中心”并不只是让学生成为满意的顾客。相反，教学的互动关系是以知识和提高学生对知识的挑战能力为中心的。③

## （二）国内对教学关系的研究

由于对“教学”一词的理解不同，国内对教学关系的理解也各有不同。既有从整体层面理解教学关系的研究，也有涉及教与学关系、教学过程的论述。

1. 教学关系整体认识：从我—你走向关系

有学者以复杂性思维来对教学关系进行解读，认为多维视野中的教学关系就是教师和学生通过教学内容的中介作用而发生的现实联系。教学关系由师、生两主体相互联系、相互作用而形成，因而只能存在于相互作用的活动之中，即只能存在于教与学相互作用、对立统一的活动共同体之中。教学活动共同体集中体现着教学关系的存在。④

有学者从对话哲学的角度提出了教学关系本质上是对教育情境中教师和学生关系的界定，阐述了对话教学具有教学关系的交互性与平等性，教学关系的接近性，支持、信任与肯定他人的教学氛围，参与者全身心投入，指向未来等五大特征。⑤ 有学者建议采用“关系—创生”取向研究对话教学，可

---

① HEIDI L, STEPHEN E. A personal connection: promoting positive attitudes towards teaching and learning [J]. Anatomical sciences education, 2017, 10 (5).

② LOUGHRAN J. Pedagogy: making sense of the complex relationship between teaching and learning [J]. Curriculum inquiry, 2013, 43 (1): 120 - 122.

③ JENNIFER M. Emergent interactions: rethinking the relationship between teaching and learning [J]. Teaching in higher education, 2015, (20) 6.

④ 张广君. 多维视野中的教学关系 [J]. 教育研究, 2003 (6): 73 - 78.

⑤ 米靖. 论基于对话理念的教学关系 [J]. 课程·教材·教法, 2005 (3): 20 - 25.

以弥合教学中的相关“割裂”问题与“偏执”现象，使教学研究真正从“分离研究”中走出来，从而真正朝着“关系性研究”与“整体性研究”的方向发展。[①]

2. 教学关系微观认识：从师生到教与学，从双向到过程

如有学者在论及教与学关系时，阐述教师的教与学生的学是这一关系中的主要矛盾，学生的学又是这一矛盾的主要方面。学生的学，制约着教师的教；教师的教，是教与学矛盾发展变化的外部原因，学生的学是这一矛盾发展变化的内在原因。教师的教，必须遵循学生的认知规律和适应学生的心理特征。教与学关系是师生关系的表现形式之一，良好的师生关系对教与学起积极促进作用。在教学过程中，教与学关系不是一成不变的，要辩证地看待，同时它们的主次关系经常发生转化。强调任何轻视、排斥、否认教师在教学中的地位和作用的说法和做法都是错误的，都是有害无益的。[②] 也有学者认为“教”与“学”的关系当前大致存在着“少教多学”“先学后教”“以学定教”“教学合一”“教学相长”五种范型。[③] 还有学者归纳出基于教学关系的四种课堂教学模式：“先教后学，随教而学”；“少教多学，教以导学”；“自学自理，以教辅学”；“先学后教，以学定教”。[④] 还有学者阐述“教”与“学”之间的辩证关系表现在相互依存、相互制约、相互作用与相互转化等四个方面，要采用关系论来审思教学活动中的教与学关系。[⑤]

大致来说，从整体和微观对教学关系的主题研究有以下特点。

从本体研究而言，主要集中在教学关系的伦理性研究、关系形态等方面。从认识角度而言，主要集中在教学关系的内涵、教与学关系的具体形态等方面。从实践角度而言，主要集中在教与学模式的形态分析与应用效果等方面。总的来说，研究中较少对“教学关系”进行整体角度的理论构建，较少对“教学关系”进行实践意义的研究，较少对具体“教学关系”进行观察描述与实证研究，如教学关系在教学目标、教学内容、教学实施中的表现与分析、建构与反思等。因此，本研究试图用人性视角对这些“人迹较少的

---

① 张琼，张广君. 走向“关系本体论”：对话教学的基础重构与应然取向 [J]. 高等教育研究，2015，36 (7)：75 – 80.

② 孟令全. 教与学关系新论 [J]. 课程·教材·教法，2004 (7)：32 – 36.

③ 张荣伟. 论“教”与“学”的五种关系范型 [J]. 教育发展研究，2012 (10)：50 – 56.

④ 黄伟，焦强磊. 基于教学关系的课堂教学模式变革 [J]. 课程·教材·教法，2016 (3)：71 – 77.

⑤ 王小英. 对教学活动中“教”与“学”关系的审思 [J]. 东北师大学报（哲学社会科学版），2012 (5)：218 – 221.

领域”进行探讨，尝试深化与拓展教学关系的内涵核心、观念路径及实践途径等问题。

## 二、基础教育阶段教学关系研究

基础教育指的是“国家规定的对儿童实施的最低限度的教育”。[①] 基础教育（basic education）亦称“国民基础教育”，是“对国民实施基本的普通文化知识的教育，是培养公民基本素质的教育，也是为继续升学或就业培训打好基础的教育。一般指小学教育，有的包括初中教育。……它经常同普及义务教育相联系”。[②] 也有文献说，基础教育，就是人们在成长中为了获取更多学问而在先期要掌握的知识。从“基础教育”定义中可以看出，基础教育是一项和国家与政府紧密相关的行为，人们对于基础教育的定义认识多从它的实施主体、对象以及功能、目的与内容等方面进行阐述。

基础教育的性质、目的和任务一般是由国家通过立法的形式规定的，如1986 年《关于〈中华人民共和国义务教育法（草案)〉的说明》指出：“在中小学教育中，应当贯彻德、智、体、美全面发展的方针，适当进行劳动教育，使青少年儿童受到比较全面的基础教育。”[③] “义务教育作为基础教育，应当实施素质教育，使学生得到全面发展。为此，修订草案规定，义务教育应当贯彻国家的教育方针，符合教育规律和学生身心发展特点，采用启发式教育，面向全体学生，将德育、智育、体育、美育等有机统一在教育教学活动中，培养学生独立思考能力、创新能力和实践能力，为培养有理想、有道德、有文化、有纪律的高素质公民和德、智、体、美等方面全面发展的社会主义事业建设者和接班人奠定基础。”[④] 这是 2006 年 2 月 25 日时任教育部部长周济在第十届全国人民代表大会常务委员会第二十次会议上作的《关于〈中华人民共和国义务教育法（修订草案)〉的说明》。2010 年 7 月，教育部颁布的《国家中长期教育改革和发展规划纲要（2010—2020 年)》阐明：

① 中国社会科学院语言研究所词典编辑室．现代汉语词典［M］．6 版．北京：商务印书馆，2012：600.

② 教育大辞典编纂委员会．教育大辞典：第 1 卷［M］．上海：上海教育出版社，1990：71.

③ 李鹏．关于《中华人民共和国义务教育法（草案)》的说明［J］．中华人民共和国国务院公报，1986（12).

④ 周济．关于《中华人民共和国义务教育法（修订草案)》的说明［EB/OL］．(2006 - 07 - 21)［2018 - 12 - 10］．http://www.npc.gov.cn/wxzl/gongbao/2006 - 07/21/content_ 5350745.htm.

“义务教育是国家依法统一实施、所有适龄儿童少年必须接受的教育，具有强制性、免费性和普及性，是教育工作的重中之重。注重品行培养，激发学习兴趣，培育健康体魄，养成良好习惯。到2020年，全面提高普及水平，全面提高教育质量，基本实现区域内均衡发展，确保适龄儿童少年接受良好义务教育。……高中阶段教育是学生个性形成、自主发展的关键时期，对提高国民素质和培养创新人才具有特殊意义。注重培养学生自主学习、自强自立和适应社会的能力，克服应试教育倾向。到2020年，普及高中阶段教育，满足初中毕业生接受高中阶段教育需求。”① 而在2018年10月的教育部文件《牢牢把握正确办学方向　大力推进基础教育公平优质发展》中，明确指出了基础教育的内容和意义、功能与作用，“基础教育是在读规模最大的教育，是学龄最长的教育，是与每个家庭、每个孩子息息相关的教育，是为学生终身发展打基础的教育。在整个教育体系中，基础教育具有奠基性作用，被看作现代国民教育体系的基石。基础教育办得好不好，直接关系到高等教育和职业教育办得好不好；人民群众对基础教育是否满意，直接关系到对整个教育的满意度。可以说，实现教育现代化，首先要实现基础教育现代化；建设教育强国，首先要建设基础教育强国；办人民满意的教育，首先要办人民满意的基础教育。在很大程度上讲，贯彻落实全国教育大会精神，基础教育是关键，也是重中之重。……对基础教育而言，要深入落实立德树人，深入开展社会主义核心价值观教育，大力加强优秀传统文化和革命传统教育，进一步拓展教育载体，丰富教育内涵，创新方式方法，让社会主义核心价值观真正融入学生学习生活，成为学生成长成才的内在需求”。为了强调基础教育的基础性，该文件进一步指出：“基础教育属公共产品，义务教育还是基本公共产品。”②

从各个时期的代表性文件可见，我国基础教育的目的是培养“全面发展的人”、建设者和接班人；主要形式是实施素质教育，基础教育的性质是国家实施的、带有一定强制性的；基础教育的任务是为青少年儿童的成长奠定发展的、全面的基础；它所涵盖的学段通常包括小学和中学阶段，义务教育是基础教育中的基础。学术界对基础教育的认识也主要从它的对象和功能等

---

① 国家中长期教育改革和发展规划纲要工作小组办公室. 国家中长期教育改革和发展规划纲要（2010—2020年）[EB/OL].(2010-07-29)[2018-12-10]. http://www.moe.gov.cn/srcsite/A01/s7048/201007/t20100729-171904.html.

② 朱之文. 牢牢把握正确办学方向　大力推进基础教育公平优质发展［EB/OL].(2018-10-19)[2018-12-21]. http://www.moe.gov.cn/jyb_xwfb/moe_176/201810/t20181019_352159.html.

方面加以强调。有学者提到基础教育时说："小学是基础的基础，中学是基础的关键。"① 还有学者特别指出对于青少年而言，在基础教育阶段，"基础知识和基本技能掌握得越牢，以后适应和应变的能力就越强"②。学界对基础教育的研究重点在于强调其社会功能与价值，对于基础教育的特定内容的研究，一般是从学前教育、义务教育和高中阶段教育出发，较少强调基础教育的内容的普适性与一般性。

本研究认为"基础"二字既反映了基础教育的功能与任务，又反映了基础教育的内容特点。何为"基础"？《现代汉语词典》中，"基础"有两层含义：①建筑物的根脚；②事物发展的根本或起点。③ 从含义中可以看出，"基础"指出了基础教育在时间上属于事物、事情发展的初始阶段，在空间上属于事物、事情的萌芽状态。本研究认为基础教育即对不同学段青少年儿童实施的旨在为其全面发展奠定根基的、起始性的、根本性的教育，本研究所提到的基础教育阶段指的是从小学一年级至高中三年级的所有学段。

相比学术界对基础教育的定义、性质、目的、任务和功能的一致认识，人们认为基础教育阶段是一个动态概念，它所包括的学段是随着经济社会发展、政治需求及地方政府教育制度而变化的。小学和初中阶段是义务教育，属于基础教育是没有争议的，但普通高中是否属于基础教育则有不同观点。有人认为，普通高中的任务是以为高一级学校输送合格新生为主，要加强普通高中的基础教育，而不是职业教育。④ 也有人说，普通高中具有双重任务，既要设置普通教育课程，也要设置职业技术教育课程，要为社会培养合格的劳动后备军。⑤ 近年来，越来越多的地方政府将普通高中纳入义务制教育，加强了普通高中的基础教育。归纳起来，基础教育阶段的动态性主要表现在两方面。第一，表现在对基础教育的阶段涵盖与时间长度是因时变化，新中国成立以来，我国基础教育的年限从 5 年、6 年、9 年到如今的部分地区为 12 年。第二，基础教育的阶段涵盖与时间长度因地不同。经济发达省份的基础教育阶段覆盖了高中教育，而经济欠发达地区往往只涵盖到初中教育。

基础教育的重要性历来被大家所认同，基础教育质量对国民素质起着决

---

① 林崇德. 对未来基础教育的几点思考［J］. 课程·教材·教法，2016，36（3）：3－10.

② 施良方. 中学教育学［M］. 福州：福建教育出版社，1996：43.

③ 中国社会科学院语言研究所词典编辑室. 现代汉语词典［M］. 6 版. 北京：商务印书馆，2012：600.

④ 许海. 普通高中任务问题的探讨［J］. 教育研究，1985（9）：12.

⑤ 董纯才. 中小学教育必须改革［J］. 教育研究，1986（8）：8.

定性的作用，关系到全体国民的素质和国家未来的命运。《中华人民共和国宪法》第十九条规定："国家举办各种学校，普及初等义务教育，发展中等教育、职业教育和高等教育，并且发展学前教育。"第四十六条规定："中华人民共和国公民有受教育的权利和义务。国家培养青年、少年、儿童在品德、智力、体质等方面全面发展。"但在当下基础教育教学实践中，由于人们对基础教育的社会职能、性质的认识并不明确，经常把小学当成初中的预备学校，把初中当成高中的预备学校，把高中当成高等院校的预备学校，出现了一味追求基础教育应试的功能，忽视了基础教育提高国民文化素质的宗旨和培养劳动后备力量这一任务。特别是近年来愈演愈烈的应试之风导致学生的学习和考试负担越来越重，教学质量与学生发展受到了社会和公众不小的质疑。基础教育偏离了"基础教育"应遵循的轨道，引起了广泛的关注和思考。① 本研究关注且强调基础教育阶段，即从小学一年级至高中三年级的教学关系的主要原因是笔者强调此阶段学校教育的主要特点为"基础"二字，而当下此阶段的学校教育很大程度上忽略了这一点。

21 世纪初以来对基础教育阶段教学的研究，主要是对宏观的新课程改革的回顾与反思。而对基础教育阶段教学关系的研究，则主要是从课程改革的角度来探讨。新课程改革开始之初，有学者认为新课程改革在本质上是一种价值变革，提出要从改革的合理基础、教师教育、教学评价、新课程自身等方面进行反思。在提到教学观时，主张教学是课程创生与开发的过程，是师生交往的互动过程。学生要做具有批判意识的学习个体。教师和学生要相互交流，要重视师生之间富有个性化的生命活动。② 在提到课程改革的成就时，有学者认为，新课程改革的成效主要促进了先进理念的广泛传播，基本建立了具有中国特色的、符合时代要求的新课程体系，制订和颁行了新的课程计划和课程标准，一些新的课程理论研究如"国家课程、地方课程、校本课程"等理论研究渐趋成熟，多层次教师培训取得明显成效。③ 在新课程改革进行中，有学者认为基础教育课程改革今后应更多地"聚焦课堂、转变方式，不断优化教学过程"。④ 随着新课程改革的深化，越来越多学者看到了课

① 贺能坤. 基础教育的工具理性错位与价值理性回归［J］. 中国教育学刊，2016（7）：32－37.

② 靳玉乐，张丽. 我国基础教育新课程改革的回顾与反思［J］. 课程·教材·教法，2004（10）：9－14.

③ 张传燧. 课程改革在路上：历史、现状与未来［J］. 课程·教材·教法，2015，35（8）：3－9.

④ 关松林. 关于基础教育课程改革成效、问题与对策的思考［J］. 课程·教材·教法，2010，30（7）：14－17.

改中出现的种种教学问题，尤其是实践效果并没有达到改变沉闷、僵化、封闭、单一的课堂教学状况的课改目的。“课改十年，课程虽好，课堂依旧”的现象十分明显。“十年声势浩大的课程改革所表现出来的种种证据表明，新课程所倡导的先进理念得到了很大程度的认同，但先进的理念与残酷的现实之间的‘两张皮’现象不是存在，而是表现得十分严重。”① 可以看出，对基础教育阶段教学及教学关系的研究既离不开对社会与经济发展、教育制度制定与实施状况、学生个体发展等与教学关系的存在环境与条件相关的研究，也离不开与之密切相关的宏观课程系统及微观教育教学实践。所以对教学关系的研究能上承教育教学主要状态，下接教学实践具体行动，具有较大意义。

## 三、关于人性与教育的研究

“教育与人性的关系问题，是教育领域的一个理论基础问题，也是教育基本理论的永恒问题。”②

国内外对“人性”在各个领域的研究较为广泛，尤其以文学艺术研究领域的“人性”研究最为丰富。在中国知网以关键词“人性”进行高级搜索，1987 年至 2017 年，共检索到 7 786 篇文献。从研究内容来看，以“主题排序”前 60 篇文献，与文学艺术研究（含小说、诗歌、电影与电视、绘画等文学艺术作品）有关的共 31 篇，与教育研究（含社会教育、学校教育）相关的文献有 12 篇，与社会学（如历史、法律、地理与文化生活等）有关的共 10 篇，与哲学理论领域（如伦理、道德与国学等）有关的共 7 篇文献。从研究时间来看，2007 年至 2017 年共 5 695 篇文献，与 1987 年至 2017 年的 7 786 篇文献相比，明显可以看出最近 10 年是社会各领域“人性”研究的井喷时期。虽然文学艺术领域对“人性”的研究可谓高产，但教育领域相比起其他领域对“人性”的研究而言，还是更关注“人性”。从 20 世纪 80 年代开始，国内关于人性与教育的关系讨论已经逐渐形成了一种思潮。与之相关的主题词有“人性”“人性化”“教育人性化”与“人性化教育”等。首先，在中国知网以与之相关的主题词“人”和“教育”一起作为关键词进行高级搜索，1987 年至 2017 年，共检索到 103 篇文献，而 2007 年至 2017 年共有 64 篇文献，新课改期间的 2001 年至 2017 年共有 91 篇文献。以“人性”

① 崔允漷．基于课程标准：让教学“回家”［J］．基础教育课程，2011（12）：51－52.

② 肖绍明，董标．教育与人性：教育基本理论专业委员会第十二届学术年会综述［J］．教育研究，2010，31（3）：109－111.

和“教育”一起作为关键词进行高级搜索，时间起止设为1987年至2017年，共检索到101篇文献，而2007年至2017年共71篇文献，这显示最近10年研究人性与教育主题的文献是之前20年之总和。这间接说明越来越多的研究者开始关注人性与教育的问题。有趣的现象是，若从我国正式启动基础教育新课程改革的2001年开始检索，2001年至2017年同样是101篇文献，也就是说1987年至2000年的以“人性”与“教育”为关键词的研究为0篇。这可以看出“人”“人性”与“教育”的研究有着鲜明的时代特色，与政治面貌、经济状态、社会变革以及风气文化有着密切的联系，尤其在我国开始基础教育新课程改革后，教育对“人”与“人性”的关注越来越强烈。可以说，新课程改革推动了教育对“人”与“人性”的研究。另外，在中国知网以篇名“human nature”和“education”进行高级搜索，共找到了17篇文献。通过阅读分析与“人性”“教育”相关的文献，发现国内研究者主要从以下三方面对“人性”与“教育”进行研究。

### （一）人性与教育有内在一致性

学者对于“人性”与“教育”研究是从两方面开展的。在新课程改革之前，尤其集中在理论研究方面。理论研究层面主要关注哲学层面对人性与教育的关系理论构建，着重于探讨人、人类和教育的关系如何，人性及人性在教育中如何体现，教育为何能回归人性，教育如何回归人性。实践层面的探讨则着重于人性理论在教育教学活动实践中的运用。

学者从人性假设开始“人性”与“教育”的研究。21世纪初，学者认为对人性的假设和认识是教育理论建构的基础。只有对人性和人的本质做出科学的解释，才能对教育的本质和作用做出正确的认识。① 当然，人性不是简单的善和恶的包容体。有学者认为人性是具体的，具体的人性是活生生的个人在其特定的社会时空和社会关系中满足实践需要的行为表现。所以教育应以需要的视野看待儿童的人性，尊重儿童的需要和选择。② 也有学者认为教育既是人性的需求，也是人性的生成与改善过程。③ 同时，教育的最终目的是幸福，为了使教育给人类带来幸福，必须进行基于人性和利用人性的教

---

① 张道全. 人性假设与教育理论［J］. 教育理论与实践，2001（11）：11－12.

② 姚远峰. 论人性及其教育的价值导向［J］. 教育理论与实践，2002（3）：5－8.

③ 肖绍明，扈中平. 教育何以复归人性［J］. 高等教育研究，2010，31（6）：25－32.

育。[1] 国外的学者根据考古学和进化人类学的证据，发现人类有着天生赋予的想象力与共同创造的强烈兴趣[2]，所以我们的教育应充分相信人性中自然的美感、创造力、道德敏感性及对美、创新与善的追求。

### （二）教育应复归人性

关于何为“教育回归人性”，有学者指出教育要基于与利用人性之善，促成人完满的生命体验，实现真、善、美的统一。[3] 关于教育为什么需要复归人性，有学者认为教育应当出于人性而进行尊重生命本性、维护感性生存和善待自然德性的人性教育，应当利用人性特征而实行合乎实践理性的人性化教育；应当为了人性自由而践行合乎价值理性、自由全面发展、教育民主和抑恶扬善的教育，教育的人性复归就是对人性的真正全面占有和生成。[4]

关于教育如何回归人性，有学者从教育的价值角度提出了“教育回归人性”的理论路径，即在全面把握人性与教育的相互意义及其现实表现的基础上，给予教育根本性、基础性、总体性的理论指导与价值引领，让教育更加尊重人性、更好地利用人性、更合乎人性，让人性在教育的作用下尽可能地向某种理想状态发展。而教育活动的人性回归则是要尊重人的本性，贴近人性的现实生活，以美善的方式实现对人性的改善与提升，让教育主体全面占有自身的智慧本质，成为理性智慧、价值智慧和实践智慧的统一体，达成完整的生命体验。[5]关于教育复归人性的定义、归因与手段，虽然不同学者有不同表述，但均大同小异，都是基于人性回归对于教育的社会功能与个体功能实现可能产生的影响而进行研究。

### （三）人性的教育是教育的理想状态

观照现实一直是“人性”与“教育”研究的落脚点。当下“人性”与“教育”的研究进入了教育管理与教育教学活动中，如有学者从人性特征与管理之间的联系出发，呼吁教育管理中的人性回归，实现管理者和被管理者

---

① ZHANG F，DENG L. Revelation of educational human nature theory on the realization of educational happiness［J］. Studies in sociology of science，2014，5（2）：34－38.

② TREVARTHEN C，GRATIER M，OSBORNE N. The human nature of culture and education［J］. Wiley interdisciplinary reviews：cognitive science，2014，5（2）：173－192.

③⑤ 涂艳国，周贵礼. 试论教育回归人性的基本方式［J］. 教育研究，2012，33（2）：24－28.

④ 肖绍明，扈中平. 教育何以复归人性［J］. 高等教育研究，2010，31（6）：25－32.

之间的民主平等与主体对话交流。① 还有学者基于人性的社会属性，从人的五种本性出发，提出了思想政治教育的本质就是将人的德行本性升华为符合社会需要的品德。② 还有学者以批判性的分析方式，关注教育活动中缺乏人性的现象与后果。早在 21 世纪初，就有学者指出我国儿童承载着过大的生存压力，成为社会上生存最艰难的群体之一，主张教育树立一种理想，即以儿童理想的生存状态作为参照，使儿童现时过上完美生活，而这种理想的生存状态即是复归人性的教育。③ 事实上，学者早已指出，教育中人性培育的缺乏已经造成了教育实践中的严重后果，学校要进行培育人性的教育。④ 而对人性的某些本质，如“自欺”与“偏见”等方面的深入了解是提高道德教育的效果的有效途径。⑤

总之，“人性”与“教育”的研究者们主要采取了哲学思辨的方式，从关注教育中的“人”到关注“人”，从关注人的教育到关注人性的教育，从关注人性的教育价值到关注人性既为手段更为目的的教育，涉及教育理论与实践活动的多个方面。

随着研究的深入，人性与教育的研究日渐丰富，学者们认为人性论与教育学具有内在一致性，应该将“社会—教育—人”这一主线有机融合于教育学学科体系之中，要建构基于人性论的教育学学科体系。⑥ 有一批学者从人性与教育的研究走向教育人性化研究，形成了教育人性化的系列理念，总结出教学人性化的理论基础是实践人性论，故其哲学基础是亚里士多德的实践哲学传统，并指出教育人性化的实践哲学具有“德性之善”价值合理性和“行动之善”实践合理性的双重人性价值。教育人性化包括行动、理解、反思和批判⑦，为“教育复归人性”奠定了理论上的基础。

也有一批学者以“为人的存在与教育”及“教育与人的生成”两个方

① 马明中. 教育管理的人性逻辑研究 [J]. 教育研究与实验，2013 (6)：17 – 21.

② 李龙强. 人性观照下的教育与思想政治教育 [J]. 思想政治教育研究，2013，29 (1)：89 – 92.

③ 牛利华. 一种教育理想：教育应关注儿童的生存状态 [J]. 教育科学，2002 (5)：61 – 63.

④ 陈云恺. 论培育人性的教育 [J]. 教育科学，2003 (2)：1 – 3.

⑤ LAMPE M. Science，human nature，and a new paradigm for ethics education. [J]. Science and engineering ethics，2012，18 (3)：543 – 549.

⑥ 杨兆山，张海波. 基于人性论的教育学学科体系建构 [J]. 教育研究，2010，31 (4)：12 – 16.

⑦ 肖绍明，扈中平. 教育人性化的实践哲学基础、范畴与意义 [J]. 教育研究与实验，2013 (3)：1 – 6.

面建构了教育人学世界观。[①] 而人性的永恒性与历史性，人性的变与不变，人性的复杂性，使教育与人性成为教育人学研究的永恒话题。[②] “教育人学”以“人性”和“教育”的关系研究为基础与核心，正逐渐由前学科状态走向学科形态。

可以说，“人性”与“教育”研究提供了一种表达人文世界观的方式与信念，即以理解建构，并加以批判性的方式去推动研究者们对教育理论、教育实践中“人”及“人性”的研究。

## 四、关于人性视角下教学关系的研究

在中国知网以全文为“人性”“教学关系”进行检索，2007 年至 2017 年共有 8 395 篇文献；以关键词为“人性”“教学关系”进行检索，有 0 篇文献；以主题为“人性”“教学关系”进行检索，有 47 篇文献。在这 47 篇文献中，与教学关系主题无关的有 1 篇。关于职业教育的有 9 篇，关于高等教育的有 10 篇，关于成人教育的有 1 篇，关于社会学（含广告、旅游等）的有 1 篇，共计 21 篇。关于教学关系理论研究的有 10 篇，关于基础教育的有 13 篇，共计 23 篇，故本部分研究综述以 23 篇文献为主。从研究内容来看，有学者从人性与教育的密切关系出发，主张进行“适合的教育”，而适合的教育的首要条件是合乎人性。[③] 还有学者阐述了生命化教学，在关注素质生成的情境，即课堂教学中实现人性的升华。[④] 也有学者提出了在“交往”“对话”等哲学或理论的基础上，要注意利用人性手段，追求人性价值来改进教学关系，认为对话教学重视教学关系，应以张扬人性为教学的价值追求之一。[⑤] 还有学者主张要建立具体的教学关系，如“变知识授受关系为人本关系”，变重教轻学为教学并重，变单向作用为双向作用，培养学生的自主、创造能力和差异

---

① 扈中平，蔡春．教育人学论纲［J］．华东师范大学学报（教育科学版），2003（3）：1－9.

② 宋剑，扈中平．教育与人性：教育人学研究的永恒命题［J］．教育理论与实践，2007（17）：8－10.

③ 冯建军，刘霞．“适合的教育”：内涵、困境与路径选择［J］．南京社会科学，2017（11）：141－149.

④ 陈新巧，赵书超．课堂交往：生命化教学的启动与展开［J］．教育探索，2007（11）：15－16.

⑤ 曹开秋，代静，潘宗桃，等．对话教学的内涵、价值追求及功能［J］．现代教育科学，2010（12）：15－17.

性。并重视以生活中的人性现象进行教学。[①] 基础教育的研究者们主要从教学实践各个方面进行研究，如学科教学、课堂教学和师生关系处理，并提出了一些具体的策略。如主张思想品德与心理健康教育中要重视人性。[②] 如在初中语文教学中，“挖掘教材中的人文因子，并进行情感教育”。[③]

根据以上文献分析可以看出，目前关于“人性”与“教学关系”的研究主要从教育哲学角度展开，如交往、对话及审美等与人性某一相关角度来谈关系，重点或在于宏观的教学思想构建，或在于阐述人性在教学关系维系中的某些作用。而另一些从实践某个方面着手的微观研究，重点阐述教学要尊重或发扬人性中的某个属性或某个品质。以上研究虽然把人性与教学关系两者联系在一起，但把教学关系作为一个本体意义来研究的文献较少，而从人性视角来审视与研究教学关系的整体性与复杂性特点的更少。从研究发展与趋势来看，2007 年、2010 年和 2014 年分别出现了三个研究教学关系的高峰。可以预见，随着课程改革的深化，教学研究、教学关系研究等将是新的研究热点。

综述以上与本研究相关的国内外研究文献，可以得出结论：研究者们对教学关系及人性已经有一定的研究。第一，从研究视角来看，国内外绝大多数研究者基于哲学、教育学、心理学、社会学等对教学关系、师生关系进行宏观、抽象的思辨研究较多，对人性与教育的关系、人性化下的教育等研究较多，而从人性视角研究教学关系较少。因此本研究采取的研究视角有一定的创新性。第二，从研究内容来看，国内大部分研究主要从微观层面，即教与学关系，从教学关系的实践层面着手：研究教与学关系双边活动、师生双边关系的文献较多，而对教学关系的整体实践状态关注较少。因此本研究的内容，即人性视角下教学关系的整体构建与实践探讨具有一定的创新性、合理性与可行性。

## 第二节　核心概念界定

“概念的定义是受某种规则所界定的，……规则是由命题或句子形式表达的概念与概念之间的关系。”[④] 概念是一物不同于他物的区别所在。概念对

---

① 郭清丽. 改善教学关系，让课堂教学更具人性化［J］. 广东教育（教研版），2006（6）：33－34.

② 邓肇玖. 小学品社学科与学生心理健康教育融合的研究［J］. 福建教育学院学报，2017，18（11）：80－82.

③ 薛希辉. 初中语文教学中情感教育的有效策略［J］. 基础教育课程，2015（4）：34－35.

④ 高文. 教学模式论［M］. 上海：上海教育出版社，2002：145.

于研究而言起着术语的作用，厘定了研究的内容、目的与方向，本研究主要有以下三个术语：教学关系、人性、人性视角下的教学关系。

## 一、教学关系

界定教学关系的概念离不开对“教学”一词的探讨。有学者认为，教学是指教师以适当方式促进学生学习的过程。在教学过程中，不仅要使学生掌握知识、技能，培养能力，而且要养成学生的思想品德、情感和态度，并要关注学生生理或体质的发展。教学是教师引导或教导学生学习的活动。“教学”不是联合词，而是支配词，它与“治病”词性相同。[①] 还有学者指出教学就是教的人引导学的人为着特定教育目的、以一定文化为对象进行学习的活动。[②] 可见，教与学是相互依存的活动的认识是深入人心的。的确，在学校教育场域内，“教学”一词存在的基本前提表明，既无没有学的教，也无没有教的学。没有了学，教就不能存在；没有了教，学也不再存在。本研究认为广义的“教学”是指学校教育中，位于“教育”之下的一个概念，包括课内、课外的“教学生的一切活动”，也包括智育、德育、体育、美育和综合实践教育等与教师引导和学生发展有关的教育活动。狭义的教学是指发生在学校教育场域，为着特定教学目标，以教学内容为媒介，通过教师引领，学生学习知识、培养能力、促进身心发展的活动，是教与学活动的整体结合，用英语解释为 teaching – learning。

有学者认为教学关系就是“教与学”关系。[③] 有学者阐述教学关系是教学内部各基本要素本身及相互间诸多要素的相互联系与作用，基本上包容了教学范畴内所有相关因素的有关关系，以此总的概念来把握教学存在的整体并反映各方面具体因素之间的联系。[④] 也有学者认为，教学关系是教师与学生在教学活动中建立的本质联系，是教师与学生展现和实现其人的本质的一种现实形式。[⑤]

本研究认为教学关系是一个复杂多向、立体多维的整体，不同于以往局限于师生关系之内的教学关系，也不等同于教与学关系，而是教师与学生、教师活动与学生活动、教与学行为及其内部各部分相互联系与运动的既抽象又具体的统一形式。

---

① 施良方．中学教育学［M］．福州：福建教育出版社，1996：238.

② 扈中平．现代教育学［M］．北京：高等教育出版社，2010：227.

③ 张建桥．教学关系：百年探索的得与失［J］．教育导刊，2016（9）：24 – 27.

④ 张广君．多维视野中的教学关系［J］．教育研究，2003（6）：73 – 78.

⑤ 李瑾瑜．关于师生关系本质的认识［J］．教育评论，1998（4）：36 – 38.

## 二、人性

人性从词源上有多重含义,“性，人之阳气，性善者也，从心，生声”①。告子说“生之谓性”，荀子说“生之所以然者谓之性”，“性”主要可解释为“生而赋之的天性”，后引申为事物的固有性质、脾性、秉性等。在英文中，人性的一种翻译为 human nature。有词典认为：nature 一词最初来源于拉丁语 natura，指成为事物生来就具有的特征、自然的不可改变的本质和性质等。② 也有词典把 human nature 解释为“general characteristics and feelings common to all people”（所有人共有的普遍特征和情感）。③ 更多时候，human nature 被作为伦理学的一个基本主题。④

分析人性词源可知，中西方文化对“人性”的理解有一致之处，即均与人的生理、身体有关，是天生有之，也均有稳定与固有性。所以，人性既可以理解为个体的人性，与生理、身体相关，也与随之的心理有关的物质或精神的存在，即人的肉体、欲望、活动、需要和情感等有关。也可以理解为总体的人性，即人类在实践中抽象总结出人的主体性、自为性、社会性、实践性、意识性和超越性等性质，两者在实践活动中走向统一。⑤ 人性论，乃追求人之本性究系如何成立的。⑥

从人性的内涵来看，人性是人的各种特性或属性的总和与概括，是人社会属性和自然属性的统一。人的社会属性反映了人与动物的根本区别，“只有在社会中，人的自然的存在对他来说才是自己的人的存在”⑦，是由人的社会关系总和所决定的。人性中的“人”可以指个别的实在的具体的个人，也可以指一般的作为“社会关系总和”的类的人。人性之“人”指正常之人。不正常之“人”指人性因压抑、扭曲而泯灭之“人”，丧失了人性的恶魔之“人”，在根本上不在“人”之列。人性之“人”的典范是“真正的人”

---

① 许慎. 说文解字［M］. 段玉裁，注. 杭州：浙江古籍出版社，2006：502.

② 威廉斯. 关键词：文化与社会的词汇［M］. 刘建基，译. 北京：生活 · 读书 · 新知三联书店，2005：326.

③ 霍恩比. 牛津高阶英汉双解词典［M］. 4 版. 李北达，译. 北京：商务印书馆，1997：725.

④ BLACKBURN S. 牛津哲学辞典［M］. 上海：上海外语教育出版社，2000：178.

⑤ 肖绍明. 批判与实践：论教育人性化［M］. 北京：中国社会科学出版社，2016：6.

⑥ 徐复观. 中国人性论史 · 先秦篇［M］. 北京：九州出版社，2014：54.

⑦ 马克思. 1844 年经济学哲学手稿［M］//中共中央马克思恩格斯列宁斯大林著作编译局. 马克思恩格斯全集：第三卷. 2 版. 北京：人民出版社，2002：301.

“高尚的人”。人性中的“性”包括人的属性、特性和本质。人的属性包括构成人的一切要素，如人的自然属性、社会属性和精神属性。在人的诸多属性中，只有那些趋向美善的属性才被视之为人性，而那些无论是先天还是后天所具有的丑恶的属性并非属于人性，因为人的丑恶性是人的属性中非本质的方面。[①] 求真、向善与爱美是人性的主导。人的存在样式是人性的实践形态，在教育教学生态中，人的个体性存在（包括人的精神性存在与人的生理性存在），人的社会性存在和人的善恶性存在与教育教学的关系最为密切。教育教学为了人的个体性而存在，也因为人的社会性而发展，更起着发扬人的善性的重要作用。

所以本研究中的“人性”指的是教育中的人性，是人所具有的天性，既是个体人所具有的“个性”，也是群体人所具有的“共性”。这些天性是与真、善、美同行，与假、恶、丑相悖的，是正常之性、理想之性。本研究还结合中国传统人性论中人的个体性存在、社会性存在和善恶性存在的内涵与意义，着重分析教学关系中人的存在样式的实然状态与应然状态，让人性成为既有抽象意义更有具体内涵的实践概念。

## 三、人性视角下的教学关系

追求真、善、美是人性的一部分，本研究认为，教学关系是一个复杂多向、立体多维的整体。“求真—尚美—崇善”是人性视角下教学关系的核心表现，它具有以下特点。

从关系的整体形态来看，教学关系在根本上需正视人性、引导人性、利用人性，尽可能激活和满足人性的需求并不断解放、培育和升华人性。从关系的本体维度来看，教学关系中最基本的行为是教与学关系，最初源于学生成长的需求：教师以学生发展为本，理解学生的璞玉之才，通过适合学生之“性”发展的行为来引领与促进学生成长，学生通过学习行为满足自身的成长需求，其中主要涉及“教什么、学什么、如何教、如何学”的问题，具体是通过生动真实的教学相长，实现“求真”的教与学关系。从关系的认识维度来看，教学关系是一个以时间为经、空间为纬的教学过程。基于学生天性的发扬，教师教的活动与学生学的活动通过目的、内容、设计、实施与评价等环节联系为一体，其中主要涉及“教学什么，如何教学”的问题。具体是通过探究合作的动态生成，实现和谐“尚美”的教学过程。从关系的价值维

① 扈中平，蔡春，吴全华，等. 教育人学论纲［M］. 北京：高等教育出版社，2015.

度来看，教学关系是教师与学生一起实践，为善向善，旨在帮助学生养成德行，追求“善”念。为了更健康、更充实、更完美的人生，师生友好理解相处，其中主要涉及“为什么教，为什么学”的问题，师生之间用示范与对话，形成了共生共长之业务、情感与伦理等方面的关系，最终实现“崇善”的师生关系。

## 第三节　研究设计

人性视角下教学关系的历史考察、现状透视与分析表明，从人性视角来构建教学关系是合理必要的，“求真—尚美—崇善”的教学关系符合教学本质彰显、当下人才培养和教育功能实现的需求。如何从理论上构建人性视角下的教学关系？如何实现人性视角下的教学关系？人性视角下的教学关系能否接受实践的检验？本研究提出了基本假设：“人性视角下的教学关系”能减少“非人性”教学现象的发生。由此主张以“求真—尚美—崇善”为其核心内涵的教学关系能改善当下教学实践与完善学生人性发展。为此，本研究通过厘清人性视角下教学关系的内在机理，构建“求真—尚美—崇善”教学关系模型，探究其观念路径与实践途径，建构与实践了一个为教学的改善而服务的关系体。

### 一、研究问题与内容

#### （一）研究问题

在当下教育教学实践中，存在着种种“非人性”现象。首先，出现了“无人”的教与学关系。具体表现在教育各主体过于忽视学生身心发展，以“应试”为中心的、一味以讲题与刷题形式出现的教与学关系。从小学开始至高三结束，教师以教学生如何应试为主要工作，教学内容主要以满足学生应试的讲题为主；学生以学习如何应试为主要任务，以致学生从小认为学习的主要内容就是做题刷题，学习的主要方法就是考试，总而言之，学习就是考试。教与学形式单调，内容枯燥，课堂教学以反复练习、练习讲解、试卷讲评为主旋律，缺乏真正的生机与乐趣。

其次，出现了“少人”的教学过程。在教学过程中，经常存在着目的单一、实施单一和评价单一的做法；存在着以管制学生身心发展为核心，忽略甚至压制学生天性、要求学生服从权威为目的的教学实施与评价的做法；存在着对学生的评价以考试成绩为主，对教师教学的业绩评价主要以学生考试成绩为主的做法。如此种种做法导致教学过程中经常出现“一抓就死，一放就乱”的情况：当学生被管理得太紧，他们就缺乏自主学习与自主管理的意识与能力，更缺乏创新的意识与思想。当被民主管理时，学生则完全不知道该做什么和不该做什么，很多学生缺少积极的学习动机、独立思考的能力、主动学习的能力与观念。

再次，出现了“伤人”的师生关系。在师生关系中，教师与学生出现了紧张与不信任的局面，甚至屡屡出现学生伤害教师身体的事件。除了学生人格、性格等方面的问题，导火线往往是与教学有关的事情，湖南的“弑师案”就是这样的案例。① 教育教学实践中表现出的种种“非人性”现象，引发了研究者对教学关系的思考。这些“非人性”教育教学现象既反映了基础教育阶段教育教学实践微观层面的问题，如课程设置与管理，教学的设计、实施及评价，也反映了教育教学宏观层面的较严重问题，如教育价值观的引导等。“非人性”现象导致严重的后果，如教与学关系的失真发展，教学过程的失度运行，师生关系的失信相处，学生的学习热情与能力的退步，教授过程的机械与工具化及教师职业发展的懈怠，社会和公众对教育教学的无奈与忧虑等。当前教育改革步入深水区，教育教学改革的切实推进需要改善教师与学生之间的关系，加强教学过程的有效性以及优化教与学的重要表现地——课堂。由此产生一个基本问题：学校教育，尤其是基础教育阶段的学校教育该有一种什么样的教学关系才能满足新的课程教学改革需求？才可能让更多的学生健康成长，并为学生的幸福人生奠定良好的基础以实现教育的个体功能？才可为社会输送更多更优秀的学子以达成教育的社会功能？才能最大限度实现学校教育培养人、促进人、发展人的独特作用和应然价值？

最后，从人性视角来看，学生具有璞玉之才、好奇之情、爱人之心。从教育教学实践来看，“非人性”的教育教学现象的产生需要人性的教育教学实践来予以校正与改善。那么，“人性视角下的教学关系”能否校正与改善教育教学实践？为了论证人性视角下的教学关系——“求真—尚美—崇善”教学关系能改善当下教育教学生态与学生成长状态，本研究从以下四个方面展开：

（1）为什么要构建人性视角下的教学关系？

（2）人性视角下的教学关系是什么？

（3）人性视角下的教学关系如何实现？

---

① 曹慧茹，周生根，李君，等. 湖南弑师案：尖子生刺死班主任，被害者女儿与其同班[EB/OL].（2017－11－14）[2018－01－22]. http://hunan.ifeng.com/a/20171114/6143687_0.shtml.

（4）人性视角下的教学关系如何完善？

其中，第一、第二个问题主要目的在于解蔽人性视角下的教学关系，第三、第四个问题在于澄明与敞亮人性视角下的教学关系。

另外，笔者一直在基础教育阶段从事教育教学工作，对其中的相关现象与问题有着深切的体会与感受，对分析和解决其问题有着深切的关注，所谓“爱之愈切，思之愈深”，故采取了批判的思维来审视种种现象带来的影响，并反思其原因。

## （二）研究内容

为了论证上述四个问题，本研究有针对性地提出了研究的主要内容，包括以下三点：第一，在文献述评的基础上挖掘相关研究的文献依据，即研究并且挖掘教学关系中隐藏的人性，即人性视角下教学关系构建的理论基础；第二，从哲学、心理学和教育学角度发现相应的理论基础，并剖析人性视角下教学关系的基本内涵与观念路径，这是本研究的重点与难点；第三，通过教育教学行动研究课堂构建，如课堂观察、访谈和案例分析等方式，深入探究与完善“求真—尚美—崇善”教学关系实践途径，并在此基础上形成了人性视角下教学关系的运行机制。总体而言，本研究的基本结构见图 2－1。

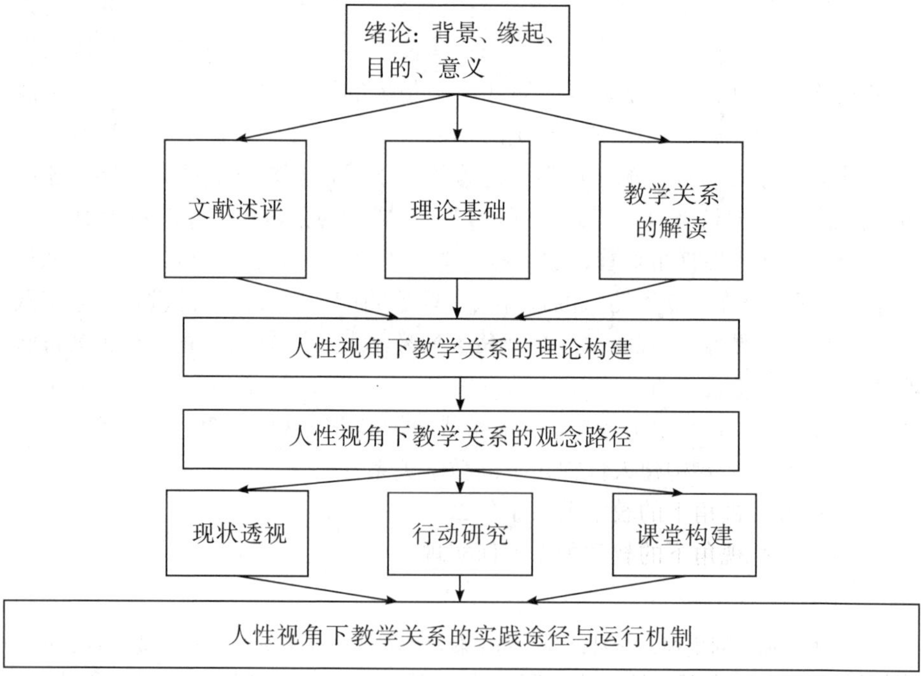


**图 2－1　研究基本结构图**

## 二、研究范式的确定

本研究围绕“人性的解蔽、澄明与敞亮”这一理论明线，以及“非人性到人性”这一实践暗线来构建人性视角下的教学关系，以时间的推移与空间的改变为研究背景，揭露教育教学实践中存在着的“非人性”现象，然后着重阐述、描述和论证以“求真—尚美—崇善”为核心的人性视角下教学关系的应然、实然与必然。所以本研究首先是一个理论思辨研究，其次是一个批判教育研究，最后是一个行动研究。

人性视角下的教学关系是一个理想概念的构建，它既建立在文献研究之上，也建立在现实批判之上。若要使之指导与服务教学实践，则需要通过行动研究来检验和得出其运行路径与机制，故理论思辨、批判分析与行动研究是本研究的主要研究范式。

首先，在明确教学关系与人性的联系后，描述教学关系中的人性，确定人性视角下教学关系的可能性与可行性。然后采用问卷调查的方法，并基于调查数据的量化分析和理论分析，解读教学实践中的“非人性”现象，这些问题实质上是由“应对式”教学关系造成的。其次，本研究试图通过分析人性与教育、人性与教学关系，找到人性与教学关系的结合点，并在此基础上构建本研究核心概念——“求真—尚美—崇善”教学关系，并对其模型、内涵与观念路径进行阐述。最后，采取行动研究与案例实证的方式观照教学关系现状，提出、校正与完善“求真—尚美—崇善”教学关系的实践途径，形成“求真—尚美—崇善”人性视角下教学关系的运行机制，建构一个具备理论独创性与实践可行性的教学关系体。

### （一）理论思辨研究

教学关系是一个有着丰富意蕴的教学概念，教与学关系、教学过程与师生关系从不同层面或表现或反映或充实了这个概念。人性视角下的教学关系既是关注教学关系的一个视角，更是一个理想概念的构建，所以理论思辨研究必不可少。人性论研究浩如烟海，本研究认同中国传统人性论中关于人性的观点。另外，以教学存在的对成交往观、人文化成观、关系进化论、超越艺术观、文化历史观等为核心架构的中国本土教学哲学理论——生成论教学哲学是本研究中教学关系建构的主要理论源泉，它主张从整体的角度理解和实践教学。[①] 所以本研究认为，从整体的角度建构与反思教学关系是深化课程教学改革的应有之义。

### （二）批判教育研究

教育，尤其是学校教育自产生以来，就和一定的社会背景，包括政治、经济、历史和文化等分不开，各种教育活动的进行都和所在的时代和历史背景有着千丝万缕的联系，各种教育现象背后的原因往往不是教育本身的，而是社会的、经济的、历史的和文化的。社会批判理论试图“通过社会批判建构一种关于现代社会总体发展的历史哲学；立足现实趋势的批判分析，执着于未来社会的重建与解放”[②]。

批判教育研究的相关分析理论和本研究具有较高的适切性。当下我国教育教学关系中所表现出的种种“非人性”现象是“非人性”教育教学活动的投射，受当下各种社会力量的影响，反映了教育相关主体，如学校、家庭和社会的矛盾与冲突、平衡与发展。所以，分析教学关系中的“非人性”现象并透视其背后的原因与影响需采用社会批判研究。这种研究范式，既具有反思性，又具有建构性，两种特性推动着本研究深入和发展。从本研究的问卷调查和访谈可以看出，高达 64.9% 的教师认为改善教学关系的最大压力来自社会，可见社会各方面对教育教学活动的影响力。可以说，社会对教育的目的与价值的认识与期待，对教育功能与作用的选择或直接或间接地左右着教学关系的运行。人性是影响人文社会现象意义的重要因素，本研究着重挖掘与把握中国传统哲学中的人性思想，反思、分析和探究其与教学对象需求相结合的观念路径。

### （三）行动研究

行动研究更多地指向实践。若要使本研究建构的人性视角下的教学关系理论体系服务于教学实践，需要通过行动研究来检验和得出其运行的条件与路径。行动研究是本研究的主要研究范式，使用的具体研究方法有观察法、访谈法、问卷调查法、案例研究和实验研究等。

---

① 张广君. 生成论教学哲学的核心观点［J］. 当代教育与文化，2012，4（2）：30－38.

② 李和佳，高兆明. 社会批判理论的范式演进：从福柯、哈贝马斯到霍耐特［J］. 哲学研究，2008（5）：33－39.

## 三、研究方案的设计

在完成了人性视角下教学关系的理论建构之后，为了论证人性视角下的教学关系能改进教育教学效果，笔者在高中英语教学实践中进行了两轮行动研究，不断地进行行动—观察—实践—反思，论证了人性视角下的教学关系有助于改善教育教学，并发展与探究了人性视角下教学关系的实践途径。笔者在中学英语学科教学实践中组织了课堂构建研究。

### （一）研究工具的探究与开发

确定研究主题后，笔者研究了教学关系量表的制定，经历了开发—实践—反思—开发—行动—反思—开发的历程。教学关系既是一个抽象概念，也是一个现实存在，要可视化并测量教学关系各个层面在课堂教学中的表现，不仅要研究相关的理论，更要在实践中不断地观察、行动、反思和改善。人性视角下的教学关系课堂观察量表经过数度易稿，数十节现场课的观摩，最后确定了基本观察点。但课堂观察量表能否有效地检验课堂中的教学关系，促使观察者和被观察者反思课堂教学，并进一步提高其课堂教学效果，需进一步深入地考察和探究。

### （二）第一轮行动研究

第一轮行动研究正式开启，笔者选取了广州市 N 中学高一（8）班作为研究对象，研究延续了两个月。一方面，笔者和所在学校的英语学科教师一起学习研讨人性视角下的教学关系，笔者陈述人性视角下教学关系的目的、意义和具体表现，然后组织英语学科教师听课。在观课研讨活动中，观课教师们各抒己见，既对笔者的课堂教学设计、实施及效果等进行了常规评课，又对笔者设计的人性视角下教学关系的行动研究提出了很多的建议。笔者进一步优化了课堂与英语教学。一方面，笔者和所在学校的 3 名英语教师利用初步的课堂观察表互相听评课，不断优化教学方式，也不断优化课堂教学，并不断选择与筛选观察指标。另一方面，笔者对高一（8）班学生的英语学习表现进行了前测，对他们的英语学习能力有了初步的了解；同时，笔者还对学生们的教学关系认识进行了初步的访谈，并测试了他们的教学关系认识。

### （三）第二轮行动研究

通过第一轮行动研究，笔者基本明确了人性视角下的教学关系在教学实践中所遭遇的瓶颈及可能突破的方式。在研究的内部和外部环境（如班级和学生的任课教师与管理制度，学生英语学科学习的时间与空间，教师所使用的教学资源与教学环境，学生所使用的学习资源与学习环境等）都没有改变的情况下，笔者进行了第二轮行动研究。第二轮行动研究着重落实第一轮行动研究得出的突破方式，继续进行访谈，目的在于得出教学关系改善的更合理措施。

## 四、研究方法的选择

研究的方法、研究的目的、研究的问题和研究者所处的环境有着直接的关系，也影响着研究结论的产生和研究成果的产生。本研究旨在构建和实践人性视角下的教学关系，故采取了理论思辨研究、社会批判研究及行动研究范式来进行理论的构建、现象的批判和理论的实践。首先，本研究的主要问题来自于教育领域，试图通过教学关系的历史梳理和现状透视，构建人性视角下的教学关系，并提出观念路径，既有理论上的构建，也有实践的分析探索。其次，基于人性视角的社会现象批判性分析模式更多采用质性研究。故本研究采取了质性研究与量化研究相结合的方式，主要采取了文献法、问卷调查法、观察法、访谈法、案例分析法和实验研究等六种适合本研究的方法和技术手段开展研究，收集整理资料和分析处理样本。

### （一）文献法

文献法即搜集、分析和研究各种现存的相关文献资料，从中选取信息，并恰当使用和分析资料。利用电子图书资料系统，本研究查阅国内外相关资料，梳理教学关系的概念、范畴与内涵，总结现阶段教育教学关系中的“非人性”现象与原因，厘清人性视角下教学关系的特征、内涵与结构，并做出合理阐述。

### （二）问卷调查法

问卷调查法是通过多个标准化问题而组成的结构化问卷，针对一定群体样本而收集量化数据的方法。[①] 在本研究中，从教学关系的三个主要维度设计教师问卷和学生问卷，并选择了几所普通、重点中小学校，对教师和学生展开调查，以了解教师和学生对教学关系的认识及实践情况。问卷回收之后，用SPSS统计分析软件对问卷结果进行统计分析，分析结果表明“非人性”教学关系实践现象的普遍存在，同时师生期待教学关系的“人性回归”。

① 齐梅. 教育研究方法［M］. 北京：高等教育出版社，2015：75，35 – 36.

### （三）观察法

观察法就是研究者根据研究的目的和任务，有计划地利用各种手段和工具，通过对研究对象的言语、行为等外显表现，或者事物的状况、运行过程、机制等进行描述和记录，搜集获取关于研究对象的经验数据的方法。① 其优点是不会受到研究者已有观念的影响。本研究在批判分析教学关系现状、行动研究和案例实证阶段都采取了课堂观察法。首先，为了获取真实的教学关系现状材料和制定人性视角下教学关系课堂观察量表，笔者进行了隐蔽观察，即完全参与观察，事先并没有告诉管理者与教师观察的内容与动机，而是随机选取了3所学校共6个班级进行课堂观察，得到的信息验证了教学关系的现状。其次，在第一、第二轮行动研究中，为了检验、反思和确定人性视角下的教学关系课堂观察量表，笔者进行了公开观察，即半参与式观察，主要作为被观察者参与了研究。笔者和教师同伴组成了观课小组，笔者向观察者阐述观察目的和观察量表的具体使用方法，然后请观察者在课室进行观察，最后听取观察者的汇报和分析，即刻进行反思和案例分析。最后，在课堂构建的案例实证阶段，笔者作为观察者，进行了半参与式观察，即携带课堂观察量表进入实验教师的课堂，以收集和获取人性视角下教学关系的课堂构建信息。

### （四）访谈法

访谈法是研究者以口头访谈的形式收集被调查者客观与主观信息资料的一种调查方式。② 根据研究者对访谈过程的控制程度，访谈可以分为三种方式——结构性访谈、半结构性访谈和无结构性访谈。③ 本研究在现状分析阶段、行动研究和课堂构建研究阶段都采取了访谈法。在现状分析阶段，笔者分别对一定数量的基础教育各个阶段的教师、学生进行半结构性访谈，了解他们对人性视角下教学关系的认识与看法，帮助丰富本研究的认识基础与行动研究的顺利开展，具体内容是帮助笔者制定人性视角下教学关系课堂观察量表以及行动研究的开展。在第一轮行动研究中，笔者对学生进行了半结构性访谈，以了解在教师实践人性视角下的教学关系中，学生的认识和看法，为教师的行动研究反思提供一手材料。在案例实证中，为了解学生对人性视角下的教学关系实践中教师行为的认识和看法，笔者对学生进行了无结构性

---

① 齐梅. 教育研究方法［M］. 北京：高等教育出版社，2015：75，35－36.

② 齐梅. 教育研究方法［M］. 北京：高等教育出版社，2015：94，57.

③ 陈向明. 质的研究方法与社会科学研究［M］. 北京：教育科学出版社，2000：171.

访谈和课后调查。

### （五）案例分析法

本研究将选取行动研究和案例实证后的中学英语教学案例来分析教学关系的实践状态。教学案例的效果可以佐证人性视角下教学关系理论构建的合理性与实践运用的现实可能性。

### （六）实验研究

实验研究是获得知识、检验理论的一种特定的研究过程与方法。[③]本研究中的实验研究是行动研究和案例实证的一部分。本研究通过实验研究来检验行动研究中教学关系改进对于教育教学行为改善与教学效果的提高的作用。本研究选定中学英语学科为实验学科。首先，通过课堂观察与行为修正，进行学生的教学关系以及学生学业成绩的前测。其次，通过有关人性视角下教学关系的理论与实践学习，采取了一系列行动，如课堂观察与行为修正的方式以促使教学关系改善。经过一段时间后，再对学生进行教学关系与教学成绩测验问卷调查。最后，收集数据，用 SPSS 统计分析软件对问卷结果进行统计分析，以检验行动研究和案例实证的效果。

# 第三章　研究的理论基础

本研究的理论基础是整体主义方法论、生成论教学哲学、批判教育学和中国传统人性论。本章首先阐述了整体主义方法论的特点及本研究的做法，然后阐明生成论教学哲学和批判教育学为本研究提供的重要理据。再着重从中国传统人性论探究人性视角下教学关系建构与实践的内在机理，获知基于人的主要存在样式，如人的个体性存在、社会性存在和善恶性存在的内涵与意义，为人性视角下教学关系的构建与实践奠定了坚实的理论基础，为本研究提供了重要的支持。

## 第一节　整体主义

整体主义强调，社会科学只能从“整体”的视角看待和解释社会生活。[①] 作为方法论的整体主义，遵循社会生活的整体性和解释的整体原则，与它相对的概念是个体主义的方法论。作为方法论的整体主义有以下四个特点。

### 一、整体主义的整体关联

任何事物都不是孤立的，而是相互关联的。任何一个部分，都不能孤立于整体之外，更无法说明整体的问题。只有把部分放到整体里面，才能对概念有相对正确的认识。一方面，教学关系是整体，其中的三个维度涉及的三个方面，都不能表达出教学关系的全部，不能用任何一个来说明整个教学关系，也不可忽略其中一个去谈论教学关系，教学关系的内涵是三个维度共同形成的。另一方面，三个维度中的每个概念的内涵是基于教学关系这个整体

① 科瑟. 社会学思想名家：历史背景和社会背景下的思想［M］. 石人，译. 北京：中国社会科学出版社，1990：9.

而存在的，它们各自的意义相互关联，同时不能脱离整个教学关系，只有把每个维度放到整个教学关系当中，才能发现每个维度真正的内涵。同时这些维度的存在是相互依托而共存的。就如中国道教的太极图，整体与部分之间此中有彼、彼中有此，彼此不可分离，并且互为整体服务。最后整体和部分之间还可互相转变、互相影响，共同生存与变化，不分彼此，相辅相成、相反相成。

## 二、整体主义的动态平衡

整体主义还强调动态平衡，事物的平衡不是静态的、固定不变的，而是变动的、相对而言的。随着时间点而变，随着地点而变。不同时间和地点，需要重新调整，即动态平衡。从空间来说，作为茫茫人海中的个体，既要看到自己的价值也要看到自己的渺小，自己的价值不只在于自身，也在于在群体中的位置。从时间来看，作为万世之须臾中的个体，自身要主动调整，适应外界的各种变化，取得相对平衡，保持身体与外界事物的平衡。只有这样，人才不至于妄自菲薄，也不至于忘乎所以。

## 三、整体主义的自然合理

整体主义还主张要尊重事物，包括人的自然合理。在认识上，自然即合乎事物的本性，自然合理意即符合事物的本来状态才是合理的。在方式上，首先要关注万物的本然状态，如顺应人本身的发展趋势。其次，不能按一个标准去对待万物，要承认个体差异。即不主张用一个统一量化的标准去规定每个个体，可以说，不一定强调普适性，更强调个性化。

## 四、整体主义的适性顺应

客观世界是复杂的，是整体关联、动态平衡的，需要自然合理以符合事物的特性，所以适性的教育是人性教育的一个原则。越适合事物的本然的教育越合理。所以从这个层面来说，整体主义不仅仅给本研究提供了一种方法基础，还是人性视角下教学关系的内在含义。

综合起来，整体主义主张用整体关联的方法观察事物、事件，用动态平衡的眼光考虑问题，用自然合理的方式对待人事。从整体主义来看，“教学关系”是一个整体概念。人性视角下的教学关系更是一个整体概念，它的性质不能由教与学关系、师生关系或教学过程中的关系表现得到完全的解释与还原，而是基于关系中的“人”，尤其是学生的“人性”整体方可说明与解释其形态特点。本研究构建人性视角下的教学关系，采用整体主义方法论来研究教学关系，就是不仅基于人性的视角，更将人性视为一个整体，在认识的基础之上来看待教学关系。首先，学生的适性成长离不开以教学相长为特征的教与学关系，并由此形成人性视角下求真的教与学关系。其次，学生的扬性成长离不开以动态生成为表征的教学过程，并由此形成人性视角下尚美的教学过程。再次，学生的成性成长离不开共生共长为理想状态的师生关系，并由此形成人性视角下崇善的师生关系。简要而言，教学关系离不开教师与学生两个主体，它们的运动贯穿于整个教学关系的运行之中，既离不开共时态的师生关系，也离不开历时态的教与学关系。很明显，各个部分的存在只有依存于“教学关系”的整体才能获得并显示自身的意义。一言概之，教学关系是以人性为本的整体存在。

## 第二节　生成论教学哲学

生成论教学哲学是“基于教学本身及人的存在与发展是一个不断发生、生长、演化的过程的基本理念，秉持以关系性、生成性思维为核心的思维方式，探讨和追求教学生成，进而促进人的文化生成的教学哲学”①。它以生成论思想为起点，认为教学存在是一种人为的、关系性的、对成性的、发生性的、交往性的、建构性的、生成性的基于教学对成和人文同化而追求人的文化生成的存在。

### 一、核心观点

在描述教学目标时，生成论教学哲学秉持人道主义立场的教学认识论和价值论，明确追求教学中人文化成的根本目标。在描述教学状态时，它认为教学，包括教学的发生、发展与维系是一个整体的存在。在描述教学运行时，它主张与教学发生紧密相关的一切例如教学的存在、教学的事理、教学的关系等，是和人的发展相并而行的状态，整体的教学过程是一个生成动态的过程，旨在促进人的文化生成。②

①② 张广君．生成论教学哲学的核心观点［J］．当代教育与文化，2012，4（2）：30－38.

## 二、实践原则

生成论教学哲学毫不掩饰它源于实践、指向实践的立场。首先，它主张教学实践研究“以教学存在为研究对象，以整体性反思、追问、批判和理性建构为方法论立场，还经验以感性，还科学以事实，还技术以操作，以澄明之心、关怀之情，关注教学存在的整体性和超越性”①。其次，它主张教学实践始终关怀人的整体存在与动态发展，在教学中的生成“不仅是主体的自我生成、个体的社会生成，以及个人的整体生成（主体化、个性化、社会化即文化的过程）或类化生成，更是文化内化于个体、文化个体化亦即文化活成的生成过程”②。生成论教学哲学为本研究建构整体的教学关系提供了重要的合法性支撑。本研究正是基于生成论教学哲学的整体立场，不仅从人性视角审视教学关系，更主张建构人性视角下的教学关系，并且在教学实践中践行整体的、以“人”统领的教学关系，而非分离的教与学关系、封闭的教学过程、单向的师生关系。可以说，生成论教学哲学已经与人性论统一在“人”的旗帜下，为了避免教学人性观上的预成性、孤立性和异己性，它主张“人是生成的主体、关系的主体和实践的主体”的主体生成论视角下的教学人性观作为教学新的逻辑起点。③ 从这个意义上来说，“人性”是教学关系的当然主体，所以源于人性，利用人性，为了人性，就是教学关系形成、维系与发展的应有之义。

# 第三节　批判教育学

批判教育学既是一种方法论，也是一种立场和态度，它主张对传统教育进行批判与解放，强调运用批判理论进行教育研究与分析。巴西的保罗·弗莱雷是其中重要的代表人物，他提出了“教育即解放”的观点，认为批判性

---

① 张广君. 生成论教学哲学论纲：架构与特征［J］. 当代教育与文化，2011，3（4）：31.

② 张晓洁，张广君. 教学认识论的当代转向：从知识论到生成论——生成论教学哲学的认识论镜像［J］. 教育研究，2017，38（7）：130－138.

③ 鲁正一，张广君. 主体生成论视角下的教学人性观：问题、方法与启示［J］. 当代教育与文化，2018，10（5）：74－79.

意识是教育走向解放的出发点，是教育教学中师生需要拥有的意识，提问式教育是教育走向解放的关键点，否则教育就会停留在灌输式教育中。同时，对话应是教育最终的落脚点，教育教学中对话关系的形成是教育作为自由的实践的精髓。本研究立足于教育教学实践，反思和批判教育教学实践中的“非人性”现象。批判教育学为本研究涉及的理论反思与现象分析提供了归纳的理念与路径。具体来说，从批判“非人性”的教育教学活动与现实存在出发，分析“应对式”教学关系如何制约了教育对现实的正向功能，影响了教育的价值与意义。作为一种理论基础，批判教育学为人性视角下教学关系的实现提供了实践理路与行动指南，尤其是其所主张的教育中的对话关系是本研究所认同的。正如弗莱雷所说，“追求完善的人性不能在孤立状态或个人主义思想下进行，而应在伙伴关系和衷共济的氛围中进行”①。本研究主张教学关系中的师生关系是师生之间的平等对话，教学过程是所有教学主体的合作与探究，教与学关系是教学主体间真实的互动交流，所有这些都在对话的状态下发生与发展，并最终为人性的发展服务。批判教育学从方法的角度为本研究的理论建构与实践提供了具体的理念与途径。

## 第四节　中国传统人性论

对人性的不同看法，往往导致不同的教育主张和教育行动。② 人性论与教育学具有内在一致性，对人性的看法不只是教育的起点，它贯穿了教育的过程。③ 所以，对人性的研究是教育教学研究的出发点。人性论是本研究，即建构与实践人性视角下教学关系的逻辑起点。教育教学现实中出现的“非人性”现象、影响及其原因探析是本研究的行动原点。中国传统人性论是中国传统文化和思想的重要组成部分，以人性的整体存在为出发点，对人的个体性存在、社会性存在和善恶性存在等认识有着自己独特的内涵与主张，为本研究的人性视角奠定了合法的依据。

---

① 弗莱雷. 被压迫者教育学 [M]. 修订版. 顾建新，赵友华，何曙荣，译. 上海：华东师范大学出版社，2014：50.

② 文雪，扈中平. 人性假设与教育意蕴 [J]. 高等教育研究，2004 (5)：11－15.

③ 杨兆山，张海波. 基于人性论的教育学学科体系建构 [J]. 教育研究，2010，31 (4)：12－16.

## 一、人性的整体存在：心、性、情、才

在中国传统人性论中，人性的整体存在状态与“心、性、情、才”等概念的不断充实紧密相连，“心、性、情、才”等概念的内涵与发展对中国的文化形态、社会治理、教育思想及教育实践产生了深远的影响。本研究提到的“人性”更为广义，是一个统领“心、性、情、才”等各方面的概念。

在先秦孔孟提倡的人性论中，对人性的整体存在表述并非先验的、固守的，而是辩证统一的、发展变化的。对“心、性、情、才”等几个概念的表述体现了思想家们对人性的整体存在的基本观点主观建构以及当时社会对人性发展的客观需求。孟子多次提到“心”，如“仁义之心”、“四端之心”（即“恻隐之心、羞恶之心、辞让之心和是非之心”）①，孟子的“仁义之心”不仅是道德之知，而且是天赋之知。“才”，通“材”，《孟子》曰“若夫为不善，非才之罪也”中提到“才”②，而《荀子·礼论》提到“故曰：性者，本始材朴也。伪者，文理隆盛也。无性，则伪之无所加；无伪，则性不能自美”③。按“材”与“才”通，指生而即有的能力而言。“材朴”（才朴）指的是未经人力修为之能力。此乃荀子言“性”之另一面，常为后人所忽略，但为荀子理论构成之重要部分。④ 在先秦诸子言论中，“情”与“性”是同质而常常可以互用的两个名词。荀子认为：“生之所以然者谓之性。性之和所生，精合感应，不事而自然谓之性。性之好、恶、喜、怒、哀、乐谓之情。情然而心为之择谓之虑。心虑而能为之动谓之伪。”⑤荀子还说：“性者，天之就也；情者，性之质也；欲者，情之应也。”⑥在荀子看来，“性以情为其本质，即是情之为无性”，性、情、欲是一个东西的三个名称，都是属于形而下的经验主义客观论，荀子的言论有时将“性”与“情”互用，如“汤、武存则天下从而治；桀、纣存则天下从而乱。如是者，岂非人之情固可与如此、可与如彼也哉”⑦；“今人之性，饥而欲饱，寒而欲暖，劳而欲休，此人之情性也”⑧。所以“情”是指属于经验和体验层面的感官体验、感受情绪与意志态度等，既包含精神层面又包含经验层面的天性。

从以上阐述可以得知，虽然学者对人性的整体状态的描述百花齐放，但两大特点依然可见。第一，人是一个既被置于个性发展需求，包括人的生理

①② 朱熹. 四书章句集注［M］. 武汉：长江出版社，2016：214，292.

③⑤⑥⑦⑧ 荀子［M］. 方勇，李波，译注. 北京：中华书局，2011：313，357，369，47，377.

④ 徐复观. 中国人性论史·先秦篇［M］. 北京：九州出版社，2014：209.

性和精神性需求，又被各种社会观念、思想所约束的整体性存在。“命、性和心”既是存在状态也是存在手段。第二，人性的整体存在是一个上下运行、内外交融的循环体系。孔子、孟子人性论中的核心概念“命、性、心”之间可以互相转化，在“心、性、情、才”等概念的关系中，“心”可以统领“性、情和才”。具体可见图 3－1。

上：人格命　人之性　性善<br>
　　↓　　　↑　　　↑<br>
下：法则命→人之心 → 情→才（材）<br>
　　↓<br>
　　内→外

**图 3－1　人性的整体存在表现及其运行**

## 二、人的存在样式之人的个体性

人的个体性是人的基本存在样式之一。人是个体与群体的存在结合体，虽然动物也是个体与群体的结合，但人的个体性内涵与动物的个体性内涵是不一样的。人的个体性是人的生理性与精神性的结合，人的个体性存在离不开人的生理性与精神性存在。中西方哲学在较早时期就开始研究人的个体性存在，但认识路径与结果不一样。

### （一）理性为主导的人的个体性存在

首先，在认识人的精神性时，在西方哲学史上，人的理性一直被强调。它的主要表现理念是“人是理性的动物”。人的理性赋予人的优越感的认识伴随着“人是理性的动物”一路发展至今。从西方先哲（苏格拉底、柏拉图、亚里士多德等）的“人是纯粹存在”的萌芽认识，到中世纪基督教的“上帝”之手，人生来便要成为人，要成为“理性的动物，要成为万物的主宰及其造物主的形象”[①]。再到笛卡尔，他的“我思故我在”奏响了“人是理性的动物”的最强音。文艺复兴时期，人类的这种超越于自然生物的优越感极大地激发了人的自尊与自信，解放了人的思想，推动了人类社会的发展。19 世纪中期以达尔文《物种起源》为代表的进化论思想使西方人意识到人与动物之间并非不可逾越：原来人的一半是天使，一半是魔鬼，理性并不能完全阻挡人的生理性与精神性之间的转化。弗洛伊德的精神分析学说进

① 夸美纽斯. 大教学论［M］. 傅任敢，译. 北京：教育科学出版社，2014：33.

一步强化本能是推动个体行为的内在动力，并指出人的生理性需求是人的本能属性，是人的生存需要的物质外在表现形式，是人性中不可忽略且很重要的一部分。可以看出，西方哲学对人个体性的认识主要基于人是理性的动物，认为理性是人区别于动物本能的主要行为起点。随着对个体生理性的深入认识，满足人的生理性需求成为研究人的个体性存在的重要出发点。

西方人性论经历了从重视人的精神性，即“纯粹理性”到偏爱人的生物性，即本能动机，到将个体的生理性与精神性置于同等重要的地位，它一方面强调人是万物的尺度，另一方面强调尊重个体的本能。在此种人性论下，人的个体性存在是人的生理性与精神性的统一体。人的生理性还决定了人的精神性，是人的精神性存在的物质基础。人的个体若无生理性的存在，承载人的理性特征的生命肉身将消逝，但人的理性始终主导着人的精神性发展方向。

### （二）平衡为特点的人的个体性存在

中国古代先哲纷纷从人与人、人与自然及人与自身的关系出发，提出了先验性的人性论，体现了对人的个体性存在的本体、功能与价值认识。中华民族于西周初年至春秋、先秦时期完成了由原始宗教、人文精神的发展至人性论建立的历程。中国传统人性论对人的个体性认识遵循了一条与西方不同的路线，它主要是从人与他人、与社会、与自然和与自身的关系着手开始研究的。例如从“有教无类”思想可以看出在孔子眼里，所有人都是平等的，他们一出生都具有一样的本质和品性，所以他们应受到一视同仁的教育和引导，并且相信人都可以被教育和引导到善的一端。从“己所不欲勿施于人”可以看出孔子对人性的深刻洞察力和高明的引导技巧，暗示着善就是利人，恶就是损人；从“己欲立而立人，己欲达而达人”可以看出孔子要求人利人利己。

对于人个体性的生理性与精神性的认识，首先，孟子认为人也有耳目口鼻等生理的、与禽兽相同的欲望：

> 口之于味，有同耆也。易牙，先得我口之所耆者也。如使口之于味也，其性与人殊，若犬马之与我不同类也，则天下何耆皆从易牙之于味也？至于味，天下期于易牙，是天下之口相似也。惟耳亦然。至于声，天下期于师旷，是天下之耳相似也。惟目亦然。至于子都，天下莫不知其姣也。不知子都之姣者，无目者也。①

其次，孟子认为人性都注重物质享受和精神享受：

---

①②③ 朱熹. 四书章句集注［M］. 武汉：长江出版社，2016：293，293，263.

故曰，口之于味也，有同耆焉；耳之于声也，有同听焉；目之于色也，有同关焉。至于心，独无所同然乎？心之所同然者何也？谓理也，义也。圣人先得我心之所同然耳。故理义之悦我心，犹刍豢之悦我口。[2]

最后，孟子认为把人与禽兽区分开的是人伦与仁义四端：

孟子曰："人之所以异于禽兽者几希；庶民去之，君子存之。舜明于庶物，察于人伦，由仁义行，非行仁义也。"[3]

由此可知，孟子认为人性的本质，即人区别于禽兽的本质在于精神世界的"仁义"。具体来说，他认为"仁义"是心之本，心则为人性之本，他主张作为人，必须坚守良心，坚持仁义。孟子不是从人的生理本性而言性善，而是从异于禽兽之处言性善。所以孔子、孟子认识到人的生理性和人的精神性需求，但他们均认同人与动物的区别是人的精神性需求，并充分反映在他们的言论、思想和行为之中。

当谈论先秦时期的人性论时，不能避开老子所创造的宇宙论，即道家的人性论。身处乱世、变化无常的年代，老子始于忧患，期待以不变之"常"作为人生的立足点，可以安顿自己的身体与精神，于是"道"便产生了。老子将人性论与宇宙论结合在一起，主要缘由在于他把人之所以为人的本质，安放在宇宙根源的处所。老子认为人的个体性包含人的生理性与精神性，但他主张顺从人的生理性，因为人的生理性是人的本真，是人与大自然相通之处。他高度评价人的生理性，认为人的自然本我是赤子之心，应是人作为个体的常存之心。可以说，老子的人性论是和宇宙论结合在一起的。他要求人的欲望不受心知的作弄，不受蝇营狗苟的名利追逐与争斗意识的指使，而只以纯生理的本能存在，长存赤子之心。"众人熙熙，如享太牢，如春登台。我独泊兮其未兆，如婴儿之未孩。……我愚人之心也哉！……众人皆有以，而我独顽似鄙。我独异于人，而贵食母。"[4]

老子从现象界中，从人与自然万物的运行中追索，发现有一个创生万物、以虚无为体的"常道"，把对人生的要求发展成为形而上的宇宙论，他认为道与德是万物与人的根源，由此，宇宙论、人性论及人生论涵融一体。庄子则主要从人生立场来谈"道、天、德"，甚至用"天"字代替"道"字，偏重于从"德"的含义围绕人与物本身来言"道德"，"道、天"则成

---

④ 老子道德经注［M］. 王弼注，楼宇烈校释. 北京：中华书局，2011：50－51.

为人生的精神境界，“夫恬惔（淡）寂寞，虚无无为，此天地之平，而道德之质也，故曰圣人休焉”①。庄子还将宇宙进一步人格化，人性与人生进一步齐物论。可见，老子与庄子均不主张在入世行为中将人的个体性中的生理性与精神性对立起来，而主张将个人融入自然与宇宙，并将人的生理性与精神性人格化，所以道家的人性论即宇宙论。

可以看出，以老子和庄子为代表的道家对待人的个体性和以孔子和孟子为代表的儒家对待人的个体性的看法是不同的。前者强调生理性与精神性的融合统一，即主张尊重欲望与天性的理性；后者强调人的生理性要服从人的精神性，即主张欲望服从心性的理性。但两者在对个体精神性的价值认识上是高度一致的，即道德与信仰在引领人的个体性对个体与外界、自我及他人相处时，具有不可替代的意义。

中国先秦时期的人性论带有鲜明的个体性色彩，而后的中国历史上关于人的个体性存在的认识始终深受先秦时期人性论的影响。两汉时期的思想家、唐代禅宗、宋明理学中的大师们所谈的人性立足点和先秦时期人性论保持内在的一致：即基于把人的个体存在当作自然万物中的一分子，把对人的个体性认识融于对自然、宇宙的认识之中。

### （三）中西方人性论对于人的个体性存在认识的异同

从西方哲学与中国传统哲学对人的个体性的认识比较中不难发现，西方哲学将人视为“纯粹理性”与进化中生物的结合，具有较强的个人主义色彩。此种人的个体性存在认识主要结构是相对孤立的、非整体的，即多从个体本身出发；是相对朝外的，而非内审的，即多从外部环境出发。此认识具有浓郁的个人主义色彩与英雄主义情结，西方文艺作品中出现的大量个人英雄是此认识的表现，如神话中的普罗米修斯、莎士比亚笔下的李尔王。相比起来，中国传统哲学的人性论则体现了中华民族对人、对个体性存在的整体认识：人是齐物的，是能与宇宙自然万物平等相处的和谐存在，同时是向内求己的，带有浓厚的先验与实践并存的“天人合一”思想。

虽然中西方哲学对于人的生理性与精神性在个体性方面的统一途径与结果存在着较大区别，前者是通过“个体主义”和“纯粹理性”，后者是通过“整体主义”和“天人合一”，但中西方哲学对于人的精神性存在的作用与价值认识是一致的，即将人的个体性认识重点放在精神性层面，认同精神性是人与动物最本质的区别。人的生物性为人的肉身存在奠定了物质基础，人的精神性则为人个体存在的独特标志。“精神”是人创造的确认自我之源。

① 庄周．庄子［M］．姚彦汝，译．北京：北京联合出版公司，2015：94.

诚如学者所说，“除了人之外的每一种生物，虽然也是特殊的，且各有自己的内在性，但都是和着宇宙生命的节奏而波动，而精神的法则却将人自这个宇宙生命分割开来”①。人依靠精神确定了自身的存在，这是个体性存在的人做出超脱于生理性甚至社会性的选择与决定的力量。

## 三、人的存在样式之人的社会性

中国传统人性论认为，人的社会性存在与人的个体性存在紧密相关，更将人的社会性置于非常重要的位置，甚至认为人的本质存在于社会关系中，而不是存在于独立的个体或个性中。② 中国传统人性论认为人的社会性存在与人的道德性存在融为一体，对中国的文化思想、社会观念与教育制度影响至深。

道德性是人的社会性存在的基本手段、方式与目的，这一点在儒家人性论中体现得尤为明显。一方面，在人的道德性的培养与形成中，人的社会性即人的道德性的观点得到了一致的发展与认同。孔子将道德法则性质的天命践行于生命之中，成为人生命本质的性。孟子则将其落实为人生命之内，每个人可以把握的心。孟子还将心分为德性与知性，并将德性凸显。之后的荀子将知性发挥得淋漓尽致，突出知性是人的知识主体，并将其客观化。儒家著作《大学》集孔、孟、荀的人性论于一体，且将“心”进一步阐发为“意”，为《中庸》的“性”之义的充实打下了坚实的基础。《中庸》进而总结出“天命之谓性”。从此，先秦初受《易传》影响的天道、天命思想逐渐从人性论中剥离出来，使浸润了诸子各家思想的人性论逐渐窄化为儒家的人性论。事实上，在经历过西汉“独尊儒术”之后，以人的道德主体为标志的儒家人性观逐渐占据中国人性论的主体。

儒家学者对于道德性的过于强调影响了其对于人的个体性存在的认识。虽然儒家人性论也提到人个体的生理性存在的价值与作用，但儒家学者认为人的生理性存在与以道德为首的社会性存在比较起来，力量很小，重要性不够。自《大学》开始，提出了“正心”“诚意”和“修己成敬”的具体做法，即“所谓修身在正其心者，身有所忿懥，则不得其正；有所恐惧，则不得其正；有所好乐，则不得其正；有所忧患，则不得其正。心不在焉，视而

① 弗兰克. 个体的不可消逝性：反思主体、人格和个体，以回应“后现代”对它们所作的死亡宣告［M］. 先刚，译. 北京：华夏出版社，2001：12.

② 肖群忠. 论中国传统人性论思想的特点与影响［J］. 齐鲁学刊，2007（3）：38－42.

不见，听而不闻，食而不知其味。此谓修身在正其心”[①]。说明“心在”即可“正心”，说明只有心不为人个体的生理性所控制，心方能从生理冲动中突破，最终主体方可将己心呈现于生命之中。宋明时期的“存天理，灭人欲”将人的生理性隐藏甚至消灭，而以一整套系统，如目标、内容、方法及价值观等将人的社会性与道德性的结合发挥到了极致。

## 四、人的存在样式之人的善恶性

对人的善恶性判断始终是解决人的问题的理论前提。有学者根据人性假设行为产生的途径和教育的特定与本质提出了先验的人性论和生成的人性论，其中先验的人性论又可分为伦理人假设和理性人假设，并提出它们相应的教育取向。[②] 先验的人性论给人类以认识基础，生成的人性论给人类以认识过程，生成的人性论强调人性是具体的，而不是抽象的，是随着社会历史条件的发展变化而变化的。

### （一）人善或恶：先验还是生成

中国古代的孔子及孟子和18世纪法国的卢梭是伦理人假设的代表人物，持有“人性善”的观点，即仅从道德属性来诠释人性并以此实践治国与教育等行为，对后世产生了深远的影响。而伦理人假设中持“人性恶”的思想家最出名的有中国的韩非子，韩非子主张用严刑峻法来安邦定国；基督教的原罪说认为儿童是“原罪”的“附件”，需要“救赎”，才能避免沦入地狱，是典型的性恶论[③]，所以教育的作用在于抑制恶的产生。伦理人假设中持有人性有善有恶的观点的是康德，他认为人性同时包含向善的禀赋和趋恶的倾向，向善的原初禀赋有三种，即与生命相联系的动物性禀赋、与理性相联系的人性禀赋、与责任相联系的个性禀赋。趋恶的自然性倾向有三种：人的本性脆弱，即使有心向善也没有坚强的意志去履行；人的动机不纯正，需要道德以外的其他动机；人心的恶劣或者堕落，是人心的某种奸诈。向善和趋恶都属于人本性的可能性。[④] 无论是先验的还是生成的人性论，对人的善恶性存在的判断都是基于人对现实生存状态与未来发展的态度表现而形成的。

---

① 朱熹. 四书章句集注［M］. 武汉：长江出版社，2016：8.

②③ 扈中平，等. 教育人学论纲［M］. 北京：高等教育出版社，2015：62－80，63－65.

④ 李秋零. 康德论人性根本恶及人的改恶向善［J］. 哲学研究，1997（1）：28－33.

## （二）人是“终极善”存在

虽然人的善恶性存在始终是人性研究学者最为关心的论题，但国人从先验和生成两方面形成了人是“终极善”存在的民族善恶观。一方面，国人持有“人性善的乐观性信念”，形成了一种“向善”的群性。例如“人皆可以为尧舜”的士大夫价值观、“人之初，性本善”的民众认同及“世上总是好人多”的好善乐观，这些观点集中地反映了主流的、正统的善恶性观点，即人是“终极善”存在。另一方面，历代学者们纷纷著书立说，形成了一种“为善”的文化品格。这可以从先秦两汉时期孔子、孟子、荀子及老子、庄子等诸子学说及后世的人性研究文献窥见一斑。（见表3－1）

**表3－1　中国传统人性论之代表性观点**

| 代表时期 | 代表人物 | 代表著作 | 人性论主要观点 | 核心概念 | “善恶性”代表思想 |
|---|---|---|---|---|---|
| 先秦 | 孔子 | 《论语》 | 性即天命天道 | 性 | 性善 |
| | 孟子 | 《孟子》 | 性即德性、知性；<br>心乃精神之存在相关；<br>心并非具体的生命中把握之性，也非从生而即有的本能性 | 性、心 | 以心善言性善 |
| | 荀子 | 《荀子》 | 经验现象的“人性恶”论 | 性、心 | 以“心知”言“化性而起伪” |
| | 老子 | 《道德经》 | 将人性论与道、宇宙结合 | 道 | 常道 |
| | 庄子 | 《庄子》 | 将人性论发展为齐物论 | 天、德 | 虚、静和明 |
| 秦汉时期 | 戴圣 | 《大学》 | 主承以心为主的孟子之学，非承以法数为主的荀子之学；<br>综合道德、知识及天下国家与身；<br>由仁与知构成的道德主体的内在世界的开辟，个人与天下国家相结合，从客观世界开拓致理性世界（修齐平天下） | 心、性 | 只言心而不必言性；<br>正心与诚意（合内外之道）提出致知使修养成 |
| | | 《中庸》 | | 心、意 | |

续上表

| 代表时期 | 代表人物 | 代表著作 | 人性论主要观点 | 核心概念 | "善恶性"代表思想 |
|---|---|---|---|---|---|
| 明末清初 | 王夫之 | 《习性诸论》 | 性者生理也，日生则日成。习与性成者，习成而性与成也；<br>生成性的人性论 | 性、习 | 性日生而日成的习与性成与继善成性的成性说 |

先秦诸大家所创造的人性论是民族精神形成中的原理与内发的动力或要求，起到了民族精神思想的最根源的作用，如孔子、孟子的"仁"，老子、庄子的"虚""静"和"明"。这些有关人性的思想，影响到他们的一切思想活动。尤其是孔子、孟子将"儒家之仁"为中心的人性之"善"发挥到了顶点，老子、庄子将"道"的意义挖掘到极致。同时，"儒家之仁"与老庄之"道"互相辉映、互相认同，形成了富有民族特点的融合式的"人性善恶论"，其核心思想即仁可以映带出虚、静、明的境地，虚、静、明也可以映带出仁的境地。人性的自身，是特殊与普遍的统一。因而一个人对自己个性的把握，即是对宇宙（自然）、社会的涵融，所以"成己"同时要求"成物"。[①] 虽然荀子提出了"人性恶"的观点，但荀子使伦理道德实现了客观化和知识的客观化，这种停留在经验现象上的"人性恶"，一定程度上阻碍了人类对科学世界的追求欲望。荀子的"性善恶"论被历代的专制社会所利用，成为不断压制与奴役人民的借口。但实质上，荀子的"人性恶"并非主张以恶制恶为目的，而是强调道德的最终实现，"仁"的达成需要人不断地克服外在环境的影响，所以在这一点上，荀子和孔子、孟子的性善论目的是一致的，即彻底地追求"善"的过程。明末清初的王夫之主张"性者生理也，日生则日成。习与性成者，习成而性与成也"的生成性人性论，推崇习与性成与继善成性的成性说，强调人的善性与人的认知、道德一样，日生而日成。

本研究的整体主义为理论的构建、实践的开展奠定了方法论基础，整体主义方法论为本研究涉及的理论反思与现象分析提供了归纳的理念与路径。三种理论基础既分别为本研究各部分内容提供了思考、思想源泉，又统一地基于关注"人的存在与发展"的教育立场和满足"人性"的个体性、社会性和善恶性需求，为人性视角下教学关系的理论建构与实践提供合法性、合理性和可为性支持。（见图 3－2）

① 徐复观．中国人性论史·先秦篇［M］．北京：九州出版社，2014：421.

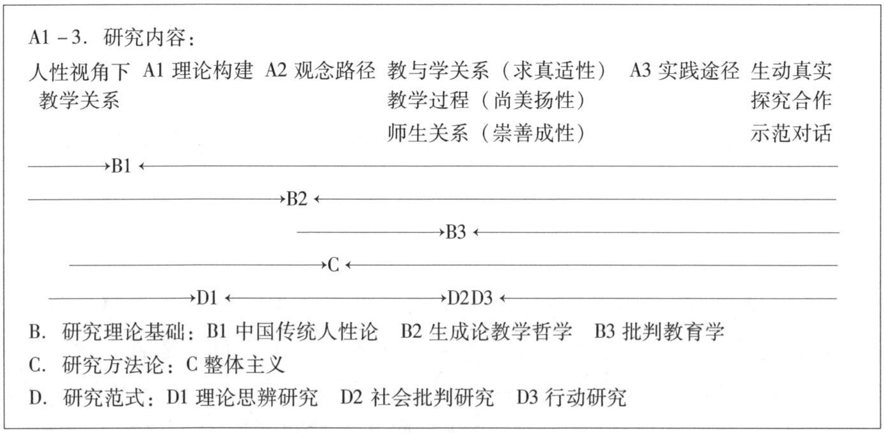


**图 3－2　本研究内容及理论基础**

最后需要强调的是，本部分“人性论”方面的相关理论主张采用整体性思维来看待人的属性，从整体主义的角度来关照、思考人的属性。人的生理性、社会性、精神性等属性并非分裂的，而是彼此相关和整体的，人是一个个体性、社会性的整体存在，人性是一个变与不变、共性与个性、自觉与不自觉并存的对立统一整体。而人的丰富性和生成性决定了人性的具体性与生成性。人的善恶性非先验，环境的作用不可夸大，也不可低估，我们要采用整体性的教育，将学校教育、家庭教育和社会教育作为一个整体，为教育中人性的积极发展做出贡献。人性视角下的教学关系是在理解并认同整体之“人性”的基础上，综合了人的个体性、社会性与善恶性的种种表现，借鉴了中国传统哲学中“心、性、情、才”各个层面的人性体现，为“求真—尚美—崇善”教学关系提供了最直接的学理基础和最基本的理论依据。

正如周国平所说，“人生问题和教育问题是相通的，做人和教人在根本上是一致的，人生中最值得追求的东西，也就是教育上最应该让学生得到的东西……人生问题应该是思考教育问题的基本立足点”[①]。的确，教育唯立足“人”“人性”与“人生”等问题，才能成为教育。

① 周国平. 周国平论教育：守护人性［M］. 修订版. 上海：华东师范大学出版社，2015：11.

# 第四章　教学关系的解读：人性的解蔽

教育与教学这一从远古走来的人类活动总是散发着时代的气息。每个历史时期的风采总是闪耀在教育教学之中。有文献将孔子的“知者不惑，仁者不忧，勇者不惧”翻译成“教育产生自信，自信酝酿希望，希望促成和平”，深深地反映了当今历史主题与社会变革对教育的需求。[①] 教学关系也是如此，虽然它随着人类的发展与进步而变化，但人性在其中的光辉却经常被社会、被人类自己所埋没和隐藏，或被有意或无意地忽略、忽视或无视。时至21世纪的今天，“人性与教育、人性与教学”的密切关系日益被深入认识、理解、回归与发扬。

教育在本质上是一种价值活动，必然随社会历史的变化而变化。但作为一项有意识的、以促进人的身心发展为首要目的的社会活动，教育的不变价值在于对人的作用。“教育归根结底是人的教育，教育的目的在于使人的本性得到最完善的发展。”[②] “教学”是学校教育最基础、最核心的活动，教学关系是教育教学活动发生的直接反映，教学关系是教学活动得以存在的直接条件。因此，教学关系是为了满足与完善人的本性而产生、存在和发展的。

## 第一节　源于人性：教学关系的产生

讨论教学关系问题的基础是对一般意义上的教学关系的解读。讨论教学关系离不开讨论教学问题。本部分通过结合“教学”“教学关系”的词源意义、内涵结构与实践发生，得出了“教学关系的产生源于人性”的结论。

---

① 联合国教科文组织. 反思教育：向“全球共同利益”的理念转变？［M］. 联合国教科文组织总部中文科，译. 北京：教育科学出版社，2016：6.

② 扈中平. 现代教育学［M］. 北京：高等教育出版社，2010：6－7.

## 一、教学的词源意义

从教学活动产生以来，人类就没有停止对“教学”一词的探究。何谓“教学”，历来众说纷纭，中外认识既有区别也有交叉。从词源来看，在我国古代汉语中，“教学”具有单独的词义。有时“教”专指“教者”的教，而“学”专指“学者”的学习。根据中国古代文献的记载，“教”有教授、教诲、教化、告诫、令使等含义。如《说文解字》中记载：“教，上所施，下所效也。”① “施”是操作、演示，即传授蓍占和龟卜；其“效”就是模仿、仿效，即学习蓍占和龟卜。可见，“教”“学”还是被单独解释的。王夫之曾说：“学以学夫所教，而学必非教；教以教人之学，而教必非学。”可以解释为学是学教师所教的东西，教是教人学习。他还说：“推学者之见而广之，以引之于远大之域者，教者之事也。引教者之意而思之以反求于致此之由者，学者之事也。”② 意思是说，引领学生不断扩大知识领域是作为教师的职责，而学习者要跟随教师的引导，探索事物的由来。

但有时在具体语境中，“教”与“学”并没有严格的区分，《学记》中的“建国君民，教学为先”，唐朝孔颖达疏曰：“上学位教，音斆；下学者，学习也。言教人乃是益己学之半也。”意思是“上学谓教，下学谓学”。有学者总结，“古人言语，施受不分；如买与卖，受与授，籴与粜，本皆一词，后分化耳，教与学亦然 ”③。

西方教育常常采用的“teach”表示“教（某人）；使（某人）明白或会做某事”④，“instruct”表示“教授某人学校课目；传授某人技巧”⑤。“learn”表示“学，学习”⑥，往往表示 teach 的对象。所以若要用英语表示汉语中联合词义的“教学”，需用“teach and learn”，以同时强调教师的教和学生的学。teach 和 instruct 二词也有区别，teach 常常与教师的行为有联系，作为一种活动；而 instruct 常常与教学情境有关系，强调教学过程。

可以看出，“教学”的词源意义主要分为两种，教学有时是一个联合词语，指的是教师的教与学生的学的双边活动；有时是单指“教师的教”，即以教为支配意义的教学。无论哪种词源意义，都表明人类的教学活动离不开

① 许慎．说文解字注［M］．段玉裁，注．杭州：浙江古籍出版社，2006：127.

② 裴娣娜．现代教学论基础［M］．北京：人民教育出版社，2015：69.

③ 孟宪承，等．中国古代教育史资料［M］．北京：人民教育出版社，1961：40，18.

④⑤⑥ 牛津高阶英汉双解辞典［M］．4 版．北京：商务印书馆，1997：1567，775，845.

人与人、人与世界、人与他人的联系、交往，离不开人对未来世界的探索，教的活动、学的活动和教与学的活动中，人类与教的行为主体、学的行为主体及内容与对象产生了各种关系，这些关系的互动与交流整体形成了教学关系。

## 二、教学的内涵结构

“教学”的基本含义是传授和学习。在教育场域内，既无没有学的教，也无没有教的学。没有了学，教就不能存在；没有了教，学也不再存在。所以，教学关系的内涵既离不开教，也离不开学，离不开对教学整体概念的解读。对于教学整体，有三种观点影响较大，即教学是“特殊活动”①，教学是“过程”②，教学是“关系”③。进入21世纪以来，学术界反思了“教学特殊认识说”“教学是一种特殊的交往”“教学是一种特殊的实践”等理论基础，有学者总结理解并重视教学的交往特征和实践特征是必要的，但不能因此而走向另一个极端——用“交往”“实践”取代“认识”。交往恰恰是发生于认识和实践过程之中的，认识与实践也很难截然分开，这三种观点是认识教学的三种角度，它们共同丰富了对现代教学多重性质的理解和把握。④但无论教学是交往、实践还是认识，都是与人的活动分不开的。

在教学实践中，教学关系有时被认为是指教师与学生的活动，即师生关系；有时被认为是指教与学的活动，即教与学关系。有学者从整体哲学的角度，从本体论层面提出教学是一个整体，是教师和学生通过教学内容的中介作用而发生的现实联系，由于教学关系由师、生两主体相互联系、相互作用而形成，因而只能存在于相互作用的活动之中，即只能存在于教与学相互作用、对立统一的活动共同体之中。教学活动共同体集中体现着教学关系的存在。⑤ 当“教学关系”作为一个教育概念出现时，越来越多现代学者认同其整体含义。最近我国教育部提出要建立“以学生发展为本的新型教学关系”则是取其整体之义。⑥

---

① 王策三. 教学论稿［M］. 北京：人民教育出版社，1985：88－89.

② 吴杰. 教学论：教学理论的历史发展［M］. 长春：吉林教育出版社，1986：40.

③ 沃维克拉耶夫斯基. 教学过程的理论基础［M］. 王义高，译. 南昌：江西教育出版社，1996：36－54.

④ 裴娣娜. 现代教学论基础［M］. 北京：人民教育出版社，2015：66－69.

⑤ 张广君. 教学本体论［M］. 兰州：甘肃教育出版社，2002：71.

⑥ 教育部. 关于深化教育体制机制改革的意见［N］. 人民日报，2017－09－25.

## 三、教学关系的实践发生

通常来说，人性即人的本性，有自然、社会与精神等三重属性，但人之所以为人并区别于动物的事实是人具有精神生命的存在。教学活动的产生源于人类作为群体动物，共生存、爱交流的天性。从教学活动中教的一方来说，教的内容从劳动工具的制造、知识与经验的获取与表达，到精神与文化的传承与发扬；教的方式从简单的口耳相传、结绳记事，到文字、书籍的运用，可以看出教学关系相对简单。随着专门教育机构的出现，教学活动逐渐从教师与学生的点对点活动变成点对多的活动，教学内容和教学方式常被统一模式化。教学关系被逐渐固化、神化，教师成了教学活动的中心。工业文明开始后，尤其是现代学校产生以来，为了满足教育日益社会化的需求，教学活动的时间、空间被进一步规整，大规模的教育从业者由此产生，教学成了专门人士的专门活动，某种程度上，教师成了学校的代言人，学校是教学关系发生的主阵地。毫无疑问，教学关系产生于人的教学活动中，它表明了教学的存在状态、依据和结果。

由此可知，教学与教学关系的产生源于人性对生存与精神的需求活动，即教学活动，有着丰富的内涵。学界对“教学”与“教学关系”的不同认识也体现了其产生的复杂性，这与人性的不同需求是分不开的。无论是在古代传统社会“以教为中心”的教学活动，还是现代社会中“学生中心”“学习中心”的教学活动，教学关系产生的触发点一样：即若没有人对于自身更好生存状态的欲望追求，对于潜意识中精神生活的呼吁满足，就不会有教学关系的产生。同时教学关系的实现能帮助人类不断地认识自我、认识他人、认识自然和认识社会，离开了人对于客观世界与主观世界的认识需求与好奇冲动之心，教学关系就不复存在。“人被赋予了历史的使命，这个使命就是人性化。而非人性化则是对这一使命的歪曲，是对人成为更完美的人的使命的扭曲。”①

所以人性是教学关系产生的肇始，教学关系的产生与发生肇始于人性，并服务于人性。

① FREIRE P. The politics of education [M]. London: Macmillan, 1985: 111.

# 第二节　基于人性：教学关系的存在

自人类有了教的活动与学的活动，教学关系便存在与发展了。马克思说："人的本质不是单个人所固有的抽象物，在其现实性上，它是一切社会关系的总和。"① 而关系是实体与实体之间的现实联系与作用。② 所以教学关系产生与发展的基础是以人的存在样式为表征的人性及它存在的社会关系。

## 一、人性的发展决定教学关系的内涵

人性本身赋予了教学各主体丰富的个体性、社会性与善恶性存在样式。人性的发展需求决定了教学关系的内容、意义与价值。一方面，人性的复杂性需求决定了教学关系内容的复杂性。具体来说，人在不同时空的具体存在要求不同的教育教学内容。例如，人的青少年时代需要基础的、引领人性发展的"成人"教育，人在职业发展阶段需要针对性的"助人"的技能教育，由此产生的教学关系内容自然不同。另一方面，人性的发展状态赋予了教学关系特定的意义与功能。例如，社会中"我教你听"的教学关系会赋予教学主体之间"我尊你卑"的等级关系，人的个体性存在的创造性会极大受到外界的影响，人的社会性存在可能缺乏真正的平等与互动，当然，这种关系与外部的社会、文化及观念因素有莫大关系。但从人的角度来看，不管教学关系的外部环境、内部要素以及要素之间的联系如何变化，人、人的活动、人的关系及人性始终是教学关系存在与维系的手段。总之，人性的发展状态，如主动或被动、自由或压制、向善或趋恶的状态对教学关系的意义实现与功能达成起着关键的作用。

## 二、人的存在样式决定教学关系的状态

人性还决定了教学关系各个主体运作的状态与结果。教学关系中人的身体、生理与心理的存在是关系存在的基础，否则关系对任何主体都是一种虚

---

① 马克思. 关于费尔巴哈的提纲［M］//中共中央马克思恩格斯列宁斯大林著作编译局. 马克思恩格斯选集：第1卷. 北京：人民出版社，1995：60.

② 张广君. 教学本体论［M］. 兰州：甘肃教育出版社，2002：71.

无的存在，并导致教学失去其作为教育直接表现的价值。在教学关系现实存在中，各主体的存在，如教师的身心健康如果受到了压抑与限制，教学关系就会异化为谋生的手段、实现生存的工具。如关系主体被异化为“物”或“机器”，教学的过程就不会成为教师和学生人生追求与生活的方式，而只是被动的应对与无奈的负担。教师与学生对教学关系存在的体验停留在身体、生存层面满足的阶段，而不是自我精神实现的需求。主体已然如此，整个教学关系更多地成为社会大机器中某个机械的、被动的存在，造成了教育活动的物化、工具化与机器化。

归根结底，这一切都是由人存在的内容与形式决定的。

## 三、人的对话交流决定教学关系的理想运行

教学关系的理想状态是基于人的对话交流本性的动态生成。“何时为教”与“何时为学”并不是永恒不变的。角色并非总是不变，活动行为更是不断变化的。“因为人没有一成不变的永恒人性，人的本质是永远处于制作之中的，它只存在于人不断创造文化的辛勤劳作之中。”① 所以教学关系的维系不仅是两类人的对话，还是两种活动的交流，更是多主体的互动与生成。东西方两种文明对此有高度一致的表达，以启发式教学为代表的对话交流是教学关系存在与维系的人性表现。苏格拉底认为真正的知识来源于人的内心，而不是来自他人的传授，所以他只是帮助人们“生出”正确的思想。同时他主张教育不是直接传授知识，而是采用对话、思辨方式，像“助产婆”一样，帮助学习者产生知识。只要不停地对话，真理便可找到。所以，他通常采用对话、诘问、追问的方式启发学习者思想，最终引导出智慧。② 而在这个过程中，不仅学生澄清了自己的思想，教师也澄清了自己的观念，他认为这才是真正的教学。从他的“产婆术”可以看出，苏格拉底把人当作能主动思考的而不是被动应对的思想者，人性在其中也得到主动发展。“正是对人性问题的探讨，基于对教学对象——学生成长的关注，形成了……生动丰富的教学方法，例如孔子提出的‘不愤不启，不悱不发’的教育观。”③ “愤”是指学生对某一问题进行了积极的思考，但还没有完全弄明白其本意，又急于解决的矛盾心理状态。教师此时对学生思考问题的方法、角度、要点予以引领，帮助学生开启思路，就是“启”的教学。而当学生对某一问题思考了一

---

① 卡西尔. 人论［M］. 甘阳，译. 上海：上海译文出版社，2013：中译本序 8.

② 张法琨. 古希腊教育论著选［M］. 北京：人民教育出版社，1994：241.

③ 裴娣娜. 现代教学论基础［M］. 北京：人民教育出版社，2015：5.

段时间，但考虑还不够周全，想说又难以表达，教师帮助学生弄明白其全部要义，并用语言准确表达出来，就是“发”的教育。人是具有思考能力的高级动物，但思考能力有高低之分，直接展示出问题的本意会让思考的“人”失去体会探索过程乐趣的机会，也失去经人点拨恍然大悟与欣然表达的高峰体验。

可见，教学关系的内涵、状态与运行是基于人性的发展与人的存在样式的内容与形态。教学关系中重视对话、交流不是抽象意义的主张，而是实践层面的要求。教学关系不是扼杀与控制人性，也不是置之不理，而是对好奇探索之人性的满足，对人性中追求精神的满足。实践中的启发式教学尊重了人的对话交流本性，让多维与动态的教学关系成为可能，反映了关系中最重要的人及人性需求的时空变化与复杂本性和人类对教学关系运行过程的最高褒扬与境界期待。这种对话交流的状态不是一成不变的，而是相互转化、动态发展的。对话交流的结果并非预设与固守，而是自由与生成，充满着灵动与活力，是对人性美好一面的充分尊重、挖掘、引导及发展。

## 第三节　为了人性：教学关系的发展

“教育活动在本质上是教育者与受教育者的主体间活动，其首要和直接的目的是指向培养人、实现人的发展。”① 教学关系是教育教学活动的直接表现，它不是以存在为存在，它从产生那天开始就具有明确的目的，即为了满足人对世界的物质与精神追求，人对自己与他人、与世界的和谐相处，人本身意义与价值的实现。教学是人类为了追求更好的生成状态而进行的社会活动，因此，教学关系的发展是为了人性的完善与发展。教学关系既是人为活动，具有人为性，同时，教学关系也是为人的，具有为人性。

### 一、人为性：教学关系发展的基本形态

教育是一项实践活动，也是一项人为活动，教学关系随着人类社会的发展而发展。教学关系的对象、形式、内容、方式、手段及环境无不体现着人为的特点，无一不是人类自己或主动或被动选择的结果。诚如学者所言：“教学首先是一种人为的存在，是具有人为指向性、意向性的创造物，其客

① 扈中平，等．教育人学论纲［M］．北京：高等教育出版社，2015：40.

观存在本身，首先是人的意识和文化指向或价值取向的表现。”① 例如，当口耳相传的教学关系不能满足社会及人的发展需求时，更多发言的场域以及更大的时空发展，专门的办学机构——学校，就成为教学关系发生的主要场所，当然也成为教学关系发展的重要推手，为教学关系的人为性实现提供了新的可能。正如《学记》中记载：“发虑宪，求善良，足以谀闻，不足以动众。就贤体远，足以动众，未足以化民。君子如欲化民成俗，其必由学乎。”化民成俗的意思即教化百姓，形成良好的风尚。② 这表明学校教育的产生既是社会发展的必然，也是人类自身的选择，展示了教学关系发展的重要目的，即教学关系的发展是人类为了社会风气的纯正与教化，为了人类文明的传承而主动做出的决定。

## 二、为人性：教学关系发展的重要推手

教学关系的为人性是由教学关系发展的目的决定的。教学关系存在的目的是满足人类自身的发展。对于教师而言，教学关系的存在帮助其完成本身的发展需求及社会赋予他的职责；对于学生而言，教学关系的存在使其获得了某些生存和发展所需的知识与经验、技能与能力、情感体验及观念与思想。这种或自愿或不自愿的行为既满足了师生双方个体性与社会性的双重身份，又满足了教学关系各主体，包括社会、家庭和学校等相关因素的多重要求。教学关系的为人性体现了教学关系的存在是帮助人类实现教育教学活动的最终目的，即人与文化的双重建构。③ 教学关系是一个融教与学关系、教学过程、师生关系的整体。教与学关系的运行、教学过程的动态生成、师生交流交往不仅仅是为了助力完成教学活动所要达成的任务，诸如传递知识、训练技能、培育美德和传承文明，还在于教学关系本身为了人性的发展而做出的对人性的深刻理解与表达。

## 三、人文化成：教学关系发展的主要方向

教学在本性上是“人的应然，文化的应然，关系的应然，过程的应然”④ 产物。因此，教学关系的发展被深深地打上了所处文化背景、时代环

---

① 张广君．教学本体论［M］．兰州：甘肃教育出版社，2002：22.

② 高时良．学记［M］．北京：人民教育出版社，2016：47.

③ 张广君．教学基本职能：人与文化的双重建构［J］．内蒙古师大学报（哲学社会科学版），2000（2）：53－57.

④ 张广君．教学本体论［M］．兰州：甘肃教育出版社，2002：23，28－29.

境的烙印。

从本体意义上来说，“教学是一种人为的存在，也就是一种文化的存在”[①]。故教学关系作为教学的直接表现形式，是一种人造物，是文化的一部分。从发展手段而言，教学关系对于教学是社会与人对文化历史、人的发展、环境设施等“此在”条件的开发与利用、取舍与生成。从价值意义来说，教学关系对于人而言，是人借助某种特定文化使教学各主体“文”化的过程。学校的教学关系更是所处历史时期、所依附的社会生态的直接表达。它是所处时代的人对于教育教学的功能、作用等的选择，对于人与文化的关怀。

未来学校教育的形态、方式与任务可能会有改变，但无论如何改变，在坚守人类核心价值观的前提下，学校教育需保持某些教育价值观的不变，例如对人生命的关怀与尊重，对公平、公正、正义的追求与呵护。[②] 这既是未来教育的重要任务，也是今天的教育应当承担的历史使命。所以未来学校的教学关系需从教育教学实践状态出发，着重考察人性的事实性、价值性及其与时代发展和社会需求结合的“人文性”，“植根于人与文化的世界，植根于人的文化生活，并根本取向于人与文化的辩证同一”[③]。最终，在人之为人的终极意义上，实现人的文化生成。

作为人为性、为人性及人文性的存在，教学关系围绕着教育对人的个体性存在、社会性存在与价值性存在的满足而发展与充实。教学关系的发展过程中，如果教学关系的发展不以人性的发展与完善为目的，那“非人性”的教学关系就会出现。人身处其中而不知所为何为，如教师体会不到自身作为生命体存在的独特价值，学生感受不到教学活动引起自身的生命冲动，教学关系就会出现“无人、少人、伤人”的局面。正是因为教学关系具有为了人性发展的目的，才实现了教学活动的为人性与人为性。而教学关系的人文化成既是教育教学的时代特征、文化色彩的自然反映，也影响着教学关系的人为与为人形态，三者共同表现着教学关系的发展状态，彰显着教学关系的人性魅力。提出人性视角下教学关系的构建正是基于教学关系与人性在概念本体、观念形态与价值意义上的这种天然联系。

①③　张广君．教学本体论［M］．兰州：甘肃教育出版社，2002：23，28－29．

②　李政涛．人工智能时代的人文主义教育宣言：解读《反思教育：向“全球共同利益”的理念转变》［J］．现代远程教育研究，2017（5）：3－11．

# 第五章　人性视角下教学关系的理论构建：人性的澄明之一

人的存在样式是人性的重要表现形式，也是人性发展的自然存在。中国传统人性论，以社会关系性的人性本质理论、道德性的人性特质规定、人性善的乐观性信念为特点，对文化和社会治理产生了很大的影响。[①] 教育中人性的发展反映了人的存在样式，同时也深受人的存在方式与内容的影响。人性视角下的教学关系是基于中国传统人性论中人的存在样式，即人的整体性存在、个体性存在、社会性存在和善恶性存在的内涵与意义，依循“适性—扬性—成性”理路，以“求真—尚美—崇善”为主要内容与目标的关系整体。本章阐述了人性视角下教学关系的发生背景、存在依据以及表现形式。

## 第一节　人性视角下教学关系的发生背景

人性视角下教学关系的逻辑起点是人性，人性内容与形式的丰富性决定着教学关系的本体构成。着眼于人的存在样式的教学关系旨在改善和发展教学中人的个体性、社会性和善恶性存在，满足人的自身发展和实践需求。

### 一、人性视角下教学关系的本体意义

人性内容与形式的丰富性极大地影响着人的存在样式，而人的存在样式（包括整体性、个体性、社会性、善恶性）内容和水平会表现出时代、社会、文化的差异，同一个体在不同年龄和不同环境也会呈现人性内涵的丰富性，在实际生活中的表现差异会更大。这是人性的生成和具体化。这为人性在教育教学关系中的目标确定、内容选定和手段采取等方面提供了相当大的空间

---

① 肖群忠. 论中国传统人性论思想的特点与影响［J］. 齐鲁学刊，2007（3）：38－42.

与发展的张力。具体表现在以下三方面。

第一，人性是教育教学的预设前提和逻辑起点，这在人的个体性存在方面表现得尤其明显。“人能超出他的自然存在，即由于作为一个有自我意识的存在，区别于外部的自然界。”① 说明人的精神属性和人的内在需求属性决定了个体的思想与行动。

第二，人性是教育教学的可为依据，这突出地表现在人的社会性存在方面。“人性是生成的，教育也是生成的，人性与教育在生成中互塑，两者皆具过程性。”② 说明人的社会性存在是教育生成的最大源泉和动力。教育既是人性所追求的具体表现，又是人性所赋予的人之为人的为人行为，它们在社会活动中碰撞与互相成就。“如果人性是不变的，那么，就根本不要教育了，一切教育的努力都注定要失败了。因为教育的意义的本身就在改变人性，以形成那些异于朴质的人性的思维、情感、欲望和信仰的新方式。如果人性是不可改变的，我们可能只有训练，但不可能有教育。”③ 杜威既基于教育的价值取向，又基于教育的实践作用，进一步阐明了教育对于人的社会性存在完善的意义。

第三，人性是教育教学的追求目标，这突出地表现在人的善恶性存在方面。人性有先天赋予的但又不是全部确定的，它是可变的、富有创造性的。“它的存在是随着它的存在并通过它的存在而对它本身开展出来的。”④ 换言之，人性的存在是通过它的存在而本身呈现出来的模样，它的可变性给了人类丰富的可为空间，让人性本身成为一种创造性的存在，人性的“终极善”更给教育提供了巨大的张力。

## 二、人性视角下教学关系的发展完善

人性视角下的教学关系以人性的发展与完善为最终目标，其发展与完善离不开对人的存在内容与形式的充实与丰富。首先，需关注人个体性存在的精神性。有灵魂的个体是人的精神性的最高层面，培养儿童不仅要关注社会

---

① 黑格尔．小逻辑［M］．贺麟，译．北京：商务印书馆，1980：92.

② 牛军明，李枭鹰．教育生发图式的人性论审视［J］．教育评论，2016(6)：17－20.

③ 杜威．人的问题［M］．傅统先，邱椿，译．南京：江苏教育出版社，2006：184.

④ 海德格尔．存在与时间［M］．陈嘉映，王庆节，译．北京：生活·读书·新知三联书店，2014：14.

层面的道德还要关注个体层面的、与动物区别开来的人之为人的精神品质。中国传统人性论主张个体存在的内在规律不在于执着抽象的个体自由，而在于与世界和谐共处的人之为道的整体性。人只有摆脱抽象个体的表象，拥抱人置于万物之中的具体内心，才能享有真正的精神自由。关注人的精神生活，可从四个层面来说，即人类精神境界及自身的生命意义、独特的生命历程、丰富的人生体验和有信仰的个体等。具体来说，教学要高度关注理性思维、情感体验和道德实践三方面，即知、情、意三方面。其次，需关注人的社会性存在。主张要从人与外界的联系与整体来看待人的社会性存在，不能只是将儿童训练成某种职业的从业者，也不能只给儿童提供某些职业技能，或者灌输某些观念。最后，要重视人的善恶性，即人的“终极善”培养，要始终保持和发扬儿童的向善、为善之心。

## 三、人性视角下教学关系的实践意义

教学关系形态随着社会发展而变化。教育关系具有源于人性、基于人性和为了人性的特点，但这些特点在教学关系的社会化中逐渐被淡化、异化、遗忘和取代，逐渐演变成单向、线性的以“主—客体”关系形式和规训为主的关系。人性视角下的教学关系能满足主体人对自身发展的对话需求，而非简单回答，也可为即将面对的人工智能时代做好准备。

### （一）人性视角下的教学关系直面人的对话需求

人性视角下的教学关系试图满足人的对话天性。德国哲学家马丁·布伯认为人有两种世界，一种是“它”的世界，另一种是“你”的世界。人无“它”不可生存，但仅靠“它”则生存者不复为人。人与人之间的关系实际上就是一种对话的关系。[①] 如果教师把教学关系当作“我—它”关系，那么教学相关主体只是与教师相对的客体，教学关系会沦为单纯的手段或工具。教师和学校等教学相关主体应将关系的存在与发展当作相遇的“你”来对待，才能让教学关系成为“人—人”关系而不是“物—物”关系和“人—物”关系。

### （二）人性视角下的教学关系回应人工智能时代

人性视角下的教学关系为人工智能时代的教育提供了重要的理论思路与实践抓手。当下互联网技术、机器人与自动化系统、数据分析、智能手机与

① 布伯．我与你［M］．陈维纲，译．北京：生活·读书·新知三联书店，1986：51.

云端计算和社交网络等技术进入了教学关系，很多学习者借助技术之力掌握了更多的知识、更强的技能，技术成为教学关系中最重要的要素之一。人工智能时代的出现是人类探索世界与未来的一个大的突破，它某种程度上意味着人类为自己树立对手，以满足人类的好战心和好胜心：我们在更大程度上挑战自己的智慧与理性。显然，人类需要更具智慧和理性。假设有一天，技术也有了人性，那人将如何与具有人性的机器相处呢？人类如何更具智慧和理性？毫无疑问，只有回归了人性的人才能更具有智慧和理性。人性视角下的教学关系以人性回归为基础，是人对教学关系存在现状的反思，它不仅出于满足人类活动的需求，更是为了人性的发展和未来。人性中对真的追求、对美的向往和对善的坚守，将成为人类对教学关系存在和自己存在的最好回答方式。

有人说，人的唯一本性就是在创造文化的活动中把人塑造成了“文化的人”。[①] 在新的历史时期，联合国教科文组织重申人文主义教育观，提出“教育作为全球共同利益”的愿景。[②] 未来学校一定会带来更强烈的教学关系的变革，“未来的学校必须把教育的对象变成自己教育自己的主体”[③]。而主体性强的学校教育必然会有更多的自由，必定会产生更多的教学关系形态。“教育的自由，具体讲来，就意味着学生和教师的自由：作为一个教育机构的学校的自由。”[④] 教学关系会经历不同的场景与时空，但教学关系始终是人与人的关系，旨在启迪智慧、碰撞思想、交流情感，所以教学关系的存在与维系应以人的自由与发展为出发点，以人性化的教学为手段，以实现人与世界“善”的相处为旨归，并通过教育教学活动，发展与完善人性，为人类的幸福生活提供可能，这正是人性视角下教学关系的实践目标所在。

## 第二节　人性视角下教学关系的存在依据

中国传统人性论主张人的整体性存在。它强调人的个体性存在以自身精神为对象，在摆脱生理性影响的过程中，争取呈现出自身内在的精神。它主张人的社会性存在是人性整体下的个性的自由与独立，强调个性与群性的和

---

① 卡西尔．人论［M］．甘阳，译．上海：上海译文出版社，2013：中译本序9.

②③ 联合国教科文组织国际教育发展委员会．学会生存：教育世界的今天和明天［M］．华东师范大学比较教育研究所，译．北京：教育科学出版社，1996：200.

④ 杜威．人的问题［M］．傅统先，邱椿，译．上海：上海人民出版社，1986：59.

谐发展。它表明人的善恶性存在是人作为个体与群体时保持不为他物驾驭的对善的追求。人性视角下的教学关系基于人的整体性、个体性、社会性和善恶性存在，具有独特的学理依据与现实基础。

## 一、人的整体性存在：人性视角下教学关系的出发点

“教育是培养人的社会实践活动，教育的根本职能在于培养人，无论从何说起，人的问题是教育的中心问题，人是教育的出发点和归宿。”① 毫无疑问，教学关系是最直接的培养人的实践活动，人的问题是教学关系发展的中心问题，人是教学关系的出发点和归宿。人的整体性存在作为人性视角下教学关系的出发点，包含两层意思：其一，作为人性视角下教学关系理论建构的依据，是理论所建基之上的东西。其二，作为人性视角下教学关系实践的基本目标，是教学关系最直接的着眼点。

具体来说，一方面，人的整体性存在决定着教学关系的存在本身。首先，人的整体性存在决定了教学关系的存在内容。例如，人要发展其个体性的精神性，需要教学关系发展中具有个性充实的内容；若要发展人社会性的和谐性，需要教学关系维系中具有和谐的因子；若要发展人善恶性的终极善，需要教学关系运行中具有善的种子。其次，人的整体性存在形态决定了教学关系的形式，例如，人的整体性存在是封闭的，则教学关系是封闭的；人的整体性存在是不均的，则教学关系是失衡的；人的整体性存在是开放的，则教学关系是开放的。另一方面，人的整体性存在决定着教学关系运行的方向。中国传统人性论认为人的整体性存在主要体现在人的个体性、社会性和善恶性等存在是相关联的、非分离的，是动态平衡的、非静止不均的，是自然顺性的、非刻意逆性的。主张人的整体发展、平衡发展是贯穿传统中国教育的育人目标，当然这种目标带有所在时代的烙印。本研究提出的人的整体性存在认同其“整体发展、和谐发展”的内核，即基于人的个体性存在、社会性存在与终极善的平衡发展、和谐发展。本研究提出的人性视角下的教学关系则以此种人的整体性存在为着眼点，带有一定的理想性。

## 二、人的个体性存在：人性视角下教学关系的基石

“作为教育的出发点的人，首先是指作为个体的一个个的人，其次才是作为类的总体的人。”② 人是兼备生理性与精神性的个体存在，中国传统人性

①② 扈中平，等．教育人学论纲［M］．北京：高等教育出版社，2015：6，17.

论主张人不是孤独的、孤立的个体存在，而是人的生理性与精神性的统一体，更是自然万物的一部分，应被置于与万物平等且和谐发展的位置。也就是说，人的个体性的生理性与精神性是统一在人与自然、与社会、与他人及自身的关系融合之中。

人性视角下的教学关系以人的个体性存在为基石，主要表现在：其一，人的个体性存在是教学关系存在的前提条件。人的生理性是人的个体性存在的物质基础，因此，如果没有人的个体性存在，就没有教学关系存在和发展的可能。人的精神性使人的个体性存在产生真正意义，因此，教学关系发展与维系的发生首先取决于人的个体性存在的真正运行。其二，从实践上来看，人性视角下的教学关系存在以人的个体性存在为合法依据。人性视角下的教学关系的存在与发展中，突出人的个体性存在能激发人对自己的认识更全面，尤其在基础教育阶段，对人个体性存在的研究能帮助学校和教师等主体更全面地了解儿童的人性，并以人性为手段达到发展儿童人性的目的。人的个体性存在还为个体人的生理性与精神性提供充分的内容选择。例如，在当今和未来物质生活相对美好与充实的时代背景下，应该既重视儿童的生理性需求，又重视儿童的精神发展需求。应着重发展儿童的哪些精神能力呢？一是智，智力、理性，即人思考的能力；二是情，情感，即人感受的能力；三是意，意志，即人实践的能力。①

## 三、人的社会性存在：人性视角下教学关系发生的关键

人的社会性存在指的是人的社会需要在人的社会实践活动中的外在表现。它是人在社会化进程中逐渐产生并日趋完善的，主要包括人的实践性、社会关系性、相互依存性、规范性等内容。② 如果说人类创造了高度复杂的社会与文化，是人类与动物界的最大区别，那么人性和动物性的主要区别则在于人类创造社会与文化的本领与才能，即劳动与创造。人的突出特征，人与众不同的标志，既不是他的形而上学本性也不是他的物理本性，而是他的劳作。正是这种劳作，正是这种人类活动的体系，规定或划定了“人性”的圆周。③ 人的劳动不仅赋予了人独特的个体属性，更赋予了人一定的社会属性，劳动使人与人不同，也使人与人走在一起，互通有无，互补短长，营造

① 周国平. 周国平论教育：守护人性［M］. 修订版. 上海：华东师范大学出版社，2015：199.

② 扈中平，等. 教育人学论纲［M］. 北京：高等教育出版社，2015：53.

③ 卡西尔. 人论［M］. 甘阳，译. 上海：上海译文出版社，2013：95－96.

了一个独特的人类社会。人的劳动创造了人本身，也创造了人类社会本身，但更让人类社会区别于动物社会的根本在于创造。人类从创造生产工具开始，创造出了有形的人造物，更创造出了无形的文化和文明。创造不仅是人个体性的存在基础，是人类社会的物质存在的现实性表现，还是人的精神属性的再生产与意义呈现。

人的社会性存在的维系与发展工具是人对彼此之间的依赖和形成的状态，即社会关系，这种关系产生于人需要满足生理需求和精神需求之际，是人类社会得以发展的内在动力。人的社会性存在充分地反映在教学关系之中。人既是自然的人、个体的人，也是社会的人、群体的人，人的社会性存在既是人本身的本能冲动使然，又是促使人类文明得以创造与传承的原理。社会关系以人与人之间的血缘关系、利益关系的表现形式发生，但真正的信息传递和思想交流却是以符号体系完成的，例如，语言就是一套符号系统。当然动物世界也可能借由符号达成关系，但不可否认的是，人所创造的言语和符号体系是人的心智力量的最大来源，并使人的生活不受他的生物需要和实际利益的局限，带领人通往由科学、艺术、哲学和宗教等精神层面构建的理想世界。所以社会关系的存在与发生是人类高级社会得以创建的重要手段与直接表现。

教学关系产生于人的社会性存在需求，它的运行状态很大程度上取决于人的社会性存在现状。人的社会性存在现状是人性视角下教学关系得以实现的关键因素。若人的社会性存在是以满足人的社会功利为主，教学关系实践则缺失人的精神发展；若人的社会性存在以工具理性为导向，教学关系实践则缺少人文的价值理性；若人的社会性存在旨在追求人的个体性与社会性的和谐发展，教学关系实践则平衡与从容，围绕人的和谐发展而运行。

中国传统人性论将人的社会性存在与人的道德性存在融为一体，突出人既要充分认识自己之外的世界，避免走入狭隘的个体主义世界；又要加强主体意识，内求诸己，与外界和谐相处。在基础教育阶段，对人的社会性存在的教育教学能帮助儿童更全面地认识道德、法律、宗教等的功能、价值和作用。本研究主张加强儿童的主体意识以引领儿童的群性发展，使人性视角下的教学关系得以运行。

## 四、人的善恶性存在：人性视角下教学关系存在的价值

关于善恶性存在的人性假设是促进教育目的实现的重要前提。人性善、人性恶或有善有恶揭示了人类对人性在某种时间与空间的认识，这些认识在人性论的理论建构与教育实践行为中都有所体现。

教育教学实践中，如把先验的人性善恶论，尤其是人性的伦理取向作为

教育的准则而绝对化，会导致片面的教育。若片面主张“人性善”的教育，或“人性恶”的教育，教育实践会失之于苍白无力。教育教学实践中，虽然各利益主体会以不同价值标准、不同态度实践着“向善”的教育伦理，使教育呈现出鲜明的社会性、文化性与时代性，整体来说，教育依然遵循着促进人美好德行的形成，如善良、诚实、忠诚、公正、责任等，引领社会具有“善”的氛围，如友好、宽容、自由和创造等。总体来说，不同时代、不同社会和不同文化背景下的教育，大都认同教育本身的伦理性是培养人“向善”的活动，主要是教育人如何发扬人性中的“善”，摒弃人性中的“恶”，控制人性中“恶”的倾向。这是人性“向善”的表现。

从孔子提出先验的“人性善”开始，到王夫之集人性论之大成，主张“性日生日成，继善成性”的生成“善”，中国传统人性论充满着“人性善”的言说，民众也充满着“善有善报”的朴素善念。而如何促使“人性善”的思想得到发扬？国人更多地持有对人性“善”的抽象层面的信念。教育实践中更主张教育对“善”的约束力量，而不是人性本身的“善”，于是教化、规训、管教思想盛行，即认为人的“善”存在需要外界的、环境的强有力的监管和督促方可维持。

本研究认为教育教学中的人性假设是先验的与生成的相结合。先验的人性论是教育价值成立的起点，也为教育价值的达成提供了最基础的保证；生成的人性论为教育教学提供了现实的尺度与实践的原则。本研究主张“人性的终极善”，认为即使社会与环境影响、制约着人性的发展，但人性的发展具有先天的为善性与后天的向善性。人性视角下的教学关系正是立足于“人性的终极善”，直接以顺应、发扬和达成人对真、善和美的追求为目标，体现并发扬教育的价值。

中国传统人性论中关于人的个体性、社会性与善恶性存在的论述深远地影响着我国传统教育，反思今天的中国教育实践，它依然有着积极的意义。本研究建构与实践的人性视角下的教学关系以引领人性的发展与完善为价值取向，强调通过改善教育中人的存在状态，如人的个体性的全面发展、人的社会性的和谐发展、人的善性的坚定发扬来促进教育教学关系的整体运行。

## 第三节　人性视角下教学关系的表现形式

学界对教学关系的论述，大多从教育学的角度进行，教学关系有时指“教与学关系”，有时指“师生关系”。本研究主张教学关系是一个涵盖“教与学关系”“教学过程”和“师生关系”的关系整体，它发生、存在并发展在学校教育场域内的教学实践中。基于中国传统人性论，本研究提出了人性视角下教学关系的具体表现形式，即“求真—尚美—崇善”教学关系模型。（见图 5－1）

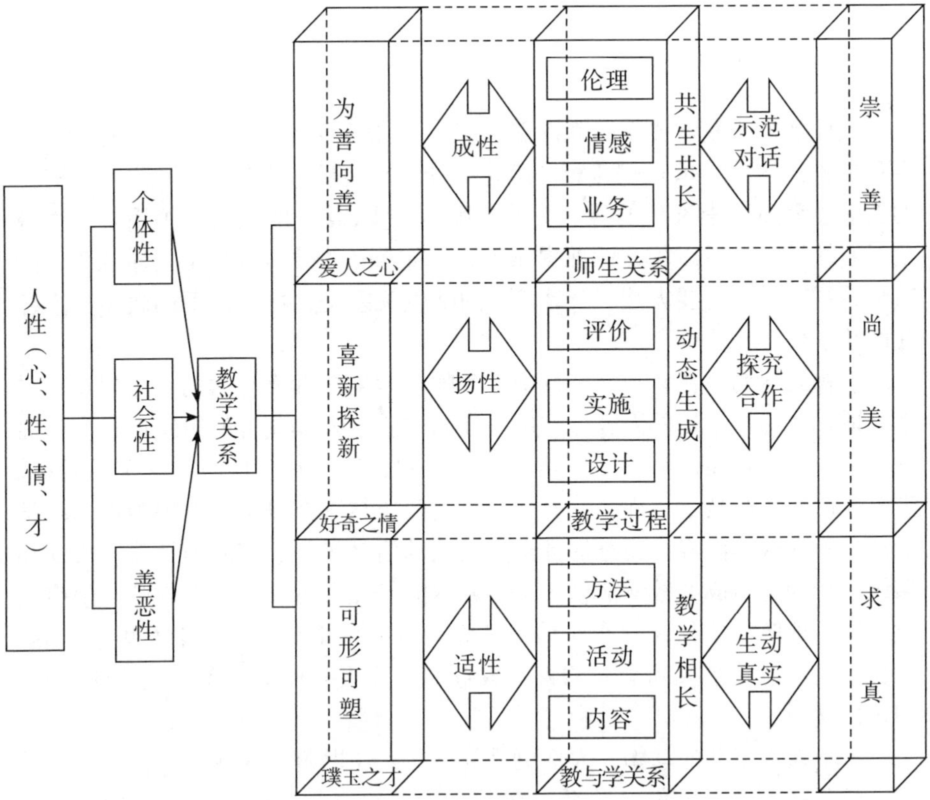


**图 5－1　“求真—尚美—崇善”教学关系模型**

## 一、“求真—尚美—崇善”教学关系模型建构

从模型中可知，本研究以教学关系为研究对象，以改善人的存在样式，即人的个体性、社会性和善恶性存在为目标，建构以人性为统领的整体教学关系。具体来说，人性视角下的教学关系是一个融教与学关系、教学过程与师生关系的复杂多向、立体多维整体，既抽象又具体，既一般又特殊，既整体又分述，包含了教与学关系、教学过程和师生关系等实体、存在与本体等层面的关系。其中，教与学关系是教学关系发展的活动维度，教学相长，强调了教与学关系是求真适性的发展。教学过程是教学关系存在的过程维度，是

动态生成的，突出了教学过程是各主体尚美扬性的表达。师生关系是教学关系存在的本体维度，是共生共长的，彰显了师生关系崇善成性的人本追求。

## 二、“求真—尚美—崇善”教学关系的基本内涵

### （一）整体解读

人性视角下教学关系的观念路径是“适性—扬性—成性”，它的基本内容和主要目标是“求真—尚美—崇善”，即“求真”的教与学关系、“尚美”的教学过程和“崇善”的师生关系。其中，“求真”的教与学关系是人性视角下的教学关系得以构建的前提条件，“尚美”的教学过程是人性视角下的教学关系维系的主要方法，“崇善”的师生关系是人性视角下的教学关系存在的基本核心。

求真表达的是在教与学关系中，教师与学生把握教与学的真正规律、科学之道，如选择正确的内容、利用正确的方法、采取适合的组织形式实施促进学生或自己发展的活动，以达成探索真知、追求真理的教与学关系目标。尚美表达的是在教学过程中，教师与学生确定与选择以学生发展为本的教学活动目标和教学内容，通过促进学生发展的活动设计、实施与评价，实现和谐统一、动态生成的教学活动。崇善表达的是在师生交往中，教师与学生彼此了解、理解与信任，友好对话、平等交流，在相对自由的空间里，自然、愉悦、从容地共享人际交往的善、教育的善及人生的善，善即爱、即美好、即德性。

由于人是复杂的动物，人性更是复杂，人性视角下的教学关系，即“求真—尚美—崇善”的教学关系存在不是单向单维的，在“求真”的教与学关系中，必然存在“尚美”的教学过程与“崇善”的师生关系；“尚美”的教学过程，必然离不开“求真”的教与学关系与“崇善”的师生关系；“崇善”的师生关系是通过“求真”的教与学关系与“尚美”的教学过程才可实现的。无论从哪个角度来看，教学关系都是满足人性对真善美的追求，同时帮助实现学生“适性—扬性—成性”的成长历程以及对“善”的理解、践行、传递与发扬。

### （二）“心、性、情、才”的具体内涵

本研究核心概念人性视角下的教学关系的模型描述中，采用了中国古代，尤其是先秦时期诸子文献对“性”的不同指称，分别为“心、性、情、才”，对应基础教育阶段儿童的特点，即个体性、社会性和善恶性存在的发

展特点，见图5－2。

性（心善即性善）：爱人之心、向善为善：崇善成性；
↑
心
↓
情→才（材）：好奇之情、喜新探新：尚美扬性；
璞玉之才、可形可塑：求真适性。

**图5－2　人性视角下教学关系的"心、性、情、才"内涵**

本研究分别采用不同的词语来形容教学关系中人性的具体表现，并不意味着在教学关系的某个层面只存在某种人性，而是更强调与突出某一方面。在教育教学实践中，"心、性、情、才"是一个整体的而非单一的表述，是一个具体的而非抽象的概念，对学生美好天性的尊重与顺应，视学生为动态生长的生命，而非一成不变的知识容器是它们的共同之处。很明显，"心、性、情、才"是对于人性的法杖，璞玉之才、好奇之情、向善之心，在内涵上表示的都与人的"天性"有关。"心、性、情、才"在结构上是人的生理性、社会性与精神性的统一，但在现实存在、价值意义、特性上略有区别。

"心"指儿童的精神、境界，是形而上的，强调儿童对外界价值的思考与判断和心灵境界，更突出形而上的素养。此层面上的"性"与"心"同义。"情"指的是情感心理，是无性的，强调儿童的志趣，是人性发展的动力与源泉，突出经验与精神的结合。"材＝才"，指儿童的材料质地、能力、技能、才能、禀赋，是有形的，强调的是人性发展的对象和初始状态，更强调人的经验层面的天性。"心、情、才"三种表述是本研究中人性的具体化，它们均表现在儿童的个体性、社会性与善恶性存在等方面。璞玉之才指的是儿童与生俱来的天赋、才能，是可形可塑的。好奇之情指的是儿童与生俱来的对外在世界尤其是对未知世界的喜新探新之情绪。向善之心指的是儿童与生俱来的对生活与世界的价值判断、善良之行与美好之愿。

### （三）解读"人性视角"

本研究中的"人性视角"给人们提供一种思考和分析问题的模式，不是一种方法论或方法。人性视角下的研究，既可以使用定性研究，也可以采用定量研究的方法。人性视角研究教育问题有其独特的原则，即从"出于人性、通过人性与为了人性"出发，致力于批判教育中"非人性"的现象，批判"应对式"教学关系，实质上是一种批判性分析模式。它要求研究者对教育现实中的"人"及"人事"抱有深切关注与深入思考的态度，主张挖掘教育教学现象与人性的内在联系，利用人性的手段，实现发展人性与完善人性的目的。

当下教育研究的人性视角具有重要意义。它凭借敏锐的批判性分析模式对社会科学、自然科学中的研究伦理、研究目的、研究过程等做出变革与推动。人性视角的意义不仅仅在于其对“人性”的关注，更在于其对社会科学与自然科学的研究出发点和目的发出了自己的声音。当今社会发展受科学主义、工具理性与技术中心论的影响至深，人作为理性的动物，始终对自己的行为保持一种“我是谁？我从何处来？我要到何处去”的人本反思与批判意识，显得尤其重要与可贵。

人性视角下的教学关系的实践与形成是一个长期的过程。从时间上来说，教学观念尤其是教学价值观的改变是一个长期的过程；从空间上来说，地区之间教育教学发展的不均衡是影响人性化教学关系的重要因素；从实施主体而言，教学关系中最重要的两个主体，教师教学的人性化和学生本身观念的转变与社会环境、学校办学理念等紧密相关。人性视角下的教学关系尤其关注教学实践中教师与学生的共生共长、教学过程的动态生成、教与学关系的教学相长。

人性视角下的教学关系基于中国传统人性论，旨在改善和发展教学中人的个体性、社会性和善恶性存在，满足人的自身发展和实践需求。它的观念理路以教育中人性的发展为线索，即“适性—扬性—成性”。它的主要内容和具体目标是“求真—尚美—崇善”。它是一个包括“教与学关系”“教学过程”和“师生关系”的关系整体。

# 第六章　人性视角下教学关系的观念路径：人性的澄明之二

过去对教学关系的论述受教育目的的社会本位取向、教学内容知识本位的影响，强调教学关系是系统内部各要素为了实现教学的社会功能而运行的封闭的、单向的存在，例如教和学是相对的，师与生是相对的。人性视角下的教学关系在人性的统领下，作为一个整体存在，把人性的发展与完善作为目标，它的实现对于社会、学校、教师与学生等相关主体的发展有着重要的意义。人的个体性、社会性和善恶性存在该以何姿态、以何途径在人性视角下的教学关系中彰显？人性视角下的教学关系得以运行和发展的观念路径值得探讨。

## 第一节　人性的价值取向：整体的教学关系

人性视角下的教学关系不同于以往单独的教与学关系或教学过程中的教学关系，也不同于师生关系，它以人性的发展与完善为价值取向，强调通过改善教育中人的存在状态，如整体的人的培养、人的个体性的全面发展、人的社会性的和谐发展、人的善性的坚定发扬来促进教育教学的整体运行。整体的教学关系的运行应该以引领人性的发展为价值取向。

### 一、培养整体的人

客观上讲，人总是作为一个整体存在着。人的存在内容与方式决定了其整体性的特点。教育教学中的学生具有可形可塑的个体性、社会性和善恶观，人性视角下的教学关系体现和反映了学生的各种存在方式，始终以培养整体的人作为存在与运行的目标。

## （一）整体的人

近年来，从狄尔泰、詹姆斯、梅洛-庞蒂等学者思想引发出的具身哲学思潮在批判二元论思维方式的同时，重新解读了身体的观念，不仅消解了主一客对立与心一身对立，也着力重塑了心智的具身性和人的整体性。① 有学者说，“整体的人的发展包括两层含义：人的存在的完整性和人的生成的完整性”②。还有学者认为“整体的人”既非单纯的“类”存在，也绝非单纯的“个人”，而是处于一种纵横贯摄联结点上的人。③

中国传统人性论一直强调人要作为一个整体而存在，并主张“整体的人”是具有理想状态的存在。“身心合一”是中国传统人性论对“整体的人”内容的最直接的表述，意思是作为主体的人能解决好自身与客观世界、自身与自我的关系，能使主体自我的身体、精神和心灵处于平衡、和谐和自然的状态。要实现“整体的人”，需平衡人的各种存在状态。本研究中“整体的人”指人的个体性存在、社会性存在和善恶性存在均处于平衡发展的状态，即人的生理性与精神性统一，个体性与群体性统一，自然性与社会性统一，同时，“整体的人”能在教育教学的时间与空间里感受人的存在状态的自然与和谐，体验教学历程中的真、善和美，实现人性的发展与完善。

## （二）整体的教学关系

人性视角下的教学关系统领在人性之下，作为一个整体存在，关注学生作为人的各种存在内容与方式。如个体性存在的生理性、精神性发展，社会性存在的主体意识和善恶性存在的德性培养。在这种关系中，学生能成长在教师和教学关系各主体主动提供的充满人性温暖、人文关怀和自然和谐的教学环境里，能顺应人的个体性存在需求，如生理性和精神性需求，体验真实的、科学的课堂教与学，发扬自己的社会性存在需求，享受兼具科学与艺术之美的教学过程，能继善成性，与教师共同运行一段关系，达成美好与善的人生之旅。

---

① 李莉莉．心智的具身性与整体的人：解析现代哲学中的具身性思潮［J］．浙江社会科学，2019（1）：96-101，158.

② 钟启泉，姜美玲．新课程背景下教学改革的价值取向及路径［J］．教育研究，2004（8）：32-36.

③ 李栋．技与道之间：“天地人事”之教的回归与突破［J］．教育理论与实践，2018，38（31）：7-11.

## 二、全面发展人的个体性

中国传统人性论认为人性具有可变性，教学的价值既在于恢复人的天生的本性，达到“尽心、知性、知天”的境界，也在于引导人“继善成性”[①]。有人说，中国传统人性论中多有“人”但没有“个人”，多有“群性”但没有“个性”，那么走向现代与未来的人性发展需要什么样的个体性？人的个体性存在是丰富的生理性与精神性的结合。中国传统人性论中的个人不是孤独的存在，而是服膺于人的社会性的，且通过“道、自然”统领与万物相提并论的和谐存在。它的生理性往往被精神性所掩盖，而精神性由于过于超脱而带有明显的理想主义情结。人性视角下教学关系的建立需要承认并重视个体性的人在生理性和精神性两方面的需求。

### （一）尊重人的生理性需求

教学实践中，人的生理性存在是教学实践的基础条件，“身体是革命的本钱”是这一论述的最直接表白。老子说：“吾所以有大患者，为吾有身也；及吾无身，有何患?”可见，人的身体与人的精神表现统一在人的个体存在，身体所代表的生命应被置于更加重要的位置。但当下教学实践中的主体，尤其是基础教育阶段的师生，身体所代表的生命被管制得过于严厉。如统一学习的时间过长，个体学习的时间太短；集中学习的内容太多，个体选择的内容太少。空间的狭窄、时间的局促使得学生的生理性需求没有得到满足，也极大地影响了学生身心健康的发展。

教学关系中的人性选择必须以顺应人天性中的生理性为基础条件，当然也要适应人天性中的理性追求。

### （二）重视人的精神性发展

在社会本位主义的中国传统文化里，“个人”主义是自私的代名词[②]，现代文明下，人的个体性存在突出了人的主体性，与对人的道德判断和品质评价没有必然的联系。中国历来重视教育的社会本位功能，但与此同时，教育的个人功能经常被忽略。有学者主张要从“人的个体差异、个人尊严和个

---

① 裴娣娜. 现代教学论基础［M］. 北京：人民教育出版社，2015：4.

② 肖群忠. 论中国传统人性论思想的特点与影响［J］. 齐鲁学刊，2007（3）：38－42.

体生存等方面去理解和实现教育人性化”[①]。人的个体性存在不仅包括生理性需求，更包括人的精神性需求。整体的教学关系主张发展以个人价值为基点的教学实践。受益于中国传统人性论，一方面，将人的精神性开发置于社会关系中，满足人的个体依赖于社会的需求；另一方面，将人的精神性开发置于人本身的独特气质之上，满足人的个体对内在自我的满足，让人的个体性存在具备丰富的客观与主观、感性与理性意蕴。

整体教学关系中人的精神性发展主要体现在教学过程中人作为主体的核心位置，教师要具有超越物性的职业追求，譬如忘我爱生的感性、全力助生成人的德性、追求美的教学过程的灵性。学生要具有对教学于己成长的意义认识，譬如探索真知的好奇之心、追求真理的智性、体察人事世事的悟性。当然，所有这一切离不开对人的生理性的充分尊重与开发，只有这样，才能实现全面发展人的个体性。

## 三、引领人的群性发展

“仁者，人也”，意思是在两人的关系中才会有人的存在，强调了人性的本质是人的社会关系性。人的社会性存在是中国传统人性论讨论的核心，往往指人的社会关系性存在，是人区别于其他万物的本质属性。群性即人的社会性，这从荀子的言论中可以得知：“水火有气而无生，草木有生而无知，禽兽有知而无义，人有气、有生、有知，亦且有义，故最为天下贵也。力不若牛，走不若马，而牛马为用，何也？曰：人能群，彼不能群也。人何以能群？曰：分。分何以能行？曰：义。”（《荀子·王制篇》）“群”即社群。正因为人类能够与他人相处，形成社会，并能以分工合作的方法形成社会，而让社会正常运行的手段就是“义”。这段话充分地表达出人的社会性，即群性存在的意义、特征与手段。

传统文化对人社会性存在的极度重视影响着我国社会对教育目的的价值选择，社会本位主义导致教育教学高度关注儿童的群性培养，如集体主义、服从意识，从而导致儿童群体依赖性过强，缺乏应有的独立“个性”和创造性思想。人性视角下的教学关系首先要充分利用儿童的群性优势，如发扬儿童的交往、对话和实践特长，享受美的教学过程。其次，要塑造儿童的独立精神，才能适应现代社会生活和“整体的人”的要求，个体的独立精神是群性存在的个体性基础。最后，要建构儿童主体精神，重视内求诸己的意识培养，关注物物而不能物于物，形成强大的内心。

---

① 肖绍明，扈中平. 教育人性化的个体价值取向［J］. 教育研究，2010（9）：45－51.

## 四、坚定人的善性发扬

人性是人之为人的本质属性，是人之共性。尽管人不能完全率性而为，还须驾驭、改善、升华人性，但人性作为人之为人的根本，是人类进化和个体行为的根本动因。数千年的人类文明史总体上是按“人性所向”的轨迹行进的，真善美的总量大大多于假丑恶。人性的本质是美好的。①

人对善恶的判断决定了其行动的方向。人的善恶性存在是中国传统人性论的核心论述，集中表现在对人性善的或先验或生成的信任上。性善更是儒家对人性的基本认识。例如王夫之结合《尚书·太甲上》中的“习与性成”和《周易·系辞上》中的“继善成性”提出了“性者生理也，日生则日成。习与性成者，习成而性与成也”的“成性说”观点，阐明了人的学习能力、道德品质和精神信仰等并非天生具有，而是后天学习获得的；也并非一成不变，而是发展生成的。教育作为一种社会活动，该持有什么样的善恶观？由于中国传统社会高度重视教育的社会功利价值，所以教育教学活动带有浓重的规训、教化甚至管教色彩。

人性视角下的教学关系持有先验的与生成的相结合的人性假设，首先主张要坚定人的善性培养。其次主张在教育教学活动中依赖人的善性，利用人的善性，并选择为善向善的教学方式，尤其培养师生之间的信任，发扬教师与学生共同的为善向善之心，成就共同的美好人格与德性。

有学者说，“教育目的中个人价值与社会价值的权衡与选择，要受具体的社会历史条件的制约，是随社会历史条件的变化而所变化与侧重的”②。教学关系的价值取向与教育目的中个人本位论与社会本位论的选择一样，是一种历史的、具体的选择。相比过去而言，当下中国的物质文明已经发展到了较高程度，但教育领域似乎还未出现与之相对应的精神文明。相反的，“非人性”的教育教学现象时有发生，提醒教育工作者需反思当下教学关系，反思教育中人的地位是否得到落实，反思人的个体性、社会性、善性是否得到了全面、均衡与应有的发展。人性视角下的教学关系，是一个以培养“整体的人”为最终目标，以适应人性、发展人性、完善人性为主要理路的关系整体。它的表现形式为“求真—尚美—崇善”教学关系。这种教学关系以“适性—扬性—成性”为主要理路，主张适应学生可形可塑的璞玉之材，发

① 扈中平，等．教育人学论纲［M］．北京：高等教育出版社，2015：369．

② 扈中平．教育目的中个人本位论与社会本位论的对立与历史统一［J］．华南师范大学学报（社会科学版），2000（2）：87－94．

扬学生喜新探新的好奇之情，成就师生为善向善的爱人之心，以“求真—尚美—崇善”为主要目标和基本特征，具有较强的实践指向。

## 第二节　适性：求真的教与学关系

教与学关系是教学关系发展的核心目的。为了满足学生的成长需求，教师要以学生发展为本，了解学生的璞玉之材，理解不同学段学生表现出的不同天性与需求，通过组织“适性”的教学活动来引领与促进学生的成长，最终实现教学相长。

老子说“自然者，道之真也”。万物的自然而然的本性即真，教与学关系是教学关系的核心功能表现。何谓“适性”的教与学关系？“适性”强调的是自然且适合人性发展的真。具体说来，要建构适合学生个体性发展、社会性生长和善性培养的教与学关系。在教学实践中可表现为真实的教学内容、生动的教学活动、合适的教学方法。

### 一、主张真实的教学内容

教学内容是“为了促进学生发展而精心选择出来的人类文明的精华成果，是经过改造加工适合于学生学习的教育材料”①。要使学生在教与学关系中顺性发展，学校与教师要选取符合历史与现实事实的教学材料，而非虚假、空洞的说教资料；教学内容的运用需符合学生年龄、认知与情感发展状况，而非只依据专家们的理想建构；为了适应学生较强的可塑性，可以选取充满悬念的教学材料；教学内容还需重视人的精神生活，因为随着劳动工具解放了人类的体力劳动，人们的物质生活越来越丰富，闲暇时间增多，艺术活动、精神审美活动在人们生活中的作用越来越大。所以选择或开发提升人精神层面的教学内容方可满足学生的学习发展和人性发展需求。

### 二、鼓励生动的教学活动

教与学关系通过一个个教学活动得以实现。课堂是教与学关系发生的主阵地，课堂中教与学关系的实现与教学活动的设计、组织与实施有着直接的

① 裴娣娜．现代教学论基础［M］．北京：人民教育出版社，2015：156.

联系。其一，教学活动的设计原则是以学生身心发展为本。首先，需尊重学生可形可塑的天性，一切活动需围绕学生发展而进行。其次，需激发学生的探索求索天性，培养学生的学习主体意识。要避免设计满堂灌的教学活动。因为满堂灌中，学生更多采用死记硬背的学习方式，思考的时间长度、深度不够，容易养成学生懒惰被动的思维方式，不利于学生的学习能力发展。其二，教学活动的类型选择应有针对性，可根据教学内容的文化背景、认知要求、情感内涵以及教学的显性与隐性目标，设计记忆理解、思维探究、讨论表达、展示评价等活动。其三，教学活动的组织形式可根据教学目标、学生特点、教学内容等设计个人活动、集体活动、小组活动、双人活动等；教学活动的设计应根据教学目标和学生需求设定具体目标，如树立学生积极的学习情感态度，培养学生的学科素养和提高学生的学习能力等；教学活动的设计要有计划，如单元学习和主题学习计划，短期、中期和长期计划。

人是渴望群性与个性共同发展的存在，在此过程中，教学活动的开展需遵循学生个体的学习基础、智慧潜能，需重视所在群体，如班级的学习风格，因材施教，方可促进学生主体的全面发展。

## 三、要求合适的教学方法

教学方法决定着教与学关系运行的形态与方向。要顺应学生的发展，合适的教学方法首先要求学校与教师改变“我教你学”的教与学思路，而是真正实施以学生为中心的教与学关系，把学生视为主动思考者与创造者，而非只是知识的容器；教学方法还表现在因材施教，以适合不同阶段、不同个性与不同需求的学生。“适性”的教与学关系需秉持人性本善或终极善的观念，而非成人社会先入为主的“人性恶”的推测，组织活动以符合、顺应和引导学生“善”的本性；“适性”的教与学关系还需给予学生真正的自由而非机械统一的管制，“真正的自由应该是儿童通过教育的援助而使潜藏的导引力量得以发展的结果，是属于活动的、智力的、纪律的自由。一个真正自由的儿童，就是能够一方面享有权利，享有自由，同时又能够对同伴、对环境都乐于承担责任，并且有能力承担责任的人，一个真正自由的儿童应该是遵守纪律的儿童”①。

很明显，未来时代，不仅许多原本由人从事的简单的、重复性的工作会被机器所取代，逐渐地，相对复杂的、记忆性强的工作也会被人工智能所代劳。教与学关系的实施是教学促进学生发展的落脚点，真实的教学内容使学生积极

① 陈建华．基础教育哲学［M］．北京：北京大学出版社，2009：219.

地面对自己与外界的关系及精神需求；生动的教学活动适应了学生可塑性强的天性，能让学生领略到教与学关系的形式魅力；合适的教学方法使学生能更有智慧地处理面临的事务，最终帮助教师与学生共同成长，实现教学相长。

## 第三节　扬性：尚美的教学过程

美是什么？美，是“由客观事物所具有的完美性、和谐性、最佳状态等审美属性所引起的一种愉悦的情感体验。……美的形态，一般认为包括自然美、社会美、艺术美”①。人类具有爱美之性。扬性即发扬人的爱美之性。教学关系是一个以时间为经、空间为纬的教学过程，人的爱美之性在其中得到了发扬。教学过程主要涉及“教学什么”“教学为何”和“如何教学”等问题的解决。“尚美扬性”是具体的、科学的与富有艺术的过程。教学关系各主体如何演绎出尚美的扬性之程呢？

### 一、演绎教学设计之美

教学设计之美体现在科学之美。何谓科学？教学过程是一个针对特定对象、发生在一定时空与富有独特内在逻辑的过程，是一个需要合理假设、仔细设计、深入求证的科学思考阶段，也是一个将教学理念构建付诸行动的实践过程。教师在教学设计中要落实对“教学什么”“教学为何”和“如何教学”的思考。“教学什么”是教师对所授内容的理解、判断、选择与处理，如对重难点的确定，所授内容与前后教材的衔接、内容深浅的把握等；“教学为何”是教师对教学任务的目标分析，涉及对教学任务需求的领悟、对学生学情的理解；“如何教学”是教师对教学实施理念的贯彻，实践步骤的确定，教学方法及策略的选择，教学媒体手段及工具的运用等。教学设计之美还体现在为人之美。从教学过程的功能来看，可以分为教养过程、教育过程与发展过程，教养过程着重于使学生掌握知识、技能和技巧；教育过程着重于培养学生的个性；发展过程着重于学生各种能力的发展。② 从教学过程的目的来看，教学设计要关注学生对系统知识的掌握、认知能力的发展、情感态度的培养、行为习惯及品行意志的养成等育人目标的实现。从教学过程的

① 顾明远. 教育大辞典：第1卷［M］. 上海：上海教育出版社，1990：163.

② 吴也显. 教学论新编［M］. 北京：教育科学出版社，1996：96－97.

任务来看，教学设计对人的关注还体现在对学生个体的关注，对个体学习差异、风格与特点的关注。

## 二、实现教学实施之美

教学实施是教学关系得以实施的保证。教学实施是教师静态的教学设计与动态的创造性劳动的结合与碰撞，是学生的客观自我与主观自我融合的历程。教学实施之美体现在以创生为目的的动态历程。教学实施中，教师需切实地履行学生学习的指导者、帮助者和伙伴的职责，学生在教师的指导下为完成教学目标，主动思考，进行创造性的学习。① 当今时代，教师不再是教学信息唯一直接来源，教学实施需要付出更细致、更个性、更精准的行动。教学实施需突破技术的桎梏，真正贯彻启发式教学。当下，很多学习平台、慕课、微课与信息技术的运用仍然停留在知识点的传授与呈现，而非引领学生对知识本身的探索与学习本身的追求，进一步造成了学生学习内容的碎片化、思维的简单及思想的浅薄。启发式教学能激发教学过程中各关系主体真正的对话与交流，能让技术跨越而不是制约教学时空，引领人类在未来时代不迷失自我，并凸显人之为人的人性之美。

## 三、体现教学评价之美

现代教学评价关注评价者与受评者之间的平等相处，强调评价不仅作为一种教学手段，而且作为一种教学内容，是发扬学生喜新探新天性的重要途径。教学过程中的评价之美首先来源于评价学生的发展之美。评价教学过程时，教师不仅要对学生所学知识、技能的掌握与否给予关注，更要对教学过程中学生成长赋予深切的关注。如教师会根据学生一贯的表现与个性心理爱好等特征主动对学生进行个性化辅导，包括关注学生的智育发展、身心发展及学习历程。教学评价之美也来源于对学生生命之美的评价。教学过程的生命性体现在重视学生独特与生成的教学体验。如果说测验与考试是不可缺少的评价方式，那表现性评价则为学生呈现丰富多彩的生命个性提供了较好的机会。学业成绩只是学生生命个性展现的一方面，表现性评价强调将学生在学习过程中表现出的思维特点、性格特质、人格魅力与思想火花都给予积极的、正面的回应，“在此过程中，学生不只是从事认知活动，更是形成情感

---

① 裴娣娜. 现代教学论基础［M］. 北京：人民教育出版社，2015：309.

与个性的过程"①，这毫无疑问拓宽了学生学习的生命内涵。同时，教学过程之美反映了教师对教学过程的反思，这也是教学关系的多维度表现之一。

教学过程体现着教与学关系、师生关系的运行，也是教学关系各维度得以彰显的场域。尚美的教学过程是学生之性充分展现与发扬的主阵地，是教学各主体领略、实践和创造教学关系的重要场域，强调通过使用规范、正确且富有美感的设计，充满启发、对话与交流的动态实施以及生成的对学习过程与学生发展的个性评价，最终使学生不同阶段的天性得到发展，学习历程得到丰富，生命之美得到发扬。

## 第四节　成性：崇善的师生关系

善是什么？善即爱，即美好，即德性。"成性"即以人性善为旨归和手段，助力师生共同成就美好人性。人人都有崇善之心。"崇善成性"的师生关系是一种教师与学生一起建构、实践、向善且为善的共生共长关系。在传统的教学中，教师是中心信息源，现代科技削弱了教师传递信息的职能。"在现代化的学校中，教师在教学中更多是一个组织者、辅导者、协调者、合作者和教学过程总体进展的调控者和责任人。"② 未来时代，如果教师还只是信息的载负者和传递者，或者只是教学过程的组织者，那么教师以何实体面貌出现？教学关系以何价值生态存在？

### 一、成于理解—示范的业务之善

教育发展的矛盾体现在人的发展跟不上社会的发展变化。理解—示范的业务之善是开启崇善的师生关系的根本。历史上的普通教育课程最初是由动作、音乐构成，着重于行为训练的原始结构，然后出现了以文字教育、伦理道德为主的古典结构，再转到以科学知识与技术等为主干的近现代结构。随着社会条件的变化，人们的生活水平得到了很大改善，近现代学校教育的教学内容从行为内容、文字道德变成了科学知识与技术等。那未来教育中的师生关系是什么模样？人工智能时代，拥有海量知识和各种技能的机器解放了生产力，也解放了人，间接知识传递的需求减少了，对于"何为有意义的知

① 施良方．中学教育学［M］．福州：福建教育出版社，1996：238.
② 叶澜．教育概论［M］．北京：人民教育出版社，2006：162.

识”及“如何处理知识”的认识及判断的思维能力急需加强，所以价值观的培养变得如此重要。传统的灌输型教育已经不能满足学生的需求。所以，师生在具体的教学实践中，相互的理解显得尤其重要，而教师在专业上的示范不应仅仅停留在静态知识的传授上，更应是情感态度和价值观的理解与示范。具体来说，基于对学生学习目标达成的善，教师需在理解和明确学生所需的基础上，采取示范、引领和指导之策，而非行专制、强权和极端自我之术，方能实现教师业务之善。学生也需在理解与认同教师业务之善的基础上，行学习之善，达成学习成就。在此过程中，教学目标、教学手段与方法都发生了很大变化；教学活动中心由教师为中心变为教师与学生双中心，变成学习为中心；教学关系也发生了变化，由重视教的活动、教与学双边活动变成重视学的活动。

## 二、成于师生互爱的情感之善

在教师与学生、与教师、与管理部门、与上级领导、与课程专家及与家长等相关主体构成的庞大关系网中，教师和学生的关系是最基本的关系，教师对学生的爱毫无疑问会深刻影响学生的学业与成长。师生互爱的情感之善是达成崇善的师生关系的关键。师生互爱的情感之善首先表现为爱生，即教师对学生、对教育教学的爱及对自身角色之爱。教师对学生的爱主要表现在愿意与学生互动，除了关心学生的学习状况与学业成绩，还需自觉研究学生身心发展特征，如习惯、态度和品行等。教师还要研究与之对应的教学关系处理之道，如在处理与学生的矛盾时，不会或甚少利用自己的身份权威去强迫学生服从，而是基于对问题本身的分析而使学生打开独立思考、理性思考之门。师生互爱的情感之善还表现为学生的爱师，即学生对教师、对学习本身之爱及对教学关系本身的喜爱。如当学生遇到学习和生活困难时，会主动与教师进行互动交流。爱是情感之善的活水，是人性的渴求与基本构成，它是师生关系幸福的源泉，也是幸福的师生关系本身。

## 三、成于师生平等的伦理之善

平等的伦理之善是实现崇善的师生关系的保证。师生伦理关系是基于教师与学生特殊的道德责任与道德权利而存在的。在封建社会“师尊生卑”的等级性师生关系里，教师占有绝对的权威，学生对教师要绝对服从。现代师生伦理关系的基础不再是等级制，而是互相尊重，人格平等。[①] 但师生关系

① 裴娣娜. 现代教学论基础［M］. 北京：人民教育出版社，2015：159.

同样是一个道德共同体的伦理关系，师生在教学中既享有一定的道德权利，也需承担一定的伦理责任。教师需将学生视为独立的生命个体，不忽视、不胁迫、不控制学生的人格与尊严，尊重学生人格的独立发展；教师需公正公平地对待每个学生，且仅以其身份而不以其他外物平等对待所有学生。学生尊重教师独特的身份以及其所付出的劳动，将教师看成与自己地位平等的生命个体，敢于和教师对话，探讨真知与真理。教师与学生理解彼此的权利与责任，认同彼此的身份。如当教师误会了学生的行为表现时，会主动道歉，澄清误会，教师也并不认为此举有失身份，同样，学生敢于和教师探讨问题，表达不同观点。

理解—示范的业务之善、师生互爱的情感之善和师生平等的伦理之善使师生之间表现出相互信任的美好关系。这种信任不同于人与人之间以利益为纽带的结交，也不同于父母与孩子之间的血缘之系，而是基于教学场域的与教学有关的业务、情感及伦理之信任，这种信任是建立在对彼此立场、原则与策略相互感受、体验与理解的美好交往之上。师生关系之善的存在土壤是向善之心，最基本的原则是平等。故教师在教学实践中，要激发学生的向善为善之性，培养向善为善之能，支持向善为善之举，若学生能积极体验并回应这种经历，师生关系就能共生共长，成就师生的美好生命历程与人性发展。

人性视角下的教学关系提出了以人性的发展和完善作为价值取向，以“适性—扬性—成性”为主要路径，以“求真—尚美—崇善”为主要目标和基本内容，为教学关系人性化的实践提供可能。在“求真—尚美—崇善”教学关系中，教与学关系的“求真适性”表达的是教师与学生把握教与学的真正规律、科学之道，如确立真诚的目标、选取真实的内容和采用合适的方法促进学生发展的活动，以达成探索真知、追求真理的教与学关系目标。教学过程的“尚美扬性”表达的是教师与学生进行以学生发展为本的教学设计，运用启发式教学实施原则，利用发展生成的评价促进学生的学习与成长。师生关系的“崇善成性”表达的是教师与学生彼此理解、爱与信任的向善为善的行为，在相对自由的空间里，愉悦、从容地共享人际交往的善、教育的善及人生的善。

# 第七章　教学关系的现状透视：人性的敞亮之一

本部分研究首先对教师与学生进行了教学关系问卷调查。教师问卷和学生问卷各有侧重。问卷从师生关系、教学过程、教与学关系三个方面来设计，旨在了解师生对现实中和理想中教学关系的认识。分析问卷调查结果得知，学生希望在平等、尊重的教学氛围中学习，尤其期待得到教师的理解、鼓励、信任与关心。教师期望学校能进一步解放思想，真正从以学生发展为本的角度出发，能在民主、平等、尊重的环境中教学，尤其希望社会、学校与家长能理解教学、尊重教学，真正实现学生的发展。在此基础上，本研究从社会批判研究的角度进一步探讨教学关系存在的主要问题，首先对问题进行了现象描述，然后对问题的成因进行了整理、归类和探究，并总结其为一种“应对式”教学关系，最后探究发现问题产生的主要原因与社会、文化和教学观念等因素有关。

## 第一节　教学关系现状的问卷调查及结果分析

本研究是理论建构与实践行动并重的教育教学研究，对现实的关注、观察、研究、批判、反思与改善既是本研究的产生来源与原发动力，也是本研究的目标方向与落脚点。问卷调查研究是教育教学研究取得量化、质性一手材料的好途径。本部分内容从较为客观的问卷调查开始。问卷调查经过了两轮，分别对学生和教师进行了关于教学关系的调查。

### 一、问卷的编制与实施

#### （一）编制目的

本研究旨在了解学生与教师对教学关系的认识与理解，分别对217名教师和308名学生进行了问卷调查。教师问卷和学生问卷的内容各有侧重，分别包含55个问题和44个问题（问卷见附录1、附录2）。两份调查问卷主要从教学关系所涉及的三个维度——教与学关系、教学过程和师生关系进行设计。其中，学生问卷调查全部为客观题。教师问卷调查还设计了1道主观题，以更深入了解教师对教学关系的认识与思考。本问卷调查的学生与教师主要来自G市6所学校，分别为2所小学，其中1所普通小学、1所重点小学；2所初中，其中1所普通初中、1所重点初中；2所高中，其中1所普通高中、1所重点高中，收回有效的学生问卷308份，教师问卷217份。

### （二）样本选取理由

本问卷调查的样本选取理由有两个。第一，被调查者所在学校的生源特点。教学关系的运行状态与学校的管理有着密切的关系。在笔者所在城市，学校的管理与所接收的学生生源有着密切的关系，故笔者选择了普通生源和重点生源两种类型的学校。第二，学生与教师来源于同一所学校。学生和教师对于教学关系的理解与认识与其所在学校的管理特点有着较大的关系，为了调查样本的有效性，笔者选取了同一所学校的教师与学生。

### （三）实施过程

本研究问卷调查分为学生问卷和教师问卷。由于教与学关系、教学过程和师生关系三个维度是本研究所界定的“教学关系”的主要内涵，所以问卷的主要内容为教师对不同维度教学关系的理想状态、现实状态、实践行为等方面的调查。教师问卷调查的对象包括小学三年级至高中三年级的教师。学生问卷调查的对象包括小学三年级至高中三年级的学生。从学生所在基础教育阶段来看，共包括2所小学、2所初中、2所高中；从学生所在学校类型来看，共包括3所重点学校、3所非重点学校。

### （四）数据处理

问卷回收后运用SPSS软件进行了描述性统计和差异性比较。

## 二、学生问卷调查结果分析

本研究问卷调查所调查的学生共308名，来自上述6所随机抽取的学校，他们通过问卷星软件完成了调查，从问卷调查完成的时间长度来看，基本有效。问卷收回后运用SPSS软件进行了描述性统计和差异性比较。从总的统计情况看（见表7-1），不同层次和不同生源类别学校的学生在不少题项上有明显差别。说明不同学校学生对教学关系的认识和实践具有一致性。从同一类型学校的学生认识来看，层次越低、相对年龄越小的学生对问题的回答差异性不显著，趋同性较强，基本一致。

**表7－1　教学关系学生问卷调查各类学生卡方检验统计结果**

| 指标/题项 | 卡方值 | | |
|---|---|---|---|
| | 小学 | 初中 | 高中 |
| S1 | 0.00 | 0.00 | 0.00 |
| S2 | 0.00 | 0.14 | 0.00 |
| S3 | 0.00 | 0.00 | 0.00 |
| S4 | 0.00 | 0.00 | 0.00 |
| S5 | 0.00 | 0.00 | 0.00 |
| S6 | 0.00 | 0.00 | 0.00 |
| S7 | 0.00 | 0.00 | 0.00 |
| S8 | 0.00 | 0.00 | 0.16 |
| G1 | 0.00 | 0.00 | 0.06 |
| G2 | 0.00 | 0.00 | 0.33 |
| G3 | 0.00 | 0.00 | 0.05 |
| G4 | 0.00 | 0.00 | 0.01 |
| G5 | 0.00 | 0.00 | 0.00 |
| G6 | 0.00 | 0.06 | 0.15 |
| G7 | 0.00 | 0.00 | 0.27 |
| G8 | 0.00 | 0.00 | 0.40 |
| J1 | 0.00 | 0.00 | 0.00 |
| J2 | 0.00 | 0.00 | 0.09 |
| J3 | 0.00 | 0.00 | 0.09 |
| J4 | 0.00 | 0.00 | 0.01 |
| J5 | 0.00 | 0.00 | 0.00 |
| J6 | 0.00 | 0.00 | 0.00 |
| J7 | 0.00 | 0.00 | 0.00 |
| J8 | 0.00 | 0.00 | 0.01 |
| J9 | 0.00 | 0.00 | 0.02 |
| J10 | 0.00 | 0.00 | 0.11 |
| J11 | 0.00 | 0.00 | 0.01 |

续上表

| 指标/题项 | 卡方值 | | |
|---|---|---|---|
| | 小学 | 初中 | 高中 |
| 第7题 | 0.00 | 0.00 | 0.00 |
| 第8题（家长） | 0.02 | 0.00 | 0.00 |
| 第8题（学校） | 0.52 | 0.00 | 0.00 |
| 第8题（老师） | 0.33 | 0.17 | 0.00 |
| 第8题（自己） | 0.05 | 0.00 | 0.00 |
| 第8题（考试） | 0.00 | 0.00 | 0.00 |
| 第9题（师道尊严） | 0.11 | 0.17 | 0.00 |
| 第9题（民主平等） | 0.33 | 0.00 | 0.00 |
| 第9题（分享合作） | 0.19 | 0.17 | 0.00 |
| 第9题（共生共长） | 0.01 | 0.00 | 0.00 |
| 第10题（不断提高考试成绩） | 0.52 | 0.00 | 0.00 |
| 第10题（不断吸收书本与其他知识） | 0.00 | 0.06 | 0.55 |
| 第10题（不断训练口头与书面表达能力） | 0.00 | 0.00 | 0.00 |
| 第10题（不断发展思维能力） | 0.05 | 0.00 | 0.00 |
| 第10题（不断体验各类情感） | 1.00 | 0.06 | 0.08 |
| 第10题（不断形成各种观点和思想） | 0.75 | 0.54 | 0.05 |
| 第10题（不断拓展文化视野） | 0.05 | 0.06 | 0.00 |
| 第10题［不断培养价值观（对世界、人生和事物的看法）］ | 0.01 | 0.39 | 0.00 |
| 第11题（教师讲学生学） | 0.75 | 0.04 | 0.00 |
| 第11题（教师为中心，主导课堂） | 0.52 | 0.00 | 0.00 |
| 第11题（学生为中心，主导课堂） | 0.02 | 0.00 | 0.00 |
| 第11题（教师为主导、学生为主体，师生共同主导课堂） | 0.01 | 0.00 | 0.00 |
| 第11题（意义建构） | 0.11 | 0.06 | 0.00 |
| 第11题（创生发展） | 0.52 | 0.06 | 0.11 |
| 第11题（教学相长） | 1.00 | 0.02 | 0.05 |

注：表中0.00说明差异性显著。

表7－1可以看出，小学、初中和高中学生对于教学关系的现状表现与认识有显著差异（指标S1，S3，S4，S5，S6，S7，G5，J1，J5，J6，J7），而对理想的教学关系（如指标第7至第11项），即人性视角下教学关系认识

比较一致，并没有随着学段产生区别。为进一步说明差异分布情况，本研究对差异明显的部分选项进行描述性分析。

### （一）学生的教学关系认识

1. 学生对教学关系现状与表现认识的描述

学生对现实中教学关系的现状与表现认识主要如下：师生关系层面，31.10%的学生感受不到教师对他的关心；教学过程层面，26.00%的学生对英语学习方式很不满意；50.00%的学生认为教师很少与学生倾心相谈学习之外的生活及体会；教与学关系层面，如J3指标显示，近40.00%的学生认为课堂中，教师的教学内容很枯燥。可见，学生希望在尊重、平等、友好的氛围中学习，尤其期待得到教师的尊重、理解、鼓励、信任与关心，希望教师关注教学的方式与内容。

2. 学生对当下教学关系影响因素认识的描述

学生把现实中对教学关系不满意的原因主要归结于以下几点：师生关系中，41.00%的学生认为他们常常屈服于教师的命令与权威；教学过程中，49.67%的学生认为自己很少和教师交流英语学习困难和感受，24.84%的学生认为教师把考试成绩的高低作为衡量学生的优劣与奖惩学生的唯一尺度。在教与学关系中，31.81%的学生认为教师在课堂中总是强调考试成绩，28.24%的学生认为教师在课堂中总是讲解练习题，这些都是导致学生对现实中教学关系不满意的主要原因。由此可见，学生认为教师的命令与权威是阻碍师生深入交流的主要因素，同时认为教师课堂中总是强调考试和讲解练习题，导致教学内容枯燥，也是影响师生交流的主要因素。

3. 学生对理想教学关系的认识描述

从本研究的问卷调查结果分析可以看出，从学生角度来看，73.38%的学生认为理想的师生关系是“共生共长（教师和学生应像朋友一样，一起成长，共同提高）”，如第9题中，70.45%的学生认为是“民主平等（教师和学生应互相尊重，平等交流知识）”。如第10题中，75.32%的学生认为理想的教学过程是不断训练口头与书面表达能力，72.73%的学生认为是不断拓展文化视野。关于对理想的教与学关系的认识，如第11题中，70.78%的学生认为是“教师为主导、学生为主体，师生共同主导课堂（教师的教学设计与组织既以教学内容要求为主，又以学生水平、需求和发展为主）”，60.61%的学生认为是“教学相长（教师和学生一起探究、一起成长）”。

## 三、教师问卷调查结果分析

本研究问卷调查的教师共217名，来自上述6所学校随机抽取，他们通过问卷星软件完成了调查，从问卷调查完成的时间长度来看，基本有效。除了基本信息，本问卷调查包括43道客观题和1道主观题。其中32道题从教学关系的三个维度——师生关系、教学过程及教与学活动调查教师对教学关系现状与表现的认识；4道题调查教师对当下教学关系影响因素的认识；7道题调查教师对理想教学关系的认识；1道主观题调查的内容为教师对教学关系改善的建议。故本研究从四个方面分析问卷调查的结果，即教师对教学关系现状与表现的认识、教师对当下教学关系影响因素的认识、教师对理想教学关系的认识和教师对教学关系改善的建议。

### （一）问卷调查指标的描述

为了统计、描述和分析的方便，本研究将问卷中共43个教学关系客观题指标分别表示教师对教学关系现状和表现（含师生关系、教学过程、教与学关系）、教师对当下教学关系影响因素和教师对理想教学关系等的认识。（见表7－2）

**表7－2　教学关系教师问卷调查客观题指标**

| 问卷内容 | 指标代码 | 一级指标 | 二级指标 | 三级指标 | 题号 | 题项内容 |
|---|---|---|---|---|---|---|
| 教师对教学关系现状和表现的认识 | XZ | 现状和表现的认识XZ | 师生关系XZ1 | XZ11 | 12 | 最重要的师生关系 |
| | | | | XZ12 | 13 | 影响师生关系最重要的因素 |
| | | | | XZ13 | 14 | 师生的地位 |
| | | | | XZ14 | 15 | 关注学生身心，如品性、态度、习惯 |
| | | | | XZ15 | 16 | 学生会和教师分享生活快乐、苦恼与体会 |
| | | | | XZ16 | 17 | 误会学生会主动道歉 |
| | | | | XZ17 | 18 | 属于何种性格类型的教师 |
| | | | | XZ18 | 19 | 教师与学生的关系类型 |
| | | | | XZ19 | 20 | 是否与学生关系良好 |

**续上表**

| 问卷内容 | 指标代码 | 一级指标 | 二级指标 | 三级指标 | 题号 | 题项内容 |
|---|---|---|---|---|---|---|
| 教师对教学关系现状和表现的认识 | XZ | 现状和表现的认识 XZ | 教学过程 XZ2 | XZ21 | 21 | 教学过程的性质 |
| | | | | XZ22 | 22 | 教学过程中学生的角色 |
| | | | | XZ23 | 23 | 教学过程中教师的角色 |
| | | | | XZ24 | 24 | 学什么和怎么学由谁决定 |
| | | | | XZ25 | 25 | 教师最常使用的教学方法 |
| | | | | XZ26 | 26 | 教师使用教学内容的主要根据 |
| | | | | XZ27 | 27 | 学科教学的最终目的 |
| | | | | XZ28 | 28 | 教师是否了解每位学生的个性心理爱好特征 |
| | | | | XZ29 | 29 | 课后是否主动个性化辅导学生 |
| | | | | XZ210 | 30 | 用考试成绩评价学生的程度 |
| | | | 教与学关系 XZ3 | XZ31 | 31 | 课堂教学的中心 |
| | | | | XZ32 | 32 | 组织课堂主要教与学活动时首先考虑的因素 |
| | | | | XZ33 | 33 | 课堂的主要教与学活动 |
| | | | | XZ34 | 34 | 通常的课堂教学模式 |
| | | | | XZ35 | 35 | 组织课堂互动（包括师生、生生与组组）活动的频率 |
| | | | | XZ36 | 36 | 大部分学生回答问题的态度 |
| | | | | XZ37 | 37 | 学牛回答不正确时，教师耐心启发的频率 |
| | | | | XZ38 | 38 | 课堂教与学中，教师倾向给予更多关注的学生类型 |
| | | | | XZ39 | 39 | 上课时教师维持课堂秩序的主要依靠 |
| | | | | XZ310 | 40 | 教师对课堂上违纪学生采取的做法 |
| | | | | XZ311 | 41 | 教师课后和学生交流课堂教学情况的频率 |
| | | | | XZ312 | 42 | 学生是否喜欢上该教师的课 |
| | | | | XZ313 | 43 | 教师是否主动撰写教学反思 |

续上表

| 问卷内容 | 指标代码 | 一级指标 | 二级指标 | 三级指标 | 题号 | 题项内容 |
|---|---|---|---|---|---|---|
| 教师对当下教学关系影响因素的认识 | YX | 影响因素的认识 YX | 师生关系 YX1 | YX11 | 44 | 心中的好学生特点 |
| | | | 教学过程 YX2 | YX21 | 45 | 心中的好教师特点 |
| | | | 教与学关系 YX3 | YX31 | 46 | 教师是否享受教学过程 |
| | | | 师生关系 YX4 | YX41 | 47 | 教学关系与学生学业成绩的关系是否密切 |
| 教师对理想教学关系的认识 | LX | 理想教学关系的认识 LX | 师生关系 LX1 | LX11 | 48 | 心中理想的师生关系 |
| | | | 教与学关系 LX2 | LX21 | 49 | 心中理想的教与学关系 |
| | | | 教学过程 LX3 | LX31 | 50 | 心中理想的教学过程 |
| | | | 理想教学关系的可能性 LX4 | LX41 | 51 | 改善教学关系的最大压力来源 |
| | | | | LX42 | 52 | 教师职业的专业性主要体现 |
| | | | | LX43 | 53 | 教师职业对于学生的最独特价值 |
| | | | | LX44 | 54 | 教师职业会是否会被替代 |

### （二）教师问卷调查数据分析

从总的统计情况看（见表 7－3），不同层次学校的教师在大部分题项上有明显差别，这说明不同层次学校的教师对教学关系的认识和实践具有不一致性。从同一层次学校的教师认识来看，教师对问题的回答差异性不显著，趋同性较强。

表 7－3　教学关系问卷调查各层次学校教师卡方检验统计结果

| 三级指标 | 题项 | 卡方值 | | |
|---|---|---|---|---|
| | | 小学 | 初中 | 高中 |
| XZ11 | 12 | 0. 00 | 0. 00 | 0. 10 |
| XZ12 | 13 | 0. 00 | 0. 00 | 0. 00 |
| XZ13 | 14 | 0. 00 | 0. 00 | 0. 00 |
| XZ14 | 15 | 0. 00 | 0. 00 | 0. 00 |
| XZ15 | 16 | 0. 69 | 0. 00 | 0. 06 |
| XZ16 | 17 | 0. 01 | 0. 00 | 0. 02 |
| XZ17 | 18 | 0. 11 | 0. 00 | 0. 00 |
| XZ18 | 19 | 0. 00 | 0. 00 | 0. 00 |
| XZ19 | 20 | 0. 05 | 0. 00 | 0. 00 |
| XZ21 | 21 | 0. 00 | 0. 00 | 0. 00 |
| XZ22 | 22 | 0. 00 | 0. 00 | 0. 00 |
| XZ23 | 23 | 0. 00 | 0. 00 | 0. 00 |
| XZ24 | 24 | 0. 00 | 0. 00 | 0. 01 |
| XZ25 | 25 | 0. 03 | 0. 41 | 0. 01 |
| XZ26 | 26 | 0. 00 | 0. 00 | 0. 00 |
| XZ27 | 27 | 0. 02 | 0. 00 | 0. 00 |
| XZ28 | 28 | 0. 00 | 0. 00 | 0. 00 |
| XZ29 | 29 | 0. 00 | 0. 00 | 0. 00 |
| XZ210 | 30 | 0. 25 | 0. 00 | 0. 00 |
| XZ31 | 31 | 0. 00 | 0. 00 | 0. 00 |
| XZ32 | 32 | 0. 08 | 0. 00 | 0. 00 |
| XZ33 | 33 | 0. 00 | 0. 00 | 0. 00 |
| XZ34 | 34 | 0. 00 | 0. 00 | 0. 34 |
| XZ35 | 35 | 0. 00 | 0. 00 | 0. 11 |
| XZ36 | 36 | 0. 00 | 0. 00 | 0. 00 |
| XZ37 | 37 | 0. 00 | 0. 00 | 0. 00 |
| XZ38 | 38 | 0. 09 | 0. 00 | 0. 16 |
| XZ39 | 39 | 0. 12 | 0. 00 | 0. 34 |

续上表

| 三级指标 | 题项 | 卡方值 | | |
|---|---|---|---|---|
| | | 小学 | 初中 | 高中 |
| XZ310 | 40 | 0.00 | 0.00 | 0.00 |
| XZ311 | 41 | 0.00 | 0.00 | 0.00 |
| XZ312 | 42 | 0.29 | 0.00 | 0.00 |
| XZ313 | 43 | 0.00 | 0.00 | 0.00 |
| YX11 | 44 | 0.00 | 0.00 | 0.01 |
| YX21 | 45 | 0.24 | 0.03 | 0.10 |
| YX31 | 46 | 0.12 | 0.00 | 0.01 |
| YX41 | 47 | 0.00 | 0.00 | 0.00 |
| LX11 | 48 | 0.61 | 0.03 | 0.00 |
| LX21 | 49 | 0.00 | 0.00 | 0.00 |
| LX31 | 50 | 0.06 | 0.00 | 0.01 |
| LX41 | 51 | 0.00 | 0.51 | 0.18 |
| LX42 | 52 | 0.00 | 0.00 | 0.00 |
| LX43 | 53 | 0.00 | 0.00 | 0.00 |
| LX44 | 54 | 0.00 | 0.00 | 0.00 |

注：表中 0.00 说明差异性显著。

## （三）教师教学关系问卷调查的描述性分析

为进一步说明差异的分布情况，本研究对上述表中差异显著的题项进行了各题选项的百分比统计（见表 7－4），结果显示总体上小学和初中教师的教学关系表现具有更多的人性，如第 15 题，选择总是关心学生身心，如品性、态度、习惯的小学和初中教师达到了 51.43% 和 51.37%，而高中教师只有 41.67%。第 28 题，在关于是否了解每位学生个性心理爱好特征时，分别有 17.14% 和 15.75% 的小学、初中教师选择了“总是”，而只有 5.56% 的高中教师做了同样的选择。第 38 题中，只有 11.11% 的高中教师在课堂中更倾向于关注成绩落后的学生，而分别有 28.57% 和 19.86% 的小学和初中教师表示自己会更关注学习后进生。这说明学生的年龄与学段会影响教师的教学关系表现。

本问卷还显示出教师对教学关系现状与表现、影响因素、理想教学关系的认识和教师对教学关系改善的建议。

1. 教师对当下教学关系影响因素认识的描述

第18、19、24和32题反映了教师对影响现实中教学关系的因素的认识。教师的性格和处事风格会影响师生之间的关系，从第18题可以看出，有25.71%的小学教师与24.66%的初中教师认为自己是幽默型教师，同时第20题显示出高达45.71%和46.58%的小学和初中教师认为自己总是与学生关系良好。与之相对应的是，只有2.78%的高中教师认为自己是幽默型教师，同时，高中教师认为自己总是与学生关系好的只有33.33%。可以说明，教师的性格类型与教学关系，尤其是师生关系紧密相关。

另外，从第24题可以看出，教学过程中教师对学生学习的认识，如学什么、怎么学由谁决定会影响教师与关系各主体的相处。不同层次的教师对此问题的认识差异巨大，其中2.86%的小学教师认为是考试决定了学生的学习内容与方式，但持相同观点的初中、高中教师分别达到了23.29%和33.33%。可以看出，考试给教学关系带来的影响是随着学校层次的提高而不断增加的。

教与学关系的主要影响因素是什么？从教师对问卷第32题的选择可见一斑。对于设计教与学活动首先考虑的因素，11.11%的高中教师认为是考试要求，远高于小学与初中教师。与34.29%和47.95%的小学、初中教师相比，只有22.22%的高中教师在设计活动时首先考虑学生学习现状，比例似乎有点太低。由此可见，考试要求给高中阶段的教与学关系及课堂教学带来的影响是深远的。毫无疑问，相比起小学和初中教师，高中教师承受了更大的应试压力。

从教师对当下教学关系影响因素的认识可以得知，教学关系作为教育活动的直接反映，它的表现与现状和教育的社会功能属性，如考试要求、教师性格及处事风格是分不开的。

2. 教师对教学关系现状与表现认识的描述

教师对现实中教学关系表现的认识差异体现在第16、30和42题。第16题是关于师生关系的，只有38.71%的教师认为学生会经常和自己分享生活的快乐、苦恼与体会。但小学教师对这一项的满意程度比初中、高中要高，因为有31.43%的小学教师选择了“总是”，远远高于初中、高中教师的15.07%、13.89%。第30题是关于教学过程的，虽然只有4.61%的教师总是用考试成绩评价学生，但67.74%的教师经常或有时用考试成绩评价学生，其中达83.33%的高中教师选择了有时或经常用考试成绩评价学生，远远高于小学和初中教师。这说明在高中教师心里，考试成绩是评价学生的重要指标，小学和初中教师对学生的评价角度可能会更多元。第42题是关于教与学关系的，总体上24.42%的教师认为学生总是喜欢上自己的课。在这一点上，分别有 28.57% 的小学教师、26.71% 的初中教师自信学生总是喜欢上自己的课，远远高于高中教师（11.11%）。可以看出，对教学关系给自己带来的专业体验来说，小学教师和初中教师要比高中教师更乐观与自信。

从教师对现实中教学关系的观点可以看出：不少教师认为当下教学关系少了师生之间自然和谐的交流，教学过程中少了对学生该有的丰富性评价，教与学关系中由于太多的社会功利目标的影响，对自己的专业素养信心不够。

3. 教师对理想教学关系的认识描述

从表 7－3、表 7－4 可以看出，各层次学校的教师对心中理想的教学关系（含师生关系、教学过程及教与学关系）认识差异不明显。从第 48 题可知，共 75.12% 的教师认为理想的师生关系是“民主平等”，64.52% 的教师认为是“共生共长”。从第 50 题可知，85.71% 的教师认为理想的教学过程是思维发展，7.42% 的教师认为是价值观培养。关于对理想的教与学关系的认识，从第 49 题可知，高达 88.94% 的教师认为是教师为主导、学生为主体，70.97% 的教师认为是教学相长。从各层次学校教师对理想教学关系的观点中可以看出：绝大部分教师能意识到教学关系中应该有的人性关怀。如师生之间该是互尊互重，共生共长；教学过程除了要发展人的认知，还需要培养价值观等精神层面的素养；教与学关系应该是以学生为中心的存在。

**表 7－4　教学关系教师问卷调查各题选项的百分比统计**

| 指标（题项） | 选项 | 学校层次/% | | | |
|---|---|---|---|---|---|
| | | 小学 | 初中 | 高中 | 总计 |
| XZ11（12） | 选项 1 | 42.86 | 35.62 | 36.11 | 36.87 |
| | 选项 2 | 51.43 | 59.59 | 63.89 | 58.99 |
| | 选项 3 | 5.71 | 4.11 | 0.00 | 3.69 |
| | 选项 4 | 0.00 | 0.68 | 0.00 | 0.46 |
| XZ12（13） | 选项 1 | 11.43 | 10.96 | 8.33 | 10.60 |
| | 选项 2 | 51.43 | 52.05 | 38.89 | 49.77 |
| | 选项 3 | 0.00 | 2.05 | 5.56 | 2.30 |
| | 选项 4 | 8.57 | 18.49 | 16.67 | 16.59 |
| | 选项 5 | 11.43 | 2.74 | 25.00 | 7.83 |
| | 选项 6 | 17.14 | 13.70 | 5.56 | 12.90 |

续上表

| 指标（题项） | 选项 | 学校层次/% | | | |
|---|---|---|---|---|---|
| | | 小学 | 初中 | 高中 | 总计 |
| XZ13（14） | 选项 1 | 2.86 | 2.74 | 0.00 | 2.30 |
| | 选项 2 | 8.57 | 2.05 | 0.00 | 2.76 |
| | 选项 3 | 14.29 | 1.37 | 5.56 | 4.15 |
| | 选项 4 | 28.57 | 65.07 | 69.44 | 59.91 |
| | 选项 5 | 45.71 | 28.77 | 25.00 | 30.88 |
| XZ14（15） | 选项 1 | 51.43 | 51.37 | 41.67 | 49.77 |
| | 选项 2 | 45.71 | 41.10 | 52.78 | 43.78 |
| | 选项 3 | 2.86 | 6.16 | 5.56 | 5.53 |
| | 选项 4 | 0.00 | 1.37 | 0.00 | 0.92 |
| XZ15（16） | 选项 1 | 31.43 | 15.07 | 13.89 | 17.51 |
| | 选项 2 | 40.00 | 38.36 | 38.89 | 38.71 |
| | 选项 3 | 28.57 | 40.41 | 33.33 | 37.33 |
| | 选项 4 | 0.00 | 6.16 | 13.89 | 6.45 |
| XZ16（17） | 选项 1 | 45.71 | 45.89 | 47.22 | 46.08 |
| | 选项 2 | 31.43 | 29.45 | 41.67 | 31.80 |
| | 选项 3 | 17.14 | 20.55 | 11.11 | 18.43 |
| | 选项 4 | 5.71 | 4.11 | 0.00 | 3.69 |
| XZ17（18） | 选项 1 | 25.71 | 24.66 | 2.78 | 21.20 |
| | 选项 2 | 37.14 | 23.97 | 33.33 | 27.65 |
| | 选项 3 | 28.57 | 45.89 | 58.33 | 45.16 |
| | 选项 4 | 8.57 | 5.48 | 5.56 | 5.99 |
| XZ18（19） | 选项 1 | 94.29 | 97.95 | 94.44 | 96.77 |
| | 选项 2 | 2.86 | 0.68 | 0.00 | 0.92 |
| | 选项 3 | 0.00 | 1.37 | 5.56 | 1.84 |
| | 选项 4 | 2.86 | 0.00 | 0.00 | 0.46 |
| XZ19（20） | 选项 1 | 45.71 | 46.58 | 33.33 | 44.24 |
| | 选项 2 | 40.00 | 47.26 | 58.33 | 47.93 |
| | 选项 3 | 14.29 | 6.16 | 8.33 | 7.83 |

**续上表**

| 指标（题项） | 选项 | 学校层次/% | | | |
|---|---|---|---|---|---|
| | | 小学 | 初中 | 高中 | 总计 |
| XZ21（21） | 选项 1 | 2. 86 | 4. 11 | 0. 00 | 3. 23 |
| | 选项 2 | 11. 43 | 3. 42 | 2. 78 | 4. 61 |
| | 选项 3 | 8. 57 | 1. 37 | 0. 00 | 2. 30 |
| | 选项 4 | 71. 43 | 80. 82 | 83. 33 | 79. 72 |
| | 选项 5 | 5. 71 | 10. 27 | 13. 89 | 10. 14 |
| XZ22（22） | 选项 1 | 11. 43 | 10. 27 | 5. 56 | 9. 68 |
| | 选项 2 | 74. 29 | 76. 03 | 80. 56 | 76. 50 |
| | 选项 3 | 14. 29 | 13. 70 | 13. 89 | 13. 82 |
| XZ23（23） | 选项 1 | 57. 14 | 60. 96 | 63. 89 | 60. 83 |
| | 选项 2 | 22. 86 | 19. 18 | 19. 44 | 19. 82 |
| | 选项 3 | 11. 43 | 5. 48 | 0. 00 | 5. 53 |
| | 选项 4 | 8. 57 | 14. 38 | 16. 67 | 13. 82 |
| XZ24（24） | 选项 1 | 25. 71 | 23. 29 | 16. 67 | 22. 58 |
| | 选项 2 | 54. 29 | 32. 88 | 44. 44 | 38. 25 |
| | 选项 3 | 8. 57 | 2. 74 | 0. 00 | 3. 23 |
| | 选项 4 | 2. 86 | 23. 29 | 33. 33 | 21. 66 |
| | 选项 5 | 8. 57 | 17. 81 | 5. 56 | 14. 29 |
| XZ27（27） | 选项 1 | 8. 57 | 5. 48 | 5. 56 | 5. 99 |
| | 选项 2 | 20. 00 | 32. 88 | 44. 44 | 32. 72 |
| | 选项 3 | 25. 71 | 32. 19 | 13. 89 | 28. 11 |
| | 选项 4 | 45. 71 | 29. 45 | 36. 11 | 33. 18 |
| XZ28（28） | 选项 1 | 17. 14 | 15. 75 | 5. 56 | 14. 29 |
| | 选项 2 | 62. 86 | 60. 27 | 55. 56 | 9. 91 |
| | 选项 3 | 17. 14 | 21. 92 | 30. 56 | 22. 58 |
| | 选项 4 | 2. 86 | 2. 05 | 8. 33 | 3. 23 |
| XZ29（29） | 选项 1 | 34. 29 | 17. 12 | 8. 33 | 18. 43 |
| | 选项 2 | 37. 14 | 50. 68 | 47. 22 | 47. 93 |
| | 选项 3 | 22. 86 | 29. 45 | 38. 89 | 29. 95 |
| | 选项 4 | 2. 86 | 2. 74 | 5. 56 | 3. 23 |
| | 选项 5 | 2. 86 | 0. 00 | 0. 00 | 0. 46 |

续上表

| 指标（题项） | 选项 | 学校层次/% | | | |
|---|---|---|---|---|---|
| | | 小学 | 初中 | 高中 | 总计 |
| XZ210（30） | 选项 1 | 8.57 | 4.79 | 0.00 | 4.61 |
| | 选项 2 | 17.14 | 35.62 | 33.33 | 32.26 |
| | 选项 3 | 31.43 | 32.88 | 50.00 | 35.48 |
| | 选项 4 | 25.71 | 10.27 | 11.11 | 12.90 |
| | 选项 5 | 17.14 | 16.44 | 5.56 | 14.75 |
| XZ31（31） | 选项 1 | 5.71 | 4.11 | 5.56 | 4.61 |
| | 选项 2 | 0.00 | 2.05 | 0.00 | 1.38 |
| | 选项 3 | 45.71 | 35.62 | 36.11 | 37.33 |
| | 选项 4 | 48.57 | 58.22 | 58.33 | 56.68 |
| XZ32（32） | 选项 1 | 37.14 | 36.30 | 44.44 | 37.79 |
| | 选项 2 | 11.43 | 8.90 | 19.44 | 11.06 |
| | 选项 3 | 17.14 | 3.42 | 2.78 | 5.53 |
| | 选项 4 | 0.00 | 3.42 | 11.11 | 4.15 |
| | 选项 5 | 34.29 | 47.95 | 22.22 | 41.47 |
| XZ33（33） | 选项 1 | 8.57 | 16.44 | 33.33 | 17.97 |
| | 选项 2 | 5.71 | 2.05 | 0.00 | 2.30 |
| | 选项 3 | 80.00 | 81.51 | 63.89 | 78.34 |
| | 选项 4 | 5.71 | 0.00 | 2.78 | 1.38 |
| XZ34（34） | 选项 1 | 25.71 | 46.58 | 41.67 | 42.40 |
| | 选项 2 | 54.29 | 31.51 | 36.11 | 35.94 |
| | 选项 3 | 11.43 | 21.92 | 22.22 | 20.28 |
| | 选项 4 | 8.57 | 0.00 | 0.00 | 1.38 |
| XZ35（35） | 选项 1 | 34.29 | 25.34 | 25.00 | 26.73 |
| | 选项 2 | 54.29 | 58.90 | 50.00 | 6.68 |
| | 选项 3 | 8.57 | 14.38 | 25.00 | 15.21 |
| | 选项 4 | 2.86 | 1.37 | 0.00 | 1.38 |
| XZ36（36） | 选项 1 | 25.71 | 15.75 | 11.11 | 16.59 |
| | 选项 2 | 62.86 | 67.81 | 38.89 | 62.21 |
| | 选项 3 | 8.57 | 14.38 | 47.22 | 18.89 |
| | 选项 4 | 2.86 | 2.05 | 2.78 | 2.30 |

**续上表**

| 指标（题项） | 选项 | 学校层次/% | | | |
|---|---|---|---|---|---|
| | | 小学 | 初中 | 高中 | 总计 |
| XZ37（37） | 选项 1 | 28. 57 | 41. 78 | 33. 33 | 38. 25 |
| | 选项 2 | 60. 00 | 50. 68 | 58. 33 | 53. 46 |
| | 选项 3 | 11. 43 | 7. 53 | 8. 33 | 8. 29 |
| XZ38（38） | 选项 1 | 2. 86 | 2. 05 | 2. 78 | 2. 30 |
| | 选项 2 | 17. 14 | 28. 77 | 25. 00 | 26. 27 |
| | 选项 3 | 28. 57 | 19. 86 | 11. 11 | 19. 82 |
| | 选项 4 | 14. 29 | 8. 22 | 16. 67 | 10. 60 |
| | 选项 5 | 11. 43 | 12. 33 | 25. 00 | 14. 29 |
| | 选项 6 | 25. 71 | 28. 77 | 19. 44 | 26. 73 |
| XZ39（39） | 选项 1 | 31. 43 | 20. 55 | 11. 11 | 20. 74 |
| | 选项 2 | 17. 14 | 23. 97 | 25. 00 | 23. 04 |
| | 选项 3 | 11. 43 | 10. 27 | 0. 00 | 8. 76 |
| | 选项 4 | 8. 57 | 6. 16 | 13. 89 | 7. 83 |
| | 选项 5 | 8. 57 | 24. 66 | 30. 56 | 23. 04 |
| | 选项 6 | 22. 86 | 14. 38 | 19. 44 | 16. 59 |
| XZ310（40） | 选项 1 | 14. 29 | 5. 48 | 2. 78 | 6. 45 |
| | 选项 2 | 2. 86 | 4. 79 | 5. 56 | 4. 61 |
| | 选项 3 | 0. 00 | 0. 00 | 0. 00 | 0. 00 |
| | 选项 4 | 25. 71 | 32. 19 | 61. 11 | 35. 94 |
| | 选项 5 | 57. 14 | 57. 53 | 30. 56 | 53. 00 |
| XZ311（41） | 选项 1 | 14. 29 | 13. 70 | 5. 56 | 12. 44 |
| | 选项 2 | 54. 29 | 58. 90 | 50. 00 | 56. 68 |
| | 选项 3 | 25. 71 | 23. 29 | 41. 67 | 26. 73 |
| | 选项 4 | 2. 86 | 4. 11 | 2. 78 | 3. 69 |
| | 选项 5 | 2. 86 | 0. 00 | 0. 00 | 0. 46 |
| XZ312（42） | 选项 1 | 28. 57 | 26. 71 | 11. 11 | 24. 42 |
| | 选项 2 | 45. 71 | 58. 90 | 58. 33 | 6. 68 |
| | 选项 3 | 25. 71 | 13. 01 | 30. 56 | 17. 97 |
| | 选项 4 | 0. 00 | 1. 37 | 0. 00 | 0. 92 |

续上表

| 指标（题项） | 选项 | 学校层次/% | | | |
|---|---|---|---|---|---|
| | | 小学 | 初中 | 高中 | 总计 |
| XZ313（43） | 选项 1 | 34.29 | 21.92 | 2.78 | 20.74 |
| | 选项 2 | 51.43 | 33.56 | 36.11 | 36.87 |
| | 选项 3 | 11.43 | 36.99 | 30.56 | 31.8 |
| | 选项 4 | 2.86 | 7.53 | 27.78 | 10.14 |
| | 选项 5 | 0.00 | 0.00 | 2.78 | 0.46 |
| YX21（46） | 选项 1 | 40.00 | 30.14 | 22.22 | 30.41 |
| | 选项 2 | 42.86 | 46.58 | 58.33 | 47.93 |
| | 选项 3 | 17.14 | 21.23 | 19.44 | 20.28 |
| | 选项 4 | 0.00 | 1.37 | 0.00 | 0.92 |
| | 选项 5 | 0.00 | 0.68 | 0.00 | 0.46 |
| YX31（47） | 选项 1 | 34.29 | 33.56 | 16.67 | 30.88 |
| | 选项 2 | 51.43 | 51.37 | 72.22 | 54.84 |
| | 选项 3 | 5.71 | 11.64 | 11.11 | 10.60 |
| | 选项 4 | 8.57 | 2.05 | 0.00 | 2.76 |
| | 选项 5 | 0.00 | 1.37 | 0.00 | 0.92 |
| LX42（52） | 选项 1 | 31.43 | 27.40 | 13.89 | 25.81 |
| | 选项 2 | 60.00 | 69.18 | 77.78 | 69.12 |
| | 选项 3 | 8.57 | 3.42 | 8.33 | 5.07 |
| LX43（53） | 选项 1 | 11.43 | 8.90 | 5.56 | 8.76 |
| | 选项 2 | 8.57 | 13.70 | 13.89 | 12.90 |
| | 选项 3 | 57.14 | 56.85 | 50.00 | 55.76 |
| | 选项 4 | 22.86 | 20.55 | 30.56 | 22.58 |
| LX44（54） | 选项 1 | 11.43 | 6.16 | 8.33 | 7.37 |
| | 选项 2 | 14.29 | 17.12 | 22.22 | 17.51 |
| | 选项 3 | 17.14 | 21.23 | 22.22 | 20.74 |
| | 选项 4 | 51.43 | 45.89 | 44.44 | 46.54 |
| | 选项 5 | 5.71 | 9.59 | 2.78 | 7.83 |

4. 教师提出教学关系改善的主要途径与方法

首先，从本问卷的第 51 题获知教师认为改善教学关系的主要压力来源居前5位的是社会、学校、家长、学生和自己。

其次，在如何改善教学关系上（第55题），教师们提出了很多自己的建议与意见，关键词前五位分别是教师、教学、提高、教育、老师。

这五个关键词中的“教师”和“老师”可以归为同一个，可见教学关系的改善不能离开教育教学事件本身，即教育教学活动的重要主体教师本身。仔细分析，从图7－2还可以看出其他的关键词都与前五个关键词有着密切的关系，如待遇、学生和成绩等。通过教师、教学、提高和教育等关键词，教师们提出了许多具体的建议，归纳起来，教师们认为社会、学校和自己可从以下五方面改善教学关系。

第一，改善教育教学的社会环境。如媒体要发挥对教育现象的正能量。如政府要增大对教育的投入，要加强教育基础设施建设，建立数字化校园、智慧课室。如社区要提供活动经费和场所，给予物资支持和法律保障。

第二，改善教育教学的人文环境。如要树立尊师重道的风气，要提高教师的地位。要信任教师，要保护教师的尊严，肯定教师的劳动价值，让教师在教学中获得该有的尊重。如要改进对教师的评价制度，要改变以分数为主要导向的评价机制，不以成绩论教师的能力，不以考试成绩评价教师的全部。要给教师制定合理的目标，如正常的升学率及考试成绩要求。要厘清教育教学工作与学校日常管理事务的边界，为教师减轻与教学无关的负担，让教师能有充分的时间与空间专心教学。

第三，改善教师的工作条件。要改善教师的生存条件，包括提高教师的工资收入和福利待遇，要多关注教师身心健康，帮助教师减压。要帮教师减负。要提高教师专业发展的条件，包括教研经费的投入、评价标准的制定；为教师提供更多的学习机会，提供更多培训渠道，让教师跟上时代发展；要多创造平台，提供具体可行的教学或班级管理方法，指导师生课堂多互动，给教师提供最有价值的课件、教学配套资源。

第四，提高学校的管理水平。如学校行政管理更人性化，学校要勇于承担责任，不要一有事就推到教师身上。学校要制定更完善的管理制度，如明确对待学生（违纪）的方法，不要以行政任务去逼迫教师出教学成绩。要优化管理方式，如组织30人以下的小班教学；要设置合理的课程与教学要求，要全面发展各个学科的教学，要支持各学科的发展与合作。

第五，教师要提高工作、生活素养。如要学会生活，学会干活，学会做事，不断锻炼自己的能力；如要多学习，活到老学到老。

教师问卷调查中，反复被教师提到的是学校管理者不要布置太多与教学无关的任务，要让教师有足够的时间研究教学的相关事务，并且有时间去提升自己。社会和学校要尊重教师（包括尊重教师的地位、劳动价值、专业能力和尊严）。教育管理部门要切实提高教师的社会地位、工资福利和职业幸福感。

可以看出，以上教师问卷调查结果分析显示了教师对教学关系中人性存在的实然与应然的认识，反映了教师对教学关系存在的思考与期待。有教师在问卷调查中直言不讳地指出：“当今的体制把教师职业推向危险职业的风口浪尖，学生问题越来越凸显，学校教书育人的特殊功能慢慢被削弱，教师越来越谋求自保，让人堪忧。”此话充分揭示了当今教学关系的“非人性”给教师职业发展和学校教育功能的实现带来的不良影响。

## 四、对师生教学关系问卷调查的综合分析

结合学生和教师的问卷调查可以看出，两者在理想的教学关系期待上有一致性，如大多数师生期待“民主平等”和“共生共长”的师生关系，即希望教师和学生互相尊重，平等交流知识，教师和学生应像朋友一样，一起成长，共同提高。在对理想教学过程的认识上，大多数师生认为“思维发展”和“价值观培养”是重要的教学常态，这与大多数学生所认为的教学过程应“不断训练口头与书面表达能力”和“不断拓展文化视野”是一致的。

在对理想教与学关系的描述上，绝大多数师生认为教与学关系是教师为主导、学生为主体，即师生共同主导课堂（教师的教学设计与组织既以教学内容要求为主，又以学生水平、需求和发展为主），大多数师生赞同教学相长，即教师和学生一起探究、一起成长是常态。当然，很明显可以看出教师对教与学关系是教师为主导、学生为主体的态度要更加明确和坚定。

在阐述现实中教学关系不满意之处时，师生的观点显示出师生之间内在的密切联系。如师生关系中，教师期待学生能和自己分享生活的细节，但学生认为他们不得不常常屈服于教师的命令与权威。教学过程中，学生认为教师很少和自己倾心相谈学习之外的事情，同时学生对英语学习方式不满意，而教师不得不经常用考试评价学生。教与学关系中，较少的教师认为学生总是喜欢上自己的课，而有较多的学生认为教师的教学内容很枯燥。

在分析当下教学关系不令人满意的原因时，学生与教师两者的意见有相同也有相左之处。如师生关系中，教师认为考试制度是影响师生关系的重要原因，隐含的是对师生交流过少的认同，而学生认为师生交往的深入和朝夕相处与教师的行为，如性格、态度和看法等分不开。教学过程中，教师同样认为与制度相关的学校事务使得自己不满教学关系，学生则把教师与自己的相处方式及评价原则归为对教学关系不满的主要原因。教与学关系中，教师和学生都认为自己对关系不满的原因与考试及与考试密切相关的练习分不开。

总之，在分析当下教学关系不令人满意的原因时，学生与教师两者都更多地把原因归结于外界因素，包括外部环境、外部制度、社会观念，不同的是，教师将原因更多的归结于制度、价值观等观念层面，而学生将原因更多的归结于与之密切相关的教师、学校、家庭等主体的实践层面，当然这和学生的人生阅历与对事物的理解层面有关。

对教学关系现状的问卷调查既反映了作为教学关系最重要主体的教师与学生对教学关系的现状认识和理想期待，也体现了教学关系对当下教学实践的影响。在批判教育学看来，要透视教学关系的现状，还需回到更广泛的教学实践中。

## 第二节　教学关系中的“非人性”现象描述

新课程改革实施以来，学校课程与教学领域发生了很大的变化，整体的课程观、新的教学理念被教师所熟悉和运用，课堂教学的形式和内容丰富了，师生之间的沟通更多了，但教与学关系、教学过程和师生关系领域都出现了不少“非人性”的教学现象，如灌输的手段依旧充斥课堂，应试训练依然占据了学生绝大部分时间，除了交流如何获得高分，师生之间无话可谈，种种现象主要表现在“失真”的教与学关系、“失度”的教学过程、“失信”的师生关系。

### 一、“失真”的教与学关系

新课程实施以来，教与学关系不仅强调关系发生的先与后，还强调教与学两种行为所包涵的价值，如目的、内容、手段与价值，强调教与学关系发生的对话、开放与生成。对话指的是教与学关系存在的主要内容，使教与学两种行为产生平等、互动与交流。开放强调的是教与学关系存在的方式，强调这种方式是生动的、有趣的、真实的和兼容并包的。生成强调的是教与学关系存在的目的与效果。但现实教学实践中，存在着无对话、不开放和非生成的教与学，本研究称为“失真”的教与学关系。

#### （一）“失真”的教学内容

基础教育阶段教学的内容应该具备时代性、基础性和选择性，但当下的教的内容缺乏真实性，即缺乏与时代的呼应，缺乏真正的可选择性，基础性大多体现在基础知识、基本技能，而对思维能力、创新素养等学习的基本素质与对知识本身的热爱及对其目的意义认识等基本价值认识的培养甚少。

### （二）“失真”的教与学交流

教与学关系应该是真实的两种行为之间的对话交流，但现实中往往是一方传授、一方接受的过程。教与学成为单向的、类似独白的活动。课堂教学中，主要交流方式往往是教师讲，学生听；教师问，学生答；教师板书，学生抄写。主要交流顺序通常是先教后学。主要交流内容是：教师教什么，学生就被要求学什么；考试考什么，教师就教什么。个别教师甚至明确要求学生只要学习教师教的内容，没教什么，就不用学什么。当下这种倒置了行为主体的教与学关系自然是以教为中心的，让学生丧失了自己学习的主动性，学生的学围绕着教师的教而进行。某种程度上，教师控制和决定着教与学关系的存在状态与走向趋势，教师决定了教与学关系发生的结果。学生在此种教与学关系中亦步亦趋，缺乏主动性的培养，更无创造性的激发。教与学关系成为形式的交流，从而没有产生真正的、有意义的交流。

事实上，教育中教的活动“不是虚伪的，而是真实的，不是表面的，而是彻底的，因为人类这个理性动物将不由别人的才智去领导，而由他自己的才智去领导；他不仅阅读别人的见解，掌握它们的意义，或把它们记下来、背下来，他要亲自钻研事物的根源，获得一种真能理解且真能利用所学东西的习惯”①。这说明人对学习活动具有充分的主动性而非他人的灌输，具有足够的探究能力而非表面的记忆与简单的了解。所以教与学关系中，学生需要真正实现自主探究并享受这种探究过程，否则这种学习不能对学生产生真正的、有益的作用。夸美纽斯曾主张把时间、科目和方法巧妙地安排以凸显教学艺术，同时要适应自然、改造自然，通过模仿自然，实现教学的美和艺术。他认为教学是人事，要通过模仿才能完成，“人事若不模仿自然，就一事无成”②。

## 二、“失度”的教学过程

教学过程是教学关系各主体共同建构与发挥的过程。教学关系在目标上的多样性与个性化、在内容上的丰富性与选择性，要求教学过程更应该是自主探究的、亲身体验的、活泼灵动的过程。从它的运行基本矛盾分析，“学生自身与全面发展素质教育的教育目的的矛盾是主要矛盾”（叶澜，2006），所以学生应该始终是教学过程的中心，教学过程的其他主体应为学生服务并

①② 夸美纽斯. 大教学论［M］. 傅任敢，译. 北京：教育科学出版社，2014：45，48.

受其制约。新课程改革以来，学生的中心地位在教育教学理论研究中逐渐被树立，在政府、教育主管部门和学校的宣传语中常见类似“一切为了学生”的理念表述。但在教育教学实践中，出现了教学设计形式化、教学实施简单化、教学评价应试化的现象，失去了教学过程应有的尺度要求及丰富和多层面的面目。从当下大量基础教育阶段各学科的教学设计可以看出，“以学生为中心”贯穿了教学过程的设计、实施过程和评价的文献内容。

### （一）教学设计形式化

教学设计形式化指的是在基础教育阶段，教师的教学设计形式上遵循了一定的设计理念和设计规范，表现了“以学生为中心”的设计原则，但这种设计理念与规范并未在教学实践中得到很好的贯彻和实施。教学设计是教学活动的计划与指南，一般包括设计理念、教材分析、学情分析、教学目标、教学方法、教学媒体运用及教学步骤、教学效果预设分析、板书设计、学生学案等数个部分。其中教学内容分析与学情分析解释了教学过程的产生原因，设计理念与教学目标具体阐述了教学过程，教学步骤具体呈现了教学过程的实施方案。教学设计的构思与撰写是教师备课的重要组成部分，体现了教师对“教什么”“为何教”及“怎么教”的思考。教育教学现实中，教学设计的形式化体现在两方面。第一，教学设计的模式化；第二，教学设计的空洞化。模式化的教学设计一定程度上反映了教师对某种理念与格式的认同，但带来的弊端是显而易见的，即教师缺乏对所处理的教学内容、所教授的教学对象、所利用的教学环境与媒体的深入理解、具体应用与个性化考量，尤其在针对学科教学内容、教学阶段与教学衔接的处理方面，出现了明显的粗糙、宽泛的做法。同时对学生的知识基础、接受能力、学习兴趣、学习态度、学习方法和学习习惯等方面考虑得较少。空洞化的教学设计表现为教师在设计教学时，对教学目标、教学方法的表述相对笼统，如使用以下的表述：“要求学生掌握……的知识”“要求学生提高……的能力”及“培养学生……的素养”，没有与具体的目标、内容、教学手段、方法、媒体等相结合起来。归根结底，这源于教师对相关教学内容的思考不够深入和具体，停留在为设计而设计的阶段。教学设计中所设计的理念应该和特定的教学内容、教学方法、教学步骤等紧密结合，融为一体，让教学设计真正起到让教师教之有则、教之有路和教之有度的作用。

### （二）教学实施简单化

一般情况下，教学实施是指教师根据教学设计开展的教育教学实践活动，是教学关系具体化的表现。具体包括教学准备、课堂教学与教学反思，是教学效果发生的保证。教学实施的核心部分是课堂教学。教学准备包括教师教学实施所需的教学工具、媒体设备、教学材料、前置任务的布置及作业的批改等。此阶段出现的问题有教师多凭经验处理教学内容，并没有将教学任务实施的前后环节衔接，也没有理清教学内容的先后关联与内在逻辑，更没有创造性、生成性地处理教学任务所需的时间、地点和对象的变化等。

课堂教学中实施的问题在于教师在教学关系的处理上流于静态，即将教学关系各主体，如教学内容、方法和学生当作行动的对象，而不是动态的存在与变化的运行。如对学生突然的提问采取漠视的态度，对学生未能提供预期的答案采取不满的态度。教师经常以“考点操练难、教学任务紧、时间不够多”为由，将“启发式教学”演变为“灌输式教学”，让教学过程中多维丰富的教学关系变成了单一的师生授受活动，或教师独自的演练。最后忽视了教师思维的主动性与学生喜爱探究学习的天性。学生被要求只要记住相关知识结论甚至答案，失去了体验知识探究过程的机会。

教学反思是教师与自我、教学过程相关主体的对话。当下教师的教学反思停留在教学设计的完成与否，教学步骤的实现与否，没有将自身的成长与学生及相关主体的表现列为反思的重点，最后导致教学反思成为教师独自进行的、只针对教学实施中自己行为的单向独白。教师的教学反思要“以学生为中心”，尤其要预设到课堂的真实情境和突发事件，要考虑到这样一个事实：即学生是带着自己的经验、知识和灵感参与课堂活动的。

### （三）教学评价应试化

教学评价是教学过程得以科学、有效实施的行为，价值取向是学生的发展，其中所涉及的教学关系相关主体包括教师、学生、学校、教育主管部门和课程教学相关专家。当下教学评价的问题主要在于评价标准的单一、评价内容的单一和评价主体的单一。教师与学生以鲜活的生命投入到教学关系的运行之中，但教学现实中参与教学关系运行状态的评价主体主要是教育教学质量的行政管理部门，及为行政管理部门服务的教学研究机构。教师与学生在评价主体中的缺失导致教学过程的评价具有隆重的行政意味，评价的内容主要是静态知识的掌握情况，而非动态的学习过程。评价的标准主要以终结性评价为主，而非学习过程的生成。教学过程中的关系评价导致教师与学生处于相对被动的阶段，体会不到自身生命在教学过程中的真实变化与生成。现代教学不仅仅将人的理性考虑其中，主张重视人在教学关系中的多姿多彩，还鼓励采取符合人的成长特点的评价方式，“预设与动态生成相结合、过程与结果并重、定量与定性结合”①。

① 裴娣娜. 现代教学论基础［M］. 北京：人民教育出版社，2015：76.

当下失度的教学过程让教师认为完成教学进度是教学中最重要的事务，对学生的学习要求和教师的教学效果缺乏具体的、有层次的表述，让教学设计中的教学关系主体孤立、表面性存在与发生。教学设计形式化、教学实施简单化和教学评价应试化让教学关系变成了机械的、制度化的运行，“师生的创造力越来越少，热情阙失，意志沮丧，人成为片面的或‘单向度’的存在”①，埋没了教学关系的生成性。

## 三、“失信”的师生关系

首先来看一则“失信”师生关系的案例。

> 某初级中学会议室，教导处主任组织教师讨论半个学期以来的教育教学情况。教师纷纷发言诉苦。
>
> 教师 A：本届学生虽然行为表现较乖，但心理有问题、行为异常的学生特别多。
>
> 教师 B：我们班有位女生长期有考试恐惧症，她上课睡觉时，你们不要叫醒她。
>
> 教师 C：前几天，我们城市的一所学校的老师就因为提醒了一下学生不要睡觉，就被学生打了一顿。对那些成绩不理想、性格古怪的学生，我们怎么办？真是很害怕呢。
>
> 教师 D：现在学生也挺辛苦的，我们班有个学生只要一次小测后成绩不理想，就在课堂上当场撕毁试卷，揉搓成一团，然后在课室乱扔，班上同学和老师都不敢出声，每次都要等他发泄完才能上课。
>
> 教师 E：现在我们和学生的交流真的太少了，除了问他们要成绩，就是和他们谈学习，我自己都觉得每天就像机器人一样。学生都说自己是做题的机器，老师是讲题的机器。
>
> 教导处主任总结：各位老师，学生毕竟是学生，还没有长大，大家不要太追求完美，只要教好书就行了，把成绩提高上去是硬道理。不要去刺激某些问题学生，不能批评的学生一定不要去批评，学生若出了事，本不是你的事也变成了你的事。

---

① 肖绍明，扈中平．教育人性化的总体化实践［J］．教育研究与实验，2010（5）：1－6.

从此案例可以得知师生关系已经获得了物的性质，同时为某种物的获取而存在，这种物就是应试中的成绩，在对物的追求过程中，中小学管理部门、教师与学生之间缺乏信任。师生关系已经不是符合人性及生命价值生成的交往活动，而是彼此为了生存而奋斗的劳动过程。教师和学生交流的重点是成绩与分数，师生交流的主要目的是满足学生的考试与成绩需求，交流的主要原则是学生不在学校内出事；师生交流的方式主要是说教、规训、压抑和控制；师生交流的结果是教师和学校不敢管学生，师生之间缺乏信任。

作为基础教育教学活动的具体执行者和身处现场的观察者，笔者对教学关系中存在的问题既有着切身的体会、感受与反思，又有着深切的理解、思考与批判。而且，作为一位在基础教育领域工作了 20 多年的理想主义者来说，对教育教学怀有深厚的感情、满腔的热情与持之以恒的激情，从情感上来说，是既有着“爱之愈深，恨之愈切”的深情与无奈，更有着“欲上青天揽明月”的决心与坚毅。当然，人性中的理性告诉笔者，作为社会活动中的一种，任何教育教学的问题都不是单纯的教育问题，从时间上看不是孤独的，从空间上看不是孤立的。比理想主义的批判与宣泄，更为重要的是如实地记录所观察到的、所感受到的现场，深入、综合、整体地思考并合理地表达出想法和观点，并试图寻找相对适时、适地和适人的解决途径。

教学关系是教学存在的现实基础，也是教育教学发生的客观表现。中国基础教育阶段学校教育的教学关系主要是指发生、发展、达成于学校场域，涉及教师、学生、学校、课程与课堂等相关主体的活动、过程及相关联系构成的整体存在。由于过度重视教育教学社会功利目标的实现，教学关系呈现出强烈的功利色彩，发生了一些“非人性”的现象，如“失真”的教与学关系、“失度”的教学过程、“失信”的师生关系，构建人性视角下教学关系的最初思考的起源与冲动正是来源于此，并期待其能成为改善当下教育教学实践的有效途径。

## 第三节　教学关系现状探析：“应对式”教学关系

从前面的教学关系问卷调查与“非人性”现象分析可以看出，教师与学生对教学关系的理解、认识与实践出现了明显的“知行不一”的局面，教学关系各主体怀着各自的目的，被动地应对和相处。本研究把这种存在着“非人性”现象的教学关系归纳为“应对式”教学关系。

## 一、“应对式”教学关系的内涵

从词源来说，“应对”表示的是“应付式地面对”和“应付面对”。可以用英语“forced”来表示，表示有“被迫”之意。具体说来，“应”即“应付”，既可以看作是处理对象的方式，也可以和“对”一起构成联合短语“应付面对”，两者的共同之处在于相关主体以“消极被动的”而非“积极主动的”方式维系、发展教学关系。从“应对”的内涵来看，表明教学关系各主体是基于某种共同利益或者为了某种任务的完成而不得为之的相处方式及形成的某种状态。人性的主动性和积极性被忽视和隐藏。从“应对”的关系存在原因来看，“应对”各相关主体的存在或出于职责与权利，或出于责任与义务，但有“不得不为”之意；从“应对”关系存在的本体来看，“应对”各相关主体的关系是客观存在的，但有“敷衍”之嫌；从“应对”的关系存在目的来看，“应对”各相关主体的关系是为着某个共同的目标，但有“被动”之举；从“应对”的后果来看，教学关系各主体是趋利的、物质化的、着重于当下利益实现的、短期的、利己为先的。

## 二、“应对式”教学关系的整体描述

从教学实践现状来看，教与学关系中内容、活动与方法的消极运行，教学过程中设计、实施与评价的被动发展，师生关系中教师与学生的疏离，正是教学关系相关主体相互“应对”的表现，构成了一种与“人性视角”相对应的教学关系（见图7－3）。

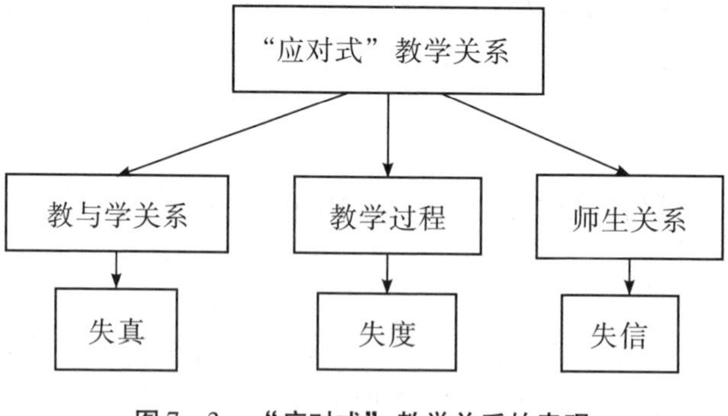


图7－3　“应对式”教学关系的表现

在“应对式”教学关系中，教师、学生、学校以及教学各相关主体为了完成各自角色所负有的职责与义务，不得不产生一种关系。这种关系主观上满足了各自的个体化与社会化需求，客观上实现了教育的社会功能，即把学生培养成符合某种理念、文化与制度的对象。

## 第四节　“应对式”教学关系的影响

以众多“非人性”现象为表现的“应对式”教学关系，对教育教学产生了很大的影响。正如学者所说：“形式化和制度化的现代教育不但建制了千校一面、千师一面和千生一面的教育，而且发生了从教化功能向规训功能的转变。”① 这种功能的转变深刻地影响着教学实践中学生的发展，如个性发展的片面、学生群体性发展的失衡和学生善性培养的缺位。

### 一、学生个性发展的片面

教育教学的最终目的在于培养人、促进人的发展，其中包括人的个体性全面发展。个性是人的个体性存在的具体表征，包括人的生理性与精神性的发展。但“应对式”教学关系使得学生个体性存在片面式发展，使他们的精神性发展没有得到充分体现。究其原因，主要在于缺“道”的师生交流与重“术”的教学引领使学生的个性没有得到足够的重视。

#### （一）缺“道”的师生交流

“传道、授业、解惑”是教师职责的三个方面，但现实中教师主要关注教学的效果、教学的成绩以及学生对知识的把握，而对学生的学习理念、个性发展、情感态度、心理健康、价值观培养等方面关注太少，由此可以看出，教师将大部分时间都放在“授业与解惑”方面。这主要是由于目前教师与学生最关心的是练习答案与考试分数，所以师生之间交流最多的是围绕如何解题与提高分数。

#### （二）重“术”的教学引领

教师与学生一起构建课堂，课堂是师生共同的场域。在师生关系实践中，教师扮演着多重角色，既是学生的引领者、助学者和“学习资源”，同

① 肖绍明，扈中平．教育人性化的总体化实践［J］．教育研究与实验，2010（5）：1－6.

时自己又是学习者。但在课堂教学实践中，教师往往起着课堂决策者的作用。教师虽然引领着学生完成课堂的实践，但往往不喜欢学生挑战课堂，喜欢采用讲授的方式让学生进行接受式学习，并不鼓励学生自主提问和自主回答，缺乏对学生自主发展的引领。同时，教师虽然激励学生当场掌握教学内容，但往往对教学内容的内在含义、逻辑方法与思想解读主要停留在教师的自我理解层面，并未从学生的认知特点、生活经历、接受能力和心理感受等方面出发，以提高学生的学习动机。

正是师生之间缺“道”的交流与教师对于课堂话语权的严格操控使得学生的个体发展仅限于眼前的成绩、不久的升学和较远的职业规训，导致他们的精神世界并没有被给予足够的关注、重视与开拓。

## 二、学生群体性发展的失衡

群体性即人的社会性，这从荀子言论中可得知：“水火有气而无生，草木有生而无知，禽兽有知而无义，人有气有生有知，亦且有义，故最为天下贵。人，力不若牛，走不若马，而牛马为用，何也？曰：人能群，彼不能群也。人何以能群？曰：分。分何以能行？曰：义。”“群”即社群，构成社群，正因为人类能够与他人相处，形成社会，并能以分工合作的方法形成社会，而让社会正常运行的手段就是“义”。这段话充分地表达出人的社会性，即群体性存在的意义、特征与手段。当下学生的群体性发展主要受制于以下三个方面。

### （一）教学目标无“具体的人”

学生群体性发展的失衡反映在教学实践中，首先体现在教师制定的目标上。

其一，教学目标的原则仍以实现知识的熟练掌握为主，而非能力的提高与素质的培养。其二，教学目标的对象指向不清晰，缺乏针对性。其三，教学目标的内容过于空泛，缺乏指导性；表述笼统，缺乏具体性。教师在教学设计时，更多地注重教学材料的处理、任务的完成，而非教学过程中学生人性发展的具体需求，更缺乏对如何适性、扬性和成性的整体规划、构思与行动。总体来说，教学目标的设计与实施无“具体的人”。

### （二）教学实施无“发展的人”

当下学校教学实施的原则以“为考试服务”，并无个性，课程的设置过于大一统，地方课程、校本课程的开发与利用流于形式，管理的力度与效率不够；学校课程教学实施的内容依然以知识传授与讲解为主，而对于教的内容与学的内容后面所隐含的素养与要求不够重视，更不考虑要培养学生正确的集体意识。

### （三）教学评价无“未来的人”

当下学校教育教学效果的评价原则是“让他人满意”。本来这是一种“以学生为本”的治教思路，但正是这种思路导致各主体对教育教学的种种“应对”之举，而忽略了对教师、学生自身的考虑。因为主体对学生发展的判断更多地停留在眼前利益而非将来发展，停留在社会而非个人，停留在物质得失而非精神充实。总而言之，非基于教师或学生全面的考量。教学过程中，由于教学主体采取了急功近利的、单一的评价方式，即以学生的考试成绩和升学指标的完成为标准，严重“绑架”了学生和教师的思想，从而导致教师辛苦疲惫，学生身心发展失衡，不少学生的可持续性发展潜力被抹杀，在缺乏审美的实践中失去了充分发挥自我的机会。总之，以考试为中心的应试教育大行其道，其评价方式还导致了学生的群体性物化得到了极致的、物化的发展，同时，以教师为中心的教学实施，两者合一，使学生的个性失去了充分发展的机会。一味重视学生的学业成绩，而非道德、品质与性格全面发展。

群体性存在的意义本在于促进个体的发展与人性的丰富，但教学中“具体人”的缺乏，“发展人”的忽视，“未来人”的缺少导致群体性存在的意义被异化，体现在个体对集体性品质的一味跟从，体现在个体对集体力量的绝对顺从而缺乏独立思考的能力，体现在个体对权威（教师）的盲目服从而缺乏自我批判意识，体现在个体对集体价值的完全忽视而一味追求自己利益的实现。诚然，人是群体动物，不能离开社会而独立存在。但教育若一味试图以集体的力量控制、压制甚至扼杀个人，而不重视个体在集体中的自我存在意义与价值，则会导致学生集体性发展失衡，甚至还会导致学生不能正确地处理自己与社会、自己与他人、自己与自己的关系，不能实现真正的“身心合一”。

## 三、学生善性培养的缺位

中国传统人性论中的“性善说”主张人性先验的善，即人生来是善的，具有自由、理性与良心。“教育的任务就是在没有外部压力的情况下……使人性先验的善得到拓展，使人原有的能力得到发展。教育因此就是一种‘牵引’——‘尽其善’。”① 教育要顺应儿童的天性，就包括培养儿童的善性。当下“应对式”教学关系里，教学各主体着重发展学生的社会性生存能力，而忽视拓展学生的生命体验素养，着重开发学生的智力与认知，而忽视学生情感态度与精神信仰。天赋对善意的、对德性等美好意象的追求从小便在学习压力中、机械重复的教学活动中被消磨殆尽。

### （一）以顺应“生存”为主的教与学目标

教与学关系的发生主要围绕当下学习任务的完成与否，而并不是围绕学生在此过程中精神世界是否足够丰富。学校教育的重要功能就是培养满足社会需求的建设者和劳动者，完成学习任务是发展学生社会性生存能力的保障，是学生能顺利升学的保障。但过于单一的课堂教学目标却窄化了学生的心智与视野。

### （二）以“授受”知识为主的教与学活动

教与学关系主要以授受关系存在，而组织形式依然是教师的讲授与学生的倾听为主。当下对教与学关系的实践探究依然停留在动作发生的先后顺序，如“先教后学”“先学后教”“边学边教”等，而不是在内容上，如内容的丰富性、意义性与逻辑性等方面。贫乏的课堂教学内容浅化了学生的精神境界。

### （三）以“操练”为主的教与学方式

教与学关系实践的方式以机械的、重复的操练为主，所以，除了解题能力之外，学生的其他智慧及精神世界并没有被充分地开发，如学生的情感态度、人格修养及文化品格等方面的深度培养。强度大、时间长的操练会让学生逐渐失去好奇的、爱探索的、追求真知与真理的天性。

概括起来，当下“应对式”教学关系忽视学生个体精神世界的发展，使学生缺乏超脱于物性的意识；忽视拓宽学生群体性的发展，使学生没有树立真正强大的内心；忽视学生善性的培养，使学生在善与恶中徘徊，让人性的“终极善”失去了引领人、发展人和提升人的功能。

---

① 文雪，扈中平．人性假设与教育意谓［J］．高等教育研究，2004（5）：11－15.

# 第五节 “应对式”教学关系产生的原因探析

目前教育教学关系实践中出现的种种“非人性”现象，从教育教学活动发生的领域来看，根源在于教育个人本位功能的缺失，直接表现在教师与学生的教与学行为。但教育教学实践中存在的问题从来就不是单纯的教育领域问题，而是与社会、文化及教学观念等因素有着直接联系的社会问题。

## 一、社会因素

改革开放40多年以来，社会价值观从道德本位迅速向经济价值观转变，人们对经济利益与物质生活的追求逐渐放大，而对道德的遵守逐渐放松。教育实践领域集中体现了经济至上、物质本位的社会价值观。

其一，教育评价社会功利化。人们在追求经济利益最大化的同时，逐渐形成了物质主义、拜金主义和享乐主义的人生观，很多人被物质利益、金钱利益所控制，形成了重物质、重享受、重眼前功利的社会风气。社会、学校、家长将教育视为一种经济活动与产业，对教师与学生的评价也采用了量化的形式，美其名曰：“一切用数据说话”，实际上将“升学率、分数与排名”作为评价教学的最重要指标。教育教学甚至成为相关主体获取利益的手段。

其二，学生个体发展物质化。无论是家庭教育还是学校教育，学生个体的精神性发展往往容易被忽略，如道德观的培养、生命观的树立等，使得学生的精神世界比较苍白。同时，学生的道德教育往往被以“说教”的形式进行或被物质化。

其三，传统文化中重视的人格养成教育被无视。如人的内在主体精神，对道德的自觉性、能动性，如“反求诸己”的道德自律被遗忘或曲解，道德价值的崇高性，如“孔颜乐处”“穷且益坚，不坠青云之志”的君子人格和“富贵不能淫，贫贱不能移，威武不能屈”的大丈夫精神等被冷落或摒弃。

其四，技术主义试图主导教育。随着科学技术的进步，尤其是互联网的日益强大和人工智能的快速兴起，技术对人类生活产生了越来越大的影响。教育领域也受到了非常大的冲击。技术主义强调用技术主导教学，认为技术决定教学效果，强调“教育的信息技术可以提升人的认知能力、改变人的思维方式"[①]。同时，现代学校管理中大量使用了信息技术，技术提高了学校对教师、学生、教学活动的管理效率，各项教学的评价日益细化、规范化、体系化。课堂教学中的信息化教育手段，如多媒体、电脑、网络、平板、学习平台及学习软件等丰富了教师教学的手段和学生学习的方式。但人的发展与幸福并非全部由认知能力所赋予，日新月异的技术并没有解放教师与学生的压力，从而给他们带来更多的自由的、闲暇的、富有创造力的时光，相反教师与学生变得更加忙碌，他们逐渐被技术所控制而不自知。可以说，教育中技术的手段愈丰富，人的个性、人的变化、人的生机愈加缺少。

凡此种种对人们的教育价值观产生了深远的影响：教育的社会功利价值被无限放大，社会对教育价值的追求以符合眼前实际利益为主，而忽视对学生个性的培养、精神世界的丰富、内在自我的主体教育以及人格教育的重视。"应对式"教学关系就是社会教育价值观的直接反映。

## 二、文化因素

在中国传统文化中，教育与教学紧密相连，如《礼记·学记》开篇即提到，"建国君民，教学为先。"教学对于国家、社会与个人的发展都具有重要的意义。封建社会中统治阶级对教育的教化作用非常重视，尊师重教的传统使得国民尤其重视教育，但强调尊卑、主从关系的封建等级文化也对教育教学产生了深刻的影响。

首先，"教"及"教师"占"尊"和"主"的地位使得以"教"和"教师"为中心的教学成为传统。由于等级制价值思维方式强调尊"上"卑"下"，主"上"从"下"，"天地尊亲师"的存在，相对于学生而言，教师往往被置于"上"的位置，而学生往往被置于"下"的位置；相对于教师而言，学校作为一个行政主体和学术主体，更多时候以行政主体出现并行使其"上"的职能，教师、学生及教学关系相关主体均要服从学校主体以及它的组织机构及所制定的制度。在此种等级观念下，"学"被当成了"教"的客体，"学"的活动是"教"的产物，学生是教师的教学对象。学生和"学"成了学校教育的被动存在，教师和"教"拥有着"尊、上"的权力。学校的发展，如分数、升学率和某些评估的通过被置于比学生发展、教学活动更为重要的地位，"学"的活动、学生的发展被放到次要的地位，事实上的尊卑、主从等级文化就这样影响和控制着学生的发展。

① 钟启泉. 信息化时代知识教学的诉求：兼议学校的软环境设计［J］. 教育发展研究，2018，38（4）：1－7.

其次，强调尊卑、主从等级文化下的教学关系各主体缺乏真正平等与真实的交流。应试教育加剧了各教学主体之间的不平等竞争，由于学校与主管学校的部门在等级中为“上”，拥有政治权力，他们更多地把教师和学生当成完成某项工程与任务的工具，如对某个指标的追求、某个项目的评比、某个工程的完成等。如此一来，教学关系各主体之间的交流变成了“上级给下级”的命令、指示、要求，或为了完成某项命令、指示、要求而进行的交流。可以说，各主体之间的交流为了任务而产生、运行与结束。

最后，强调尊卑、主从的等级文化使得学生缺乏个体性的发展。等级制强调个体服从于集体，下级服从于上级。由于教师被赋予权威的地位，教师本身较缺乏对知识的批判精神。同时，教师更多地被要求忠实地执行上级任务，所以较少主动地从学生角度建构教学关系。他们经常采取讲授的方式传授知识，采用说教的方式与学生交流。由于学生长期屈从于“卑”和“下”的地位，以致其不敢挑战教师的权威地位，学生对于教师所传授的知识，宣传的观点、思想缺乏批判性思维，也导致学生的批判性思维得不到发展，更谈不上个性与创造性思维。

漫长的封建社会形成的中国传统等级文化依然对今天的教育教学管理、实施与评价有着深远的影响，它让丰富的教育形态单一化、层次化、行政化，让教育的内容围绕社会功利而进行，在效果上压制了学生批判性思维、独立精神的发展。

## 三、教学观念因素

教学关系作为教育教学的直接表现形式，社会、文化等因素深刻地影响着其内部各主体的运行，但影响教学关系最重要的因素是各主体的教学观念，尤其是教师和学生的教学观念。教学关系中的“非人性”现象尤其与教师、学生及学校对“什么是教学，教什么，如何教学”等教学观念有着密切的关系。

首先，对教学本质的认识。不少学校管理者和教师认为教学即是以教为中心的教学过程，没有从本质上理解教学是学生为主体的，新课程改革的核心是学生主体地位的树立。在基础教育实践中，不少管理者与教师更是把教学等同为“管教”，认为学生天性顽劣，需要采取强制的手段使学生服从教育，这既是成年人对未成年人身心发展特点的错误认识，也是一种文化经验上的“人性恶”实践。学校与教师认为学生知识积累少，需要拥有权威的教师对他们进行知识传递，管教既是教学手段，也成了教学内容，学生的个性心理、情感态度与思想观点被忽略。

其次，对教学材料的认识。教学是教育的实践方式，教材是教学内容的主要载体，是学校、教师与学生的重要媒介。现实中教材选择权更多地由政府及行政部门拥有，学校和教师是课程的研究者、开发者和实施者，事实上，教师可以围绕学生的发展，开发符合学生特点的内容。但实践中，教师把教材当作唯一的材料，一味地“教教材”并未真正实现“用教材教”，如对教材内容缺乏应有的批判精神，并不考虑学生的实际情况，优化教材的相关内容。在应试教育背景下，教学内容更局限于考纲、考点与相对应的练习与作业，而缺乏针对人性发展和人格完善的有趣的、丰富的和有意义的教学内容。诚然，为人更好的生活做准备是安排教学内容的价值基础之一，但在教学内容的选择上，需要“以提高人的一般素质为核心，为个人全面发展和良好个性的养成服务，促进个人主体性的提升”①。

最后，对教学方法的认识。一般来说，教学方法随着教学目标、内容和过程特征而变化。教学方法的选择与采用影响着教学内容的实施与目标的达成。当下教学主体对教学方法的认识受制于社会功利教育价值观及技术主义。教学现实中主要表现在：第一，教学方法选择的原则是功利至上的。教学的眼前功利价值关怀被教学主体置于首先发展的位置，导致了各主体只选择满足当下需求的教学方法。例如，为了提高学生分数与学校考试的排名，学校变为“试卷印刷厂”，教师从早至晚地组织练习与做题训练，采取的是讲授式教学方法。与此同时，大多数学生虽然在日复一日的刷题中不情不愿，但也逐渐地接受了现实，形成了“教学即考试，考试即为了分数，分数即为了上好大学”的功利价值主义而不自知。学生将大量的时间用于死记硬背，用于抄写重做，用于周测月考，还要承担着分数高低波动、考试排名变化的心理压力，这样的教学形式如何让学生有独立思考的机会？更遑论创造火花！第二，教学方法的选择被技术使用所左右。随着现代科学技术的迅猛发展，教育信息技术进入了学校与课堂，学校与教师或主动或被动地使用大量信息技术，这一点在经济发达的城市更为明显。的确，多媒体、电脑、网络与学习软件、学习平台等增强了教学的丰富性、有趣性与生活性等，但课堂的深入交流并没有得到激发，师生的深度互动没有得到发展，学生的学习动机与欲望没有得到根本的改善，学生的主体地位没有得到真正的体现。相反，出现了为技术而使用技术的课堂，表面上热闹活泼，实际上教师依然主宰着课堂，技术的使用并没有帮助学生产生深层次的思考。一些学生依赖于学习软件并养成了不愿深度思考的习惯，基本的运算能力、问题理解与分析能力下降。所以，根据不同学生的特征采用甚至创造新的教学模式应被鼓

① 裴娣娜．现代教学论基础［M］．北京：人民教育出版社，2015：168.

舞，但传统的启发式教学法也应被鼓励。“启发式教学是遵循教学规律，运用各种教学方法，充分调动学生学习主动性、积极性的一种教学类型。”① 可以说，它是与注入式教学、灌输式教学相对的一种教学方式，在技术主义试图主导教育的今天，更应被大力提倡。

教学实践中“非人性”的现象反映了当下“应对式”的教学关系，教学关系各主体对教学本质、教学内容和教学方法的认识与行动是形成“应对式”教学关系的主要来源。

问卷调查与教学关系的现象描述反映了教育教学各主体对当下功利主义教育价值观的“应对式”教学关系，教学关系实践中“非人性”的教学现象及其所反映的“应对式”教学关系是当下教育教学的现实存在，它的存在与运行对教学有着广泛而深刻的影响，对于教学关系各主体形式与状态产生着深远的影响，尤其对于基础教育阶段的学生，“应对式”教学关系既显露了其在教学中的主动或被动的选择，也表明了其作为教学中“人”的状态与发展需求。分析“应对式”教学关系的产生原因，社会因素是“应对式”教学关系产生的现实背景，文化因素是其形成的历史原因，教学观念因素是其存在与发展的条件。时代呼吁教学关系各主体采用源于人性、激发人性、完善人性的教学关系，以更适应当下教育教学的需求。

① 顾明远. 教育大辞典：第一卷［M］. 上海：上海教育出版社，1990：200.

# 第八章 “求真—尚美—崇善”教学关系的行动研究：人性的敞亮之二

本研究基于“求真—尚美—崇善”教学关系的内涵与观念途径，结合研究者所从事的高中英语教学实践，制定了“求真—尚美—崇善”教学关系的行动研究方案，建构与实践了“情境—思维”英语教学，论证了“求真—尚美—崇善”教学关系能改善教师教学行为与提高学生学习表现。

## 第一节 行动研究的准备工作

行动研究前，为了解学生对当下教学关系实践情况的认识，以为“求真—尚美—崇善”教学关系的实践提供参考，笔者随机选取了班里的30名学生进行了书面访谈（见附录3），发放了30份访谈问卷，回收了30份，回收率100%，有效率100%。其中英语成绩相对优秀的有10人，成绩中等的有10人，成绩相对落后的有10人；男生有17人，女生有13人。

### 一、行动研究前的学生访谈分析

从回收的书面访谈来看，有40%的受访者喜欢英语，但成绩较落后的同学大多表示不喜欢英语；有75%的受访者表示自己能让英语课变得更有趣；有50%的受访者喜欢英语课的教学内容；有78%的受访者表示如果自己是英语教师，将会提供更多英语学习材料，如歌曲、电影和报纸杂志等。受访者都表示能跟上教师的进度，但成绩优秀的学生则希望教师的进度可以更快，成绩落后的学生则希望教师可以放慢进度。有的受访者认为英语教师的提问是能帮助自己的英语学习，主张英语教师的提问要更有层次性，不能太笼统。有70%的受访者不喜欢英语教师总在课堂中强调考试成绩，除了增加学生对英语课的焦虑情绪之外，还增加了学习后进生的自卑感，这并不能帮助他们学习成绩的提升，希望教师适当强调考试成绩，少批评，帮助他们理性分析学习中的问题。有73%的受访者认为英语课中教师讲得多，学生讲得少，但他们表示并不介意，因为从初三开始已经习惯了“教师讲自己听”的上课状态，但还是希望教师能让学生多讲，那样课堂才不会太沉闷。有的受访者认为会和教师一样采取温和的提醒方式对待不认真的学生。有的受访者认为和英语教师的关系愉悦，因为英语教师很负责任。有90%的受访者表示为了学习进步，会仔细阅读英语教师给自己批改的作业。有53%的受访者表示很清楚每单元的学习目标，因为教师告知过。

从行动研究前的访谈可知，学生对英语学习的兴趣一方面来源于英语作为一门外语所特有的文化魅力，另一方面主要来源于考试成绩的成就感。学生希望英语教学可以更生动，也期待教师能关注他们的学习情绪，更友好地处理师生间的关系。

## 二、行动研究方案的制定

在分析研究初期获取的教学关系学生自测前测、学生半结构式访谈、同伴课堂观察量表等材料后，本研究针对教与学关系、教学过程和师生关系中出现的问题，如教师提问的有效性、情境的创设与推进、学生讨论活动的组织、英语学习方式的丰富、学习内容的丰富及教师的教学机智、管理智慧和人格魅力等方面，确定以“情境—思维”英语教学为载体，进行“求真—尚美—崇善”教学关系促进英语教学的行动研究，并制定了具体的行动方案（见表8－1）。

**表8－1　“求真—尚美—崇善”教学关系的行动研究方案**

| 人性之表现 | 关系构建 | 关系目标 | 观念路径 | 实践途径 | 突破措施（以高中英语为例） |
|---|---|---|---|---|---|
| 璞玉之材 | 教与学关系 | 求真 | 适性 | 生动真实 | 提问的有效性；情境的创设与推进；学生讨论活动的组织 |
| 好奇之情 | 教学过程 | 尚美 | 扬性 | 探究合作 | 学习目标的设置；英语学习方式的拓宽；考试成绩的处理 |
| 爱人之心 | 师生关系 | 崇善 | 成性 | 示范对话 | 教师的教学机智、管理智慧和人格魅力的展现 |

# 第二节　行动研究的实施

## 一、“情境—思维”英语教学的学科背景

“思维品质体现英语学科核心素养的心智特征。思维品质的发展有助于提升学生分析问题和解决问题的能力，使他们能够从跨文化视角观察和认识世界，对事物作出正确的价值判断。”① 杜威曾指出“情境”对于教学中学生思维的发展有着重要的作用。他说：“学生要有一个真实的经验的情境——要有一个对活动本身感兴趣的连续的活动；第二，在这个情境内部产生一个真实的问题，作为思维的刺激物；第三，他要占有知识资料，从事必要的观察，对付这个问题；第四，他必须负责有条不紊地展开他所想出的解决问题的方法；第五，他要有机会和需要通过应用检验他的观念，使这些观念意义明确，并且让他自己发现它们是否有效。”② 可见，情境是思维活动开始的起点，是思维能力发展的平台，是思维水平得以突破的临门一脚。如何在英语教学中发展和培养学生的思维品质呢？情境有着不可忽略的作用。情境（situation）主要指进行言语交际的、外部的具体场合。交际中构成语境（context）的依据是话语所处的外部世界的特征，所以教学中的情境大都是模拟情境的。情境教学法，是指教师根据学生的年龄特点和心理特征，遵循反映论的认知规律，结合教学内容，充分利用形象，创设出具体生动的场景，使抽象的语言变成生动具体的可视语言，创设尽可能多的英语语言环境，让学生更多地接触感受英语（feel English）、说英语（speak English）、用英语进行思维（think in English）、用英语的方式主导行为（behave in English）。③

在人类个体的思维发展中，语言具有显著的促进作用。对于中国学生来说，英语是与汉语有着显著差异的语言，英语教育有助于促进中国学生发展

---

① 中华人民共和国教育部．普通高中英语课程标准（2017 年版）［M］．北京：人民教育出版社，2018：5.

② 杜威．民主主义与教育［M］．王承绪，译．北京：人民教育出版社，2001：179.

③ 安治．情境教学法，让学生学的开心［J］．当代教育研究，2009（4）：63－64.

且与汉语有着显著差异的思维品质。[①] 所以借助情境发展学生思维品质在英语教学中是必要的，建构“情境—思维”英语课堂符合英语学习的需求。

## 二、“情境—思维”英语教学模型及内涵

“情境—思维”英语教学重视：第一，依托情境的设计，重视每节课中学生英语学习的“输入—内化—输出”过程，从而获得成功体验。第二，构建多种类、多层面的情境活动。如进行对话、观点的表达和与学生或教师的交流等语言情境互动，让每位学生学有所获。第三，整合和利用各种教学资源，创设各种情境激起学生从整体上理解和运用语言的兴趣，利用情境中传递的信息，激发学生用英语表达感情的欲望，创设生动有趣且真实的教与学关系探究合作的教学过程，示范对话的师生关系，从而培养学生英语学习的基本策略、听说读写等综合技能和学生发展的核心素养（见图 8－1）。

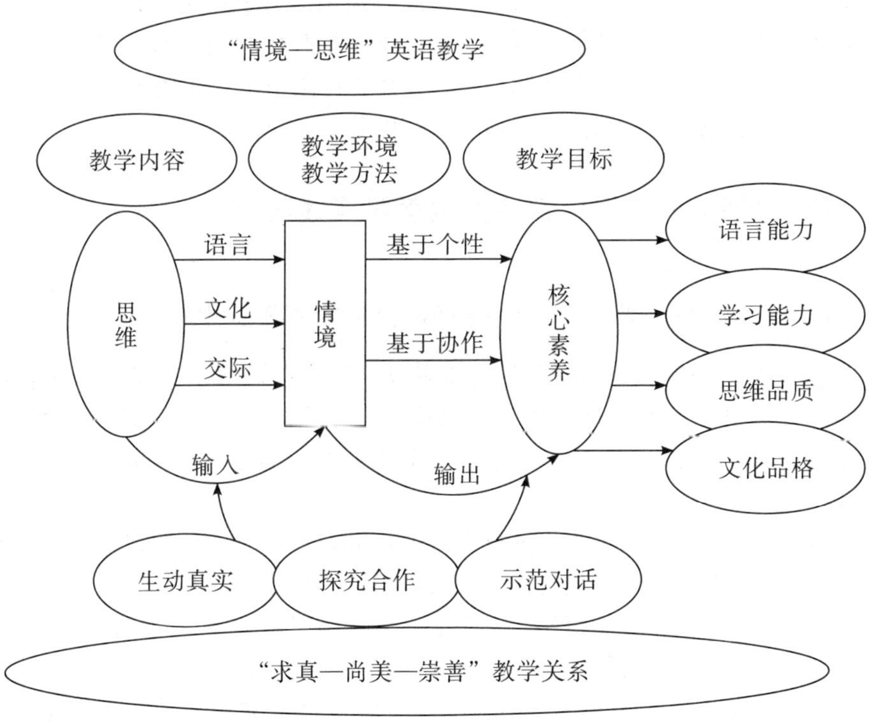


**图 8－1 “情境—思维”英语教学模型**

---

① 鲁子问. 英语教育促进思维品质发展的内涵与可能［J］. 英语教师，2016（5）：6－12，有修改.

## 三、“情境—思维”英语教学实施的具体原则

“情境—思维”英语教学设计的原则是坚持让学生在语境中学，在情境中学。实施原则需遵循“以学生为中心”的课堂，以“思维发展”为主要评价方式，以人性在情境中得到完善为最终目的，具体原则如下。

（1）坚持根据学生的年龄特点和心理特征循序渐进推动情境的深入，发展学生思维。遵循语言学习的认知规律，结合教学内容，充分利用教学资源创设丰富和有意义的语言学习场景。

（2）坚持激发学生兴趣、信心和培养学生思维能力的多角度的英语教学途径。其一，角色扮演体验情境。教师做必要的激励引领和示范。其二，媒体运用展示情境。利用网络环境和教学资源，如网络教学平台、微课视频来进行教学辅助，激发学生英语学习的认知、情感和思维潜能。其三，语言描述贴近情境。尽量使用全英语教学，把握好强调语言表达流利性和准确性之间的度。其四，读写结合提升情境。鼓励学生提高用英语获取信息、处理信息的思维能力。其五，充分运用情境，使用“在做中学，在用中学”的任务型语言教学途径和组织自主、合作、探究的英语学习活动。

## 四、“情境—思维”高中英语教学实践研究

### （一）“情境—思维”中学英语写作教学内容开发

本内容主要通过“文献研究”来完成。笔者在理解了“发展学生核心素养”的英语课程开发理念之后，以建构“求真—尚美—崇善”教学关系为原则，研读课程内容，以“促进思维品质发展”为目标开发单元主题写作内容。

本研究以人教版高一英语教材为主要探究对象，根据新课程标准的主题分类，英语篇章的主题一般可以分人与自我、人与社会及人与自然。①

本研究中各个单元的写作任务以单元主题为线索，以单元阅读篇章为依托，设计多种形式的写作任务：读后复述任务、读后改写任务、读后续写任务、听说写任务、听写任务、说写任务、单元话题拓展任务等。在研究本单元的阅读语篇、听力语篇及相关材料的基础上，选择和确定典型的写作课程

---

① 中华人民共和国教育部．普通高中英语课程标准（2017 年版）［M］．北京：人民教育出版社．2018：14－15．

内容，选择原则与单元语篇的英语思维方式表现有关，如语篇的语言内容、结构、思想等。表8-2是本研究结合思维品质和内容开发中的教学关系分析而设计的人教版高一必修1英语单元主题写作内容。①

**表8-2 “情境—思维”英语教学之高一单元主题写作**

| 单元 | 主题范围话题分析 | 写作任务 | 情境阐述 | 着重发展的思维品质目标 | 内容开发中的教学关系分析 |
|---|---|---|---|---|---|
| Unit 1 Module1 | Friends and friendship interpersonal relationship（人与社会之朋友相处） | Persuasive writing: Letter of advice（给朋友写一封建议信） | 假如你的朋友来信告诉你感觉非常孤独，请你写一封回信 | 发展思维的准确性、灵活性和独创性等 | 求真：尊重学生爱和人交往的天性。尚美：营造平等交流的环境。崇善：师生分享孤独情感的处理 |
| Unit 2 Module1 | English language and its development, different kinds of English（人与社会之语言文化） | Factual writing: poster（制作海报） | 请和同伴一起制作一张宣传英语学习的海报 | 发展思维的灵活性、广阔性和独创性等 | 求真：尊重学生爱表达自己的天性。尚美：营造友好表达的环境。崇善：师生共同协商解决问题 |
| Unit 3 Module1 | Travelling: describing a journey（人与自我之描述旅游经历） | Personal recount: Email（给他人写一封电子邮件） | 请给你的朋友写一封电子邮件详细介绍最近一次旅游的经历 | 发展思维的准确性、灵活性和独创性等 | 求真：尊重学生爱和人分享的天性。尚美：提供分享平台。崇善：师生分享人生经历 |

① 普通高中课程标准实验教科书英语必修1（学生用书）[M]．北京：人民教育出版社，2011.

续上表

| 单元 | 主题范围<br>话题分析 | 写作任务 | 情境阐述 | 着重发展的思维品质目标 | 内容开发中的教学关系分析 |
|---|---|---|---|---|---|
| Unit 4<br>Module1 | Basic knowledge about earthquakes; how to protect oneself and help others in disasters（人与社会之灾难之时） | Recount: newspaper article（写一篇报纸文章） | 请给当地报社写一篇文章介绍发生在你社区的一件重要事情 | 发展思维的灵活性、深刻性和独创性等 | 求真：尊重学生关注社会的天性。尚美：营造表达观点的环境。崇善：师生分享观点 |
| Unit 5<br>Module1 | The qualities of a great person; the lives of some great people（人与社会之伟人品质） | Description of a great person（描述一位伟人） | 请在班会上给同学们介绍自己崇拜的一位伟人 | 发展思维的灵活性、批判性和独创性等 | 求真：尊重学生关注伟人的天性。尚美：提供平等交流平台。崇善：师生对于伟人的了解 |

## （二）“情境—思维”中学英语写作课堂教学实践

本内容通过行动研究来完成。具体来说就是通过“课堂教学实践—反思—实践—反思”的方式来实现。根据英语作为一门外语在中国的教学特点以及中学生的身心发展现状与英语学习特点，本研究以“求真—尚美—崇善”教学关系的实践为原则，将情境与思维相结合，着重探究了促进思维品质发展的中学英语写作课堂的教学目标、教学步骤和教学评价的制定与改善，提出和构建了“情境—思维”中学英语写作课堂（见图8-2）。

英语课堂中的情境，从所涉及的活动内容来看，情境可以分为真实情境和半真实情境，两者都是英语教学中常用到的。研究者根据主题特点、学生认知水平、学习基础选择和创设适合情境的类型。例如对于人与自我的主题，可以选择和创设真实情境。另外，从运行状态来看，情境既是静态的，更是动态的。研究者要根据中学生英语学习的要求与特点，有效实施和推进情境的发展。所以说情境既是英语学习的有效场域，也是学生思维品质得以发展的重要平台，所以情境的创设是本课堂教学模式的重要起点，情境的有效推进是本课堂教学模式得以实施的重要保证。

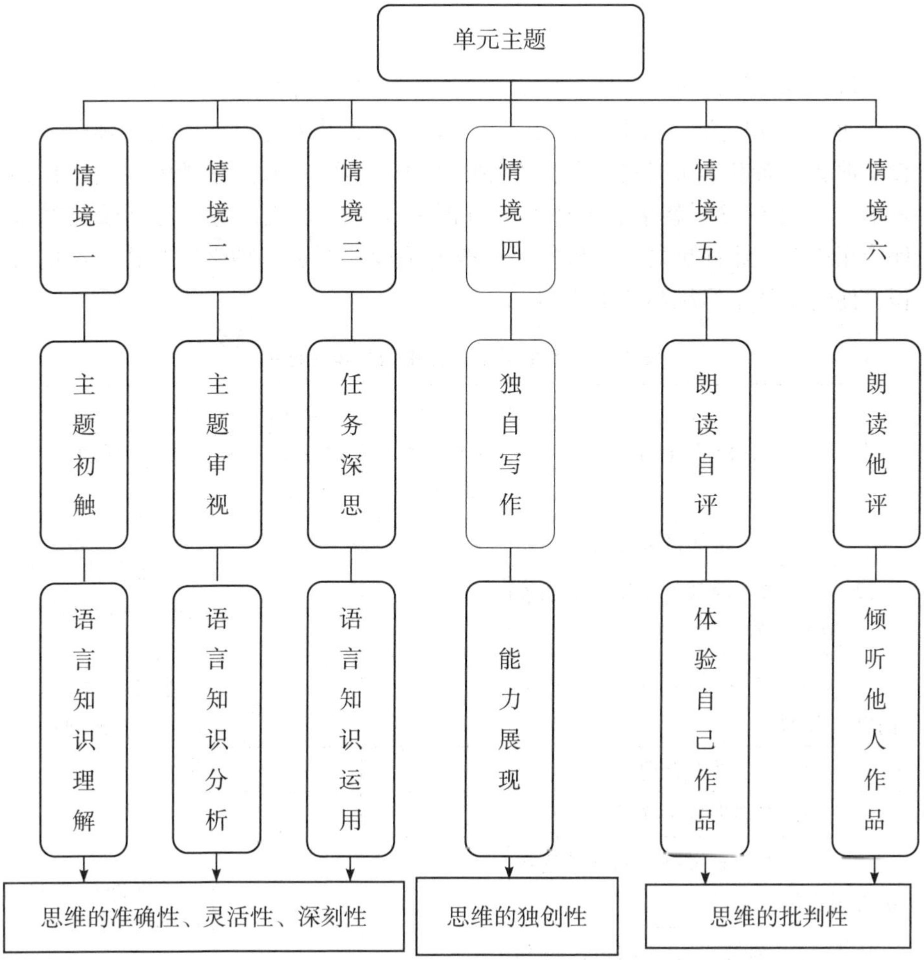


**图 8－2　“情境—思维”课堂之中学英语写作教学课堂**

1. 教学目标

毫无疑问，“情境—思维”英语写作课堂的教学目标是促进学生思维品质的发展。当然，作为教师，不仅要注重教学目标的预设，更要注重教学目标的生成。课堂的创生与教学目标的生成是紧密相连的。

2. 教学过程

“情境—思维”英语写作课堂的教学过程（此处主要指课堂教学中的教学流程）强调情境对于英语写作教学每个步骤的作用，对于学生思维品质发展的作用。如能帮助学生初步体验主题，审视主题和深思写作任务，能促进学生思维的准确性、灵活性和深刻性的发展，能帮助学生独自完成写作任务，自评和互评写作作品能促进学生思维的独创性和批判性的发展。

3. 教学评价

传统的写作评价主要由教师完成，往往遵循“布置作业—批改作业—发回作业—讲评作文”的步骤完成，这种单向的、结果导向型的教学评价方式较少地真正激发学生对自己写作作品的关注。本研究制定了单元主题写作检查单（见表8-3）就采取了让学生自评和互评的方式，将过程评价与结果评价相结合，让评价既是一种作品检查的手段，更是一种学生写作学习的过程，促进了学生思维品质的发展。

**表8-3　高中英语单元主题写作检查单**

| 评价项目 | | 自评（是√ 否× 部分☑） | 同伴评（是√ 否× 部分☑） | 思维品质的发展 |
|---|---|---|---|---|
| 结构 | 1. 段落之间过渡自然吗？ | | | 思维的准确性、灵活性与深刻性 |
| | 2. 段落内部有使用得当的连接词吗？ | | | |
| 内容 | 3. 内容详略得当、重点突出吗？ | | | 思维的灵活性、深刻性、独创性与批判性 |
| | 4. 细节补充合理吗？ | | | |
| 语言 | 5. 时态表达正确吗？ | | | 思维的准确性、灵活性与深刻性 |
| | 6. 句子有遵循主语和谓语搭配吗？ | | | |
| | 7. 使用了高级词汇和句子吗？ | | | |
| 书写 | 8. 字母大小写、标点符号使用正确吗？ | | | 思维的准确性 |
| | 9. 书写工整吗？（无乱涂乱画） | | | |
| 作文亮点 | 10. 有好词好句吗？（请用☆在原文中画出） | | | 思维的灵活性 |

写作不仅是一项静态的语言输出活动，它更是一项动态的交流活动，学生与作品对话、交流既是一个检查语言错误的手段，也是一个反思写作思维的过程，所以自评和互评他人的写作作品是有益于学生思维品质发展的，满足本研究中高年级学生的认知特点和思维发展需求。

### （三）“情境—思维”中学英语写作课程开发机制

泰勒指出了课程开发的基本原理，即：确立课程目标；根据目标选择内容；根据目标组织课程；根据目标评价课程。[①] 本研究构建了“情境—思维”英语写作课堂，进行了中学英语写作课堂教学的行动研究，并得出了其实现途径：在语篇中学习词汇、学习表达方式与学习结构成分，可促进思维品质的准确性发展；在任务中组织多种语言活动，可促进思维品质的深刻性发展；在分享中开展主题写作，可促进思维品质的独创性发展；在自评互评中，可促进思维品质的批判性发展。本研究在此基础上，分析相对应的课程开发的主要原则及主要机制（见图 8 -3），深化研究内容，为推广研究成果打好基础。

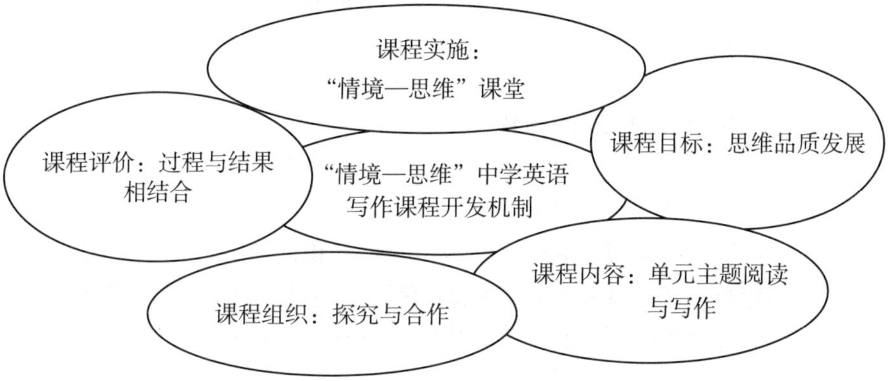


**图 8 -3 “情境—思维”中学英语写作课程开发的主要原则与主要机制**

从图 8 -3 中可以看出，“情境—思维”中学英语写作课程开发机制的基本原则是以培养思维品质发展为课程目标，以真实交流的单元主题阅读与写作为课程内容，以创设情境和分享经历的探究与合作为课程组织形式，以过程与结果相结合为课程评价方式。本研究开发“求真—尚美—崇善”教学关系下的“情境—思维”英语写作课堂促使教师全方位思考课程开发的各个方面，它主张开发以帮助学生掌握英语写作结构化知识，在分析问题和解决问

---

① 泰勒. 课程与教学的基本原理［M］. 罗康，张阅，译. 北京：中国轻工业出版社，2014：1.

题的写作过程中发展学生以准确性、灵活性、深刻性、独创性和批判性等思维品质为目的，以学生进行主题意义探究为手段，以语篇、语境、语言活动等表现形式为载体，组织学生进行以分析、概括、比较、评价、创新等思维活动为主的中学英语写作课程。以课程的目标、内容、组织、实施过程和评价为主的课程开发机制旨在促进学生核心素养的发展，体现“求真—尚美—崇善”教学关系的运行，是对“课程育人”理念的回应，是对核心素养理念下英语写作课堂教学的探究。体现“情境—思维”课程开发机制的相关教学设计与学案设计，详见本研究案例分析及附录4。

## 第三节　行动研究的分析

在以“情境—思维”英语教学为形式的“求真—尚美—崇善”教学关系行动研究后，笔者对参加实验的学生进行了面对面半结构式访谈、学生自我调查问卷和教学案例分析，以反思本行动研究的效果。

### 一、学生访谈结果的分析

行动研究后，笔者选取了班里的30名学生进行了面对面半结构式访谈（附录5），以了解行动研究后学生的教学关系认识的改变，并以此求证“求真—尚美—崇善”教学关系实践途径的有效性，受访学生中英语成绩相对优秀的有10人，成绩中等的有10人，成绩相对落后的有10人；男生有17人，女生有13人。

本环节笔者采纳了半结构式访谈法，以参加行动研究的30位学生作为访谈对象，并进行个别访谈。要求受访学生根据访谈者提出的问题进行教学关系“怎么样、为什么”的描述性和议论性回答，同时，访谈者根据情况对受访学生进行了追问（见表8－4）。

**表8－4　英语行动研究后访谈记录表**

| | | |
|---|---|---|
| 访谈者：罗老师 | 地点：教学楼二楼阅览室 | 访谈主题：英语行动研究后（“情境—思维”课堂后）学生对英语教学关系的认识 |
| 学生人数：30人 | 时间：2018年1月19日 | 方式：个别访谈；<br>引导问题：6道＋追问 |

续上表

| 问题序号 | 访谈记录关键词 | | |
| --- | --- | --- | --- |
| | 现状描述 | 感受表达与观点阐述 | 追问 |
| 1 | 24 人表示教师的提问合适 | 集中注意力；加深理解与记忆；问题简单有趣；生动有效；检验知识点；激发思考；紧扣学习中心；巩固知识；发挥想象力；激发求知欲；害怕被教师提问，因为须用英语 | 多数懂；有些学生打断提问；喜欢开放性问题；用英文回答难 |
| 2 | 27 人表示教师比以前讲得少了，同学们讨论多了 | 学生讨论多，可有效提高学生的英语口语水平；教师鼓励的作用；讲语法是合适的；同学们讲题；学生更有激情；有独立思考时间；发表见解，不能只靠老师硬塞；讨论可使同学们互相进步；提高思维能力；小组一起讲试卷好；个别同学爱说闲话，其他人要等待很长时间；讨论太多，有话霸；讨论后难安静 | 课堂气氛更活跃了；使用奖励手段；社会现象发表观点难；更明白单元主题意义了；编故事的类型好 |
| 3 | 25 人表示教师相对较少地强调考试成绩 | 已经习惯看排名与分数；减轻了学生压力；培养学生信心；注重态度；不太紧张；学生容易接受；成绩差的压力大；老师强调成绩很正常；考试很多、反正上本科没希望 | 多辅导个别成绩落后学生；适度的强调激励踏实学习；经常被督促背单词；没意见；老师对自己好 |
| 4 | 26 人表示喜欢教师创设的情境 | 有趣、好玩、生动；提高协助能力；放松大脑；自主学习机会；自由与轻松气氛；开拓知识；利于英语在日常中的使用；提供机会表现自己；课外英语阅读好；逐渐有英语思维；写作课的情境有助于激发写作意识；激发写作兴趣；提供写作灵感 | 提供多种媒体的英语，但听写视频情境太难；写作变得有趣；多做考试作文；少用中文；适当用中文 |

续上表

| 问题序号 | 访谈记录关键词 | | |
|---|---|---|---|
| | 现状描述 | 感受表达与观点阐述 | 追问 |
| 5 | 27 人表示喜欢上英语课 | 喜欢笑；用英语紧张；老师上课投入；课堂节奏好；老师备课充分；知识面广；有互动；课堂氛围轻松；不呆板；课外补充资源 | 给多点时间回答问题；不拖堂；先不管成绩落后的学生 |
| 6 | 27 人表示和教师关系更愉悦了 | 对调皮的学生要凶点；相互适应；适当严格；认真倾听、耐心解释；乐意请教老师；喜欢和老师聊天；老师平易近人、和蔼可亲；喜欢和学生谈心；开朗、乐观、坚定；总是鼓舞人、人生观积极；很容易找到她 | 做老师太辛苦；做英语老师要求很高；个别同学脾气不好，老师不要太内疚 |

由于笔者是本次行动研究的组织者和实施者，受访者对所提问题的回答可能有所顾虑，同时，本访谈结果也可能会受限于受访谈者的认知能力、性格特征与当时的心情。

### （二）教与学关系访谈结果的分析

根据统计，有 80% 的受访者认为课堂上教师的提问合适，认为教师提出的大部分问题能考虑到学生的特点，如学习基础、理解能力与表达能力；有 85% 的受访者认为教师的提问难度适中，有针对性，能帮助同学们加深对相关问题的理解；也有受访者认为教师提问的问题类型不单调，开放式问题较多；还有受访者认为教师喜欢追问，同时要求同学用英语回答，但很多同学觉得很难，故有时害怕被教师提问。

关于教与学关系的组织形式与效果。有 90% 的受访学生认为课堂上教师讲得比以前少了，英语课上同学们表现更活跃了，英语学习气氛比以前更浓。有 83% 的受访者能理解讨论的主题情境，认为讨论的内容还比较有趣，话题比较真实，能帮助和启发学生思考某些问题。而受访者最喜欢的讨论类型是编故事。在试卷讲评与分析方面，有的受访者表示最难的讨论类型是对社会现象发表观点。有的受访者认为讨论任务较难，而英语成绩优秀的受访者认为讨论任务较为容易。对于讨论活动的组织管理，受访者认为讨论时个别调皮的学生爱说闲话，爱跑题。也有受访者认为讨论的时间短了点，尤其在有小测任务的课堂里。当被问及对讨论之后的表达环节的看法时，有的受访者认为教师有足够的耐心，但成绩优秀的同学认为有时教师安排的等待时间太长，影响教学进度。至于讨论的作用，100% 的受访者认为其最大作用是能帮助提高英语的口头表达能力，还有的受访者认为能发展自己的英语思维，但也有英语落后的学生对是否发展了自己的思维没有感觉。

### （三）教学过程访谈结果分析

关于教师对考试成绩的处理问题。此访谈问题主要了解受访者对教学过程中教师教学目标的制定与实施效果情况。有 83% 的受访者认为英语教师比较少在英语课堂上强调考试成绩，但经常在班会课[①]上强调成绩的作用，不仅仅是英语学科，而是所有学科。但有的受访者认为教师的做法合适。有的受访者认为虽然英语教师在课堂上比较少强调考试成绩，但考试焦虑感仍然存在，因为学校每个月有月考，还有期中考和期末考。英语成绩落后的学生表示在课后受到英语教师的鞭策，如被建议多背诵单词和句子，以便在考试中取得该得到的分数，但英语教师的督促方式能被人接受，因为英语教师很和气。当被问及能接受怎样的教育时，受访者愿意或希望接受教师的课后辅导。

针对“情境—思维”课程开发研究，英语教师还对受访谈学生对此课程的核心词“情境”的看法做出统计。有 87% 的受访者喜欢英语写作课前的情境引入，认为这能激发自己对写作主题的兴趣。有的受访者喜欢英语写作课中的情境阐述，认为这能降低自己的写作的焦虑，成绩优秀与中等的受访者认为其能提供更多的写作灵感。另外，受访者希望教师能运用媒体创设更多类型的写作情境，如视频类和音频类。成绩优秀的学生希望教师能做更多的写作考试题型训练。对于写作后的评价情境，不少受访者认为需要更多的实施时间，成绩较为落后的学生希望教师能将写作情境用中文讲述一遍。

### （四）师生关系访谈结果分析

这道问题和行动研究前访谈问卷保持了一致。经过以“情境—思维”课程开发为载体的“求真—尚美—崇善”行动研究后，有 90% 的受访者认为和英语教师的关系更愉悦了，例如能主动向教师请教学习中的困难，乐意和教师分享生活中的感悟，教师会和学生分享生活中的趣事，主动关心学生的不良情绪，同时受访者表示对英语学习的兴趣和信心增强了。

关于教师的影响。通过实施本次行动研究，有 90% 的受访者认为英语教

---

① 英语教师同时兼班主任——笔者注。

师是一位称职的教师。但有67%的受访者表示以后不愿意做教师，认为做教师很辛苦。有85%的受访者认为从英语教师那里学到了要积极、主动地和人沟通，关系才会越来越好。也有女学生表示以后想和英语教师一样乐观和坚定。

从访谈结果可以看出，由于英语教师在教学中采取了具体的实践途径来实施“求真—尚美—崇善”行动研究，使学生对教学关系状态的感受与理解发生了较大的变化。某些方面的变化还是比较大，如教师的提问充分考虑了学生的特点，提问的层次性更明显，学生的积极思考参与度更大。学生在讨论活动内容上能联系主题意义，让学生言之有物，尤其发挥了优秀学生的探究合作能力。教师创设了不同阶段的情境，让学生更投入于英语学习，开拓了学生的思维。教师在与学生的交往过程中，尊重学生的情感与经验，积极想办法和学生进行良好互动，激发了学生英语学习的信心，达到了“亲其师、信其道”的目的，教师的为人处事态度为学生起到了示范作用。

毫无疑问，所有这些教与学关系、教学过程和师生关系的具体行动改变为英语教学效果的改善奠定了基础。

## 二、教学关系的学生自我调查问卷分析

本次行动研究前后，笔者分别组织了两次教学关系学生自我调查问卷（附录6），由此可以看出，在英语教学中开展“求真—尚美—崇善”教学关系后，学生们对教学关系的认识更深刻，教学关系得到了改善（见表8－5）。

**表8－5　教学关系行动研究前后检测 $t$ 检验结果**

| 题目 | 测试段 | 成对差分 | | | | | $t$ | df | Sig.（双侧） |
|---|---|---|---|---|---|---|---|---|---|
| | | 均值 | 标准差 | 均值的标准误 | 差分的95%置信区间 下限 | 差分的95%置信区间 上限 | | | |
| G1 | 前测—后测 | 1.03 | 1.57 | 0.25 | 0.51 | 1.54 | 4.04 | 37 | 0.00 |
| G2 | 前测—后测 | 0.90 | 1.59 | 0.26 | 0.37 | 1.42 | 3.47 | 37 | 0.00 |
| G3 | 前测—后测 | 1.05 | 1.43 | 0.23 | 0.58 | 1.52 | 4.53 | 37 | 0.00 |
| G4 | 前测—后测 | 0.29 | 1.09 | 0.18 | −0.07 | 0.65 | 1.64 | 37 | 0.11 |
| G5 | 前测—后测 | 0.21 | 1.44 | 0.23 | −0.26 | 0.68 | 0.90 | 37 | 0.37 |
| G6 | 前测—后测 | 1.03 | 1.87 | 0.30 | 0.41 | 1.64 | 3.39 | 37 | 0.00 |
| G7 | 前测—后测 | 0.55 | 1.97 | 0.32 | −0.09 | 1.20 | 1.73 | 37 | 0.09 |

续上表

| 题目 | 测试段 | 成对差分 | | | | | t | df | Sig.（双侧） |
|---|---|---|---|---|---|---|---|---|---|
| | | 均值 | 标准差 | 均值的标准误 | 差分的 95% 置信区间 | | | | |
| | | | | | 下限 | 上限 | | | |
| G8 | 前测—后测 | 0.55 | 1.93 | 0.31 | −0.08 | 1.19 | 1.77 | 37 | 0.09 |
| J1 | 前测—后测 | 0.21 | 1.17 | 0.19 | −0.17 | 0.59 | 1.11 | 37 | 0.27 |
| J2 | 前测—后测 | 0.29 | 1.27 | 0.21 | −0.13 | 0.71 | 1.40 | 37 | 0.17 |
| J3 | 前测—后测 | 1.26 | 1.57 | 0.25 | 0.75 | 1.78 | 4.96 | 37 | 0.00 |
| J4 | 前测—后测 | 0.24 | 1.28 | 0.21 | −0.18 | 0.66 | 1.14 | 37 | 0.26 |
| J5 | 前测—后测 | 0.55 | 1.43 | 0.23 | 0.08 | 1.02 | 2.39 | 37 | 0.02 |
| J6 | 前测—后测 | 0.84 | 1.57 | 0.25 | 0.33 | 1.36 | 3.31 | 37 | 0.00 |
| J7 | 前测—后测 | 0.39 | 1.35 | 0.22 | −0.05 | 0.84 | 1.81 | 37 | 0.08 |
| J8 | 前测—后测 | 0.18 | 0.98 | 0.16 | −0.14 | 0.51 | 1.16 | 37 | 0.26 |
| J9 | 前测—后测 | 1.37 | 1.68 | 0.27 | 0.82 | 1.92 | 5.01 | 37 | 0.00 |
| J10 | 前测—后测 | 0.89 | 1.57 | 0.26 | 0.38 | 1.41 | 3.51 | 37 | 0.00 |
| J11 | 前测—后测 | 0.42 | 1.20 | 0.19 | 0.03 | 0.82 | 2.16 | 37 | 0.04 |
| S1 | 前测—后测 | 1.74 | 1.18 | 0.19 | 1.35 | 2.12 | 9.09 | 37 | 0.00 |
| S2 | 前测—后测 | 0.03 | 1.62 | 0.26 | −0.51 | 0.56 | 0.10 | 37 | 0.92 |
| S3 | 前测—后测 | 0.08 | 0.63 | 0.10 | −0.13 | 0.29 | 0.77 | 37 | 0.45 |
| S4 | 前测—后测 | 0.13 | 0.48 | 0.08 | −0.02 | 0.29 | 1.71 | 37 | 0.10 |
| S5 | 前测—后测 | 0.39 | 1.57 | 0.25 | −0.12 | 0.91 | 1.55 | 37 | 0.13 |
| S6 | 前测—后测 | 0.82 | 1.14 | 0.18 | 0.44 | 1.19 | 4.43 | 37 | 0.00 |
| S7 | 前测—后测 | 0.71 | 1.45 | 0.24 | 0.23 | 1.19 | 3.02 | 37 | 0.01 |
| S8 | 前测—后测 | 0.84 | 1.81 | 0.29 | 0.25 | 1.44 | 2.87 | 37 | 0.01 |

从表 8－5 可以看出，“求真—尚美—崇善”教学关系的表现指标共有 27 个三级指标，有 16 个指标基本相同，即 $t$ 值为 0.00～0.001（$P>0.05$），有 8 个指标前后变化非常显著（$P<0.00$），分别为 G1，G2，G3，J3，J9，J10，S1，S6。为了更详细地分析学生在行动研究前后对教学关系表现的感受变化，下面逐一具体分析。

## （一）对英语学习内容的满意度（G1）

从表 8－5 可以看出，本项前、后测的 $t=4.04$，Sig.（双侧）$=0.00$，说明前、后测得分之间有非常显著性差别，教师有了改善，学生对英语学习内容满意度有显著性提高（$P<0.05$）。笔者在行动研究的过程中，给学生补充了大量的英语阅读材料，且定期进行分享与交流，拓宽了学生英语学习的途径。

### （二）对目前英语学习方式的满意度（G2）

从表8-5可以看出，本项前、后测的$t=3.47$，Sig.（双侧）$=0.00$，说明前、后测之间有显著性差别，教师进行教学方式调整，学生对英语学习方式的认同度有显著性提高（$P<0.05$）。研究中发现，高一学生需要英语学习方式的指导，笔者对受试学生进行了单词记忆方法、思维提升训练，深受学生喜欢。

### （三）对英语学习的评价方式的满意度（G3）

从表8-5可以看出，本项前、后测的$t=4.53$，Sig.（双侧）$=0.00$，说明前、后测得分之间有非常显著性差别，教师改变评价方式，学生对英语学习内容枯燥认同度有显著降低（$P<0.05$）。的确，笔者对参加行动研究的学生增加了表现性评价，即把学生平时的读书笔记、课堂问答、开放式作业纳入学生期末学业评价之中，学生的英语学习积极性也有所提高。

### （四）教师课堂教学内容的枯燥程度（J3）

从表8-5可以看出，本项前、后测的$t=4.96$，Sig.（双侧）$=0.00$，说明前、后测得分之间有非常显著性差别，教师改变了教学内容，学生对英语学习内容枯燥认同度有显著性降低（$P<0.05$）。行动研究后，笔者改变了以前“教师以讲解练习为主”的教学方式，而是选择了形式多样的教学资源作为教学内容，例如英语报刊文章、文学作品、杂志美文，还有不同媒体的教学内容，如微课视频、录音材料和海报广告等，丰富了教学内容。

### （五）学生经常不能明白教师的讲解（J9）

从表8-5可以看出，本项前、后测的$t=5.01$，Sig.（双侧）$=0.00$，说明行动研究开始后学生对教师的讲解理解程度提高了。通过了解知道，学生经常不能明白教师的讲解。笔者首先了解了原因。有部分学生反映上课时教师使用太多英语授课而听不懂，坐在后面的男生希望教师能走到课室的中间讲课，还有的学生建议教师第二天能引领学生复习重点。笔者采纳了学生的建议，同时还经常在课间主动问学生是否有不明白的地方，主动请教笔者的学生也越来越多了。

### （六）教师改进学生学习方法的能力（J10）

从表 8 - 5 可以看出，本项前、后测的 $t = 3.51$，Sig.（双侧）= 0.00，说明行动研究后学生对本指标的感觉变化较大。事实上，笔者一改之前只研究教法，不研究学法的做法。首先笔者调查了学生在英语学习方面的困难。大部分学生反映单词记忆是他们的短板。然后笔者不再要求学生死记硬背英语单词、句子和语法，而是给学生推荐了多种单词记忆方法，如联想记忆法、构词法记忆法、想象记忆法、音形义结合法、情境联系法及 APP 软件辅助法，同时还对词汇基础特别薄弱的学生进行个别辅导和跟踪鼓励，取得了很好的效果。

### （七）英语教师常讽刺和嘲笑学生（S1）

从表 8 - 5 可以看出，本项前、后测的 $t = 9.09$，Sig.（双侧）= 0.00，说明行动研究后学生对教师经常讽刺和嘲笑学生的观念改变比较大。行动前、后，有的学生认为笔者经常讽刺和嘲笑别的学生，笔者觉得很意外。经过与学生沟通，笔者才明白自己平时自认为的玩笑、幽默被认为是讽刺学生，笔者偶尔的举例也会被学生当成了讽刺。学生告诉笔者，在学生心里，教师是正能量的化身、理性的代表、智慧的表率，无论何时，他们都期待教师耐心、正面地引导他们，而不是用激将法和反面教育等方式促使学生学习，笔者理解了学生，也改变了做法，赢得了学生真正的尊重。

### （八）学生关心英语教师的程度（S6）

从表 8 - 5 可以看出，本项前、后测的 $t = 4.43$，Sig.（双侧）= 0.00，说明前、后测得分之间有显著性差别。行动研究以来，笔者经常有意识地表达对学生的关心，除了在课间辅导学生之外，有时在课堂中见到某位学生情绪不佳也会主动表示关心，还会积极参加学生的集体活动。师生的交往是互动的，当学生感受到了教师全方位的关心，学生也逐渐开始关心教师，这是师生关系情感、伦理与业务综合崇善的表现。

教学关系学生自我调查问卷反映了学生在参加研究前后对于教学关系看法的变化。很明显，通过实施“求真—尚美—崇善”的英语教学，学生对教学关系的满意度提高了。可惜的是，对于笔者关心的某些指标，如 J2“英语教师强调考试成绩的程度”和 J4“英语教师讲练习题的程度”等，学生的认同率变化小。笔者在行动研究中做了不少的改变，如减少重复性的练习作业，有意识地强调学习过程的意义，而不是考试成绩，但学生似乎还是没有强烈的感受，这很可能与笔者的行动力度有关，也可能与从小学开始养成的应试思维有关，因为价值观的改变非一日之功，更非一人之力可成。当然，这还很可能与学生所在的年级、学校的教学关系环境没有任何改变有关。

## 三、参与研究学生的学业成绩前后对比

本行动研究从2017年9月开始，第一次较为正规的统一测试是该学期的期中考试，故将此次成绩作为学生的前测成绩，与之对比的是该学期的期末考试。

两次考试的试卷在信度、有效度方面基本一致，参加测试的学生前后保持了一致，均为52名，其中男生29人，女生23人。

表8－6　行动研究前后学生学业成绩前后测 $t$ 检验结果

| 题目 | 前测 | 后测 | $n$/人 | 测试段 | 成对差分 | | | | | $t$ | df | Sig.（双侧） |
|---|---|---|---|---|---|---|---|---|---|---|---|---|
| | | | | | 均值 | 标准差 | 均值的标准误 | 差分的95%置信区间 下限 | 差分的95%置信区间 上限 | | | |
| 1 | 86.00 | 92.33 | 52 | 前测—后测 | －6.33 | 9.85 | 1.37 | －9.07 | －3.59 | －4.63 | 51 | 0.00 |

可见，$t=-4.63$，Sig.（双侧）=0.00，说明前、后测得分之间有非常显著性差别，再从均数来看，前测得分的均值为86.00，后测得分均值为92.33，可见，后测得分明显高于前测得分，教学关系有了改善，学生的学习成绩有显著性提高（$P<0.05$）。

## 四、教学案例分析

本研究以高一英语（Unit 4 Module 4 Body Language ）单元主题写作教学为例（附录4），阐述“求真—尚美—崇善”教学关系在教学设计、教学实施和教学评价等方面的运行。为了体现出教与学关系的生动真实，创设了大量符合学生特点的情境，同时考虑到了各个阶段的教学目标。同时，在语言内化环节，教师的提问循序渐进，且能做到耐心、及时地解答与追问学生，培养学生的深入思考的能力。为了体现教学过程的探究合作，本节课根据教学设计逐步实施教学过程，从一个情境推进到下一个情境，由容易到难，逐步推进，能根据教学对象的掌握情况，采用不同活动形式，如个人活动、小组活动和集体活动，组织各种语言实践活动，如朗读、讨论、提问、自评和

互评，推进教学实施过程的各个环节。为了体现出师生关系的示范对话，教师在写作热身阶段对描述照片人物情绪的过程中主动示范并引领学生大胆自信投入到该环节中，在辅导学生的讨论活动时，鼓励学习落后的学生通过小组成员接龙的方式完成写作和对作品的评价，体现了教师的教学机智。

本教学案例一方面论证了“求真—尚美—崇善”教学关系改善英语教学的可行性，另一方面为进一步发展和充实“求真—尚美—崇善”教学关系的实践途径提供了可能。

行动研究中的半结构式访谈、学生学业成绩变化、教学关系学生自测、教学案例分析等构成了“多角互证”，检验和论证了人性视角下教学关系能改善教师教学行为及提高学生学业成绩的观点。可以看出，本研究建构的“情境—思维”英语教学论证了“求真—尚美—崇善”教学关系能基于学生的本性发展、认知水平及精神需求，能引领教师设计探究合作的教学过程，实施生趣真实的教与学关系，能启示教师随时示范，与学生在对话中真正平等交流，共同成长，从而改善教学关系，最终提高教学效果。

# 第九章 “求真—尚美—崇善”教学关系的课堂构建研究：人性的敞亮之三

为进一步检验与充实人性视角下教学关系的实践途径，本研究结合教学实践与行动研究提出了“求真—尚美—崇善”教学关系的中学英语课堂内涵、构建原则与策略，构建了“求真—尚美—崇善”教学关系的中学英语课堂观察量表，并进行了案例实证。通过课堂构建研究得出了人性视角下教学关系的实践途径：生趣真实的教与学关系，探究合作的教学过程，示范对话的师生关系。最后本章总结了人性视角下教学关系的运行机制。

## 第一节 中学英语课堂教学关系存在问题的原因分析

笔者除了在一线进行教学实践外，还定期组织名师工作室成员进行课堂观察与研讨，在研讨过程中发现，当下中学英语课堂教学关系的“非人性”现象主要有：教与学关系实施中，无论是先学后教，还是先教后学，学生学习的内容依然是以统一的、静态的书面练习为主，缺乏对学生个体性的关注。这一点在高中阶段尤为明显。在教学过程中，教学设计形式上围绕“素养”和“能力”，但实施中探究得太少，小组合作的深度不够，缺乏对学生批判性思维和独立意识的培养。师生关系中教师与学生的交流更多是围绕如何做题与完成练习而进行，缺乏对学生人格、品德的关注。这一点在初中阶段对师生关系产生了不好的影响，不少学生把学英语和做英语题等同起来，反映自己对英语学科缺乏兴趣与师生之间狭隘的交流有关。细思其原因，主要有以下三个方面。

## 一、英语课程的育人价值有待彰显

英语是“国际交流与合作的重要沟通工具，是思想与文化的重要载体。”① 英语学科作为基础教育阶段三大必修课程之一，是落实立德树人根本任务的基础文化课程。英语课程帮助学生发展跨文化交流能力，为他们学习其他学科知识、汲取世界文化精华、传播中华文化创造良好的条件；帮助学生树立人类命运共同体意识和多元文化意识，形成开放包容的态度，发展健康的审美情趣和良好的鉴赏能力，加深对祖国文化的理解，增强爱国情怀，坚定文化自信，树立正确的世界观、人生观和价值观，为学生未来参与知识创新和科技创新，更好地适应世界多极化、经济全球化和社会信息化奠定基础②，是工具性与人文性功能实现的统一。但在教学实践中，英语课程主要实现了帮助学生升学的功能，学科育人的思想没有真正得到落实。如学生的语言能力，尤其是用英语自由表达与交际的能力有待加强，跨文化交流意识与能力比较薄弱，多元思维与批判性思维有待开拓，学习的能力与策略有待提升。这既与当下基础教育阶段教育大环境有着密切的联系，也是教学关系出现了异化的影响。现实中，教学关系的各行为主体，如社会、学校、教师与学生都有意无意地远离了英语学科所特有的教学关系特点，如适性有趣有益的教与学关系，动态生成的教学过程和活泼温暖的师生交往。所以在英语教学中切实培养学生核心素养是彰显课程育人功能的当务之急。

## 二、英语教师综合素养参差不齐

英语课堂中的教学关系集中反映了教师的专业能力，包括英语语言能力、学科教学能力、课堂管理能力及性格智慧等，这都是一位教师综合素养的高度体现。笔者在课堂观察中发现，专家型教师和新手型教师的课堂教学关系有着明显的差别。在师生关系方面，新手型教师更关注师生对话的权威，而专家型教师更喜欢启发学生思考与提出问题。在教学过程中，专家型教师会根据不同的学情选择不同的教学方法，注重课堂的生成性。而新手型教师更注重教学目标的达成与内容的完整。在教与学关系中，专家型教师组

① 中华人民共和国教育部. 普通高中英语课程标准（2017 年版）[M]. 北京：人民教育出版社，2018：1.

② 中华人民共和国教育部. 普通高中英语课程标准（2017 年版）[M]. 北京：人民教育出版社，2018：1 -2.

织小组活动时会把握时机循序渐进引领学生深入思考，而新手型教师更注重小组活动的气氛与任务的完成。另外，专家型教师会更关注学生的活动参与度，在提问时会设计不同的问题针对不同层次的学生，而新手型教师会更关注教学的进度，在提问时更关注学生的应答速度，无意中学生被当成了完成教学任务的工具。

### 三、学生的主体地位亟须真正凸显

“以学生为中心”的英语课堂教学随着新课程的开展被广大教师所熟悉，但学生的主体地位更多地仅停留在文件口号和教学设计里。其一，以满足应试的主体代替英语语言综合能力发展的主体。当下不少教学管理者和教师高强度、高密度地训练学生的解题能力和应试能力即是以学生为主体，虽然考试是教学评价重要的方式之一，但用评价手段代替教学过程的丰富性恰恰是以牺牲学生主体的多元发展为代价的，尤其是当下小学阶段和初中阶段愈演愈烈的考试风、练习潮、刷题热都占据了学生的自由时间，英语学科也不例外，学生的英语学习兴趣和主体意识被极大地淹没在题山习海之中。其二，讲授为主的教学方式削弱了学生的主体发展能力。一方面，作业的单向讲授占了教师课堂的大部分时间，另一方面，由于缺乏语言运用和思维锻炼，学生的英语主体发展能力得不到提高，造成了高分低能或哑巴英语。事实上，作为一门交流工具，英语课程需要教师设计更多的语言实践活动以便学生学习及运用英语语言。其三，单一的教学内容窄化了学生的主体发展途径。英语是国际通用语，英语语言材料相当丰富，但当下英语教学中不少教师依然持依纲靠本的教学观念，对英语语言知识的学习一味强调死记硬背，导致学生对学习英语不感兴趣。同时，教师将生动有趣的英语读物变成一道一道题目，导致学生忽略学习途径的拓宽。总之，种种行为导致英语课堂教学关系出现了事实上的、实质上的以教师为中心，而忽视学生的主体地位的情况。

## 第二节　“求真—尚美—崇善”教学关系的中学英语课堂构建

“求真—尚美—崇善”教学关系主要表现在三个方面，即生趣真实的教与学关系、探究合作的教学过程和示范对话的师生关系。通过前一章的英语教学行动研究和当下中学英语教学关系分析，本研究提出“求真—尚美—崇善”教学关系的英语课堂构建内涵、原则和策略，旨在全面发展学生个体性；引领学生社会性平衡发展、坚定发扬学生善性。

## 一、“求真—尚美—崇善”教学关系的中学英语课堂内涵

作为一门外语，英语学科是中学教育中一门基础学科。作为一门语言，英语学科具有独特的人文性；作为一门交流工具，英语学科具有较强的工具性。但受应试教育的影响，英语学科教学中，它的语言和工具属性被忽略，不少教师持有“为了考试而教英语”的理念，很多学生认为学英语就是为了考试与升学，而忽视了英语学习本身的人文魅力。人性视角下教学关系的中学英语课堂以学生发展为中心，以学生的英语学科学习为载体，以生趣真实的教与学关系、探究合作的教学过程和示范对话的师生关系为表现特征，旨在培养和发展学生求知之真、探究之美和向善之心的自然、丰富与和谐之人性。

## 二、“求真—尚美—崇善”教学关系的中学英语课堂构建原则

教学关系具有基于人性、利用人性和为了人性的特点，本研究结合中学英语学科的课程目标、性质和特征，认为构建人性视角下教学关系的中学英语课堂必须遵循“真、美、善”的原则。

### （一）学科性原则——真的原则

此原则的使用与如何把英语语言与工具的魅力融入英语学科教学之中密切相关。首先要考虑英语学科的本质和特征。英语学科是“一门学习及运用英语语言的课程……旨在为学生继续学习英语和终身发展打下良好基础……强调对学生语言能力、文化意识、思维品质和学习能力的综合培养，具有工具性和人文性融合统一的特点”①。这要求教师在构建课堂时需从英语学科的整体高度来思考教学关系，同时教师要帮助学生了解学生英语课程的性质、目的和特征，加强英语学科学习的意义感。其次要求教师以求真探索的方式构建课堂的整体教学关系、教与学关系、师生关系等课堂教学表现。再次要求教师了解微观层面的教学目标、教学内容、教学过程、教学方法及教学评价等，准确的、合适的、合理的、均衡的课堂教学关系是学科性原则的反映。

① 中华人民共和国教育部. 普通高中英语课程标准（2017 年版）[M]. 北京：人民教育出版社，2018：1.

### （二）目标性原则——善的原则

此原则主要针对课堂教学目标的达成提出的。教学目标达成是课堂教学关系存在与发展的核心条件。课堂是实现教学关系价值的场所。教学关系的运行与学校、教师、学生、教材等主体有关，但它的课堂主体主要是教师与学生。人性视角下教学关系的课堂实施主要体现在师生人性的顺应、发展与达成，如是否体现学生的可塑可成、喜新探新和爱善向善的个体性发展，社会性需求和价值观追求。中学英语课堂兼备人文性与工具性于一体，课程与课堂的目标设计应以学生的人性发展、教学内容的人文性、教学方法及评价为核心。

### （三）科学性原则——美的原则

此原则遵循课堂教学中学生的学习心理、合理的教育科学逻辑和具体教学内容的内在逻辑。人性视角下教学关系的课堂要围绕知识、能力和素养等教学目标的生成方式，如启发性的教学方法、小组合作式的活动组织、对话交流的师生关系等而构建。

## 三、“求真—尚美—崇善”教学关系的中学英语课堂构建策略

“求真—尚美—崇善”教学关系下的中学英语课堂旨在通过实施人性视角下的教学关系，让课堂充满生趣以顺应人性发展，体现课程育人的设计与实施，展现师生美好的对话交流，从而改善英语课堂教学，实现学生成长。

### （一）更新教育教学理念，完善英语 PCK 知识

教育的出发点是人，宏观上教师要认同并运用人为核心的教育理念：教育教学是为人的，也是人为的。中学教育中，英语作为一门外语，兼具人文性和工具性功能，它对学生的语言能力、学习能力、思维品质和文化意识的发展具有独特的意义。学科教学知识（PCK）是教师知识最核心的体现，它是关于教师怎样把自己所知道的学科知识传递、转化给学生的知识，是将教学知识、学科知识、学生知识、课程知识等多种知识进行融合，综合形成一种教师在学科教学中体现出的实践性知识。[①] 自我反思与同伴听课是更新教师教学理念，提高教师实践性知识的有效途径。首先教师要更新教学观念，

---

① 教育部教师工作司. 中学教师专业标准（试行）解读［M］. 北京：北京师范大学出版社，2013：15.

在英语课程设计中既要凸显英语学科的核心价值，更要落实英语课程的育人价值。其次英语教师要关注教育教学研究热点，以研究的精神与探究的态度对待教育教学工作。最后教师在日常生活中要主动接触地道的、鲜活的英语语言材料，提高英语教学的综合素养。

### （二）培养“关系”意识，提高课堂设计能力

教师要培养整体教学关系意识。教学关系是教学内容、教师、学生、班级和学校等各主体一起运行的表现，它不仅是教师与学生的关系处理问题，更多的是教师与教学内容、学生等主体之间的碰撞。教师首先要构建以“学生发展”为中心的整体教学关系。在课堂设计上，主张组织生趣真实的教学活动以顺应人性发展，主张以探究与合作的教学过程以发扬人性，师生要相互对话与以彰显人性美好。在英语学科教学中落实学生发展核心素养的培养。在教与学关系中，教师要有意识地远离“一言堂”，不做话痨，不做“话霸”，切实做到以学生为中心。教师要创设情境让学生学习语言和使用语言，切实体现英语学科工具性的特点。教师要组织活动激发学生思维的批判性与创造性，切实体现英语学科人文性的功能。教师要持开放的态度，示范自己对异质思维与异域文化的热情，引领学生进行深度学习。

### （三）运用“关系”思维，增强课堂实施效果

教师要运用“关系”思维，提高课堂实施效果。“求真—尚美—崇善”教学关系的三个层面，即生趣真实的教与学关系、探究合作的教学过程和示范对话的师生关系中，起着最重要作用的分别是教学内容的处理、教学方法的选择和师生对话的实施。提问的有效性要注意问题的类型，如多样开放式问题而不是封闭式问题，情境的创设要适合不同层次、不同水平的学生，英语学习内容的解读要渗透文化意识和思维品质的培养，教学方法的选择要了解不同学生的风格，英语教师的示范对于学生的语言表达起着非常重要的作用。另外，不同的英语课型可以构建不同的整体教学关系思维，如阅读课可构建以“主题—思维”为核心的教学关系，写作课可构建以“情境—思维”为核心的教学关系，听说课可构建以“信息—文化”为核心的教学关系。

总之，在“求真—尚美—崇善”教学关系理念下的课堂里，教与学关系实施的求真体现在教的行为与学的行为融为一体，教学过程的尚美体现在课程预设的合理与生成的活泼，师生关系的崇善体现在教师与学生平等友好的共生共长之中。让课堂充满生趣以顺应人性发展，体现课程育人的设计与实施，展现师生美好的对话交流。

# 第三节 “求真—尚美—崇善”教学关系的课堂观察量表的制定

课堂是教学关系表现最直接、最重要的表现场所。课堂观察作为一种量性与质性相结合的研究方法，是研究课堂教学关系的有效方式。在课堂观察研究中，笔者基于教学关系的理论基础和对当下课堂教学关系中的“非人性”现象的反思，通过构建科学、有效的观察指标，论证和发展人性视角下教学关系的实践可能性与可行性。

## 一、课堂教学关系观察依据的确定

观察课堂的教学关系时，首先要确定观察依据。笔者选取的依据是以课堂中学生的人性运行为核心的。课堂中的教学关系表现出双重特点，课堂及师生的外在教学具体表征和内在的运行逻辑。所以课堂观察依据兼具显性和隐性特征（见图 9－1）。

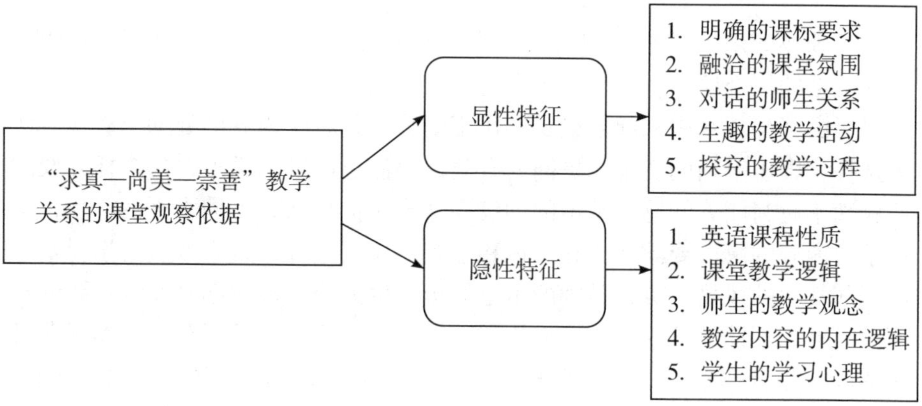


**图 9－1 “求真—尚美—崇善”教学关系的课堂观察依据**

### （一）“求真—尚美—崇善”教学关系课堂观察的显性特征

“求真—尚美—崇善”教学关系的课堂观察显性特征有以下五个方面。

1. 明确的课标要求

基础教育阶段学科教学的目标制定均离不开课标的要求，也是学校和教师构建课堂和实施教学的主要目的。课堂观察的实施离不开对课标要求的完成情况。

2. 融洽的课堂氛围

课堂氛围是教学关系运行的直接表现，人性视角下教学关系的课堂实施由于充满着人文关怀，表现出愉悦的学习环境，积极的探索精神和向善的交流。

3. 对话的师生关系

师生是课堂教学关系状态的决定者，教师的示范是学生学习的直接榜样，教师对教学内容的理解与引领方式影响着师生之间对话的生成与向善交流的实现。

4. 生动的教学活动

教学活动是教师与学生对话的主要媒介，教师应以学生的学习基础、学习能力、天性发展的真实状况为基础，助力学生的成长。

5. 探究的教学过程

课堂的教学过程包含着教师对课堂目标的设计、把握与评价。能否充分激发学生的好奇之情，并在教学实施中着眼改善学生的个体性存在和社会性存在的状态，组织探究合作的教学过程是人性视角下教学关系得以发展的重要条件。

### （二）“求真—尚美—崇善”教学关系课堂观察的隐性特征

“求真—尚美—崇善”教学关系的课堂观察隐性特征有以下五方面。

1. 英语课程性质

课堂活动的行为指导是英语课程的性质与特点，即学习与运用英语语言，课堂活动要围绕学习与运用英语语言而进行。这样的英语课堂才能体现出兼具人文性与工具性的性质与特征，表现出教学关系反映学科内在的要求。

2. 课堂教学逻辑

教学关系是课堂教学最自然的反映。任何课堂的运行离不开教学作为一项特殊活动的内在逻辑。人性视角下教学关系的课堂也是如此。教学的内在逻辑制约着课堂的导入、推进、发展和评价等活动。

3. 师生的教学观念

人性视角下教学关系的存在离不开教师与学生的教学观念。在当前的教育环境下，教师应激发、帮助和引导学生更新学习观念，在教学中要有效渗透“何为学习？学习为何？”等本源性问题的思考，而不是不断强化教育教学的应试功能。

4. 教学内容的内在逻辑

这里的教学内容指的不仅仅是静态的教学知识，如教材、学案等，更多指的是可以用来作为教学目标的动态内容，如学生的能力要求、核心素养等。这种知识、能力和素养本身的内在结构与逻辑也影响了教学关系的运行与发展。

5. 学生的学习心理

学生是影响教学关系状态的重要主体。课堂构建不能脱离学生的学习心理考量，否则课堂教学关系只是教师的自说自话。课堂观察也不能离开对学生学习心理的考虑，尤其是学生的个体性存在、社会性存在和善恶性心理等。

"求真—尚美—崇善"教学关系的课堂观察依据的厘清进一步为观察研究的指标选取与确立指明了方向。英语学科的课程要求、性质、课堂教学、教学内容、教学观念和学生的学习心理等为顺利开展教学关系的课堂观察做好了充分的准备工作。

## 二、课堂教学关系观察指标的遴选

笔者结合诊断依据和教学实践经验，确立了覆盖 3 个层面的观察指标。具体来说，选取了 4 个一级观察指标，分别从教学关系的本体维度、认识维度和价值维度等 3 个层面的表现中选取了 10 个二级指标，并按其内部逻辑选取与实践需求相符的 28 个三级指标，旨在构建一个有效可行的课堂教学关系的观察体系。整个观察体系指标的遴选遵循教学关系从整体到部分，从宏观到微观，从理论到实践的思路。生趣真实的教与学关系是课堂中教学关系的最直接反映，是整个观察存在与发展的基础，探究与合作的教学过程是课堂教学关系中存在的时空与背景。示范对话的师生关系是教学关系存在的价值，是教学关系存在的最终目的，引领着教学关系向"成性成人"的方向发展。观察量表构建的内在逻辑结构图见图 9－2。

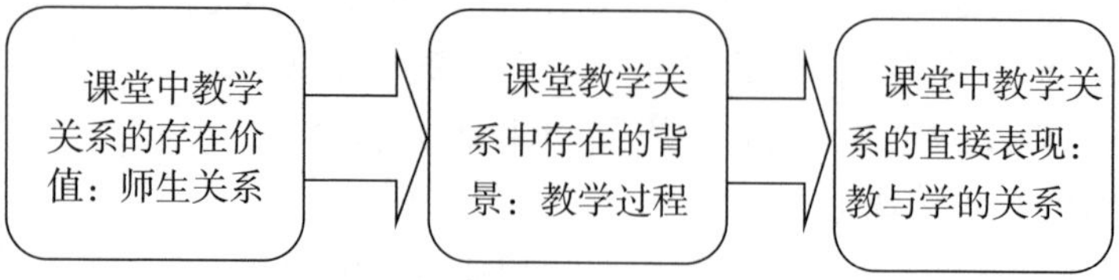


**图 9－2 "求真—尚美—崇善"教学关系的课堂观察量表构建的内在逻辑结构图**

### （一）指标1：生趣真实的英语课堂教与学关系

英语课堂中的教与学关系指教师基于一定的教学目标、教学内容，按照一定的教学方法组织教学活动，在教学活动中与其他主体，如教材、班级文化，尤其是学生产生的关系。本研究在一级指标的基础上划分了3个二级指标，分别是真实的教学内容、生动的教学活动、合适的教学方法。然后在3个二级指标下划分了8个三级指标，真实的教学内容强调的是教师创设的英语学习情境，内容具有有趣性及人文意义；生动的教学活动中需观察的是活动的互动性、参与度；合适的教学方法需观察的是教师提问的类型、耐心的倾听及指导的具体与否。具体见表9－1。

**表9－1　生趣真实的教与学关系观察指标**

| 一级指标 | 二级指标 | 三级指标（教师行为） | 三级指标（学生/课堂行为） |
|---|---|---|---|
| 生趣真实的教与学关系 | 真实的教学内容 | 教师创设适合学生特点的情境 | 学生对该情境感兴趣 |
| | | 教师呈现有趣的教学内容 | 学生对该内容感兴趣 |
| | | 教师挖掘教学内容的人文意义 | 学生理解了该意义 |
| | 生动的教学活动 | 教师组织师生互动活动 | 学生积极参与师生互动活动 |
| | | 教师组织小组、生生互动活动 | 学生积极参与小组、生生互动活动 |
| | 合适的教学方法 | 教师提问时使用开放式问题 | 学生乐于回答开放式问题 |
| | | 教师耐心倾听学生的回答 | 学生积极回答问题 |
| | | 教师具体指导学生深入思考 | 学生积极深入思考 |

### （二）指标2：探究合作的英语课堂教学过程

英语课堂教学过程中的教学关系指教师根据在设计、实施和评价英语课堂的过程中，教师与学生、课程及其他主体产生的关系。本研究在一级指标的基础上划分了3个二级指标，分别是美的教学设计、美的教学实施和美的教学评价。然后在3个二级指标下划分了9个三级指标，美的教学设计强调目标的契合性与理念的育人性；美的教学实施需关注学生在探究合作学习过程中的预设与生成；美的教学评价需重视教师对学生的过程、结果及对象表现的评价。具体见表9－2。

**表9－2　探究合作的教学过程观察指标**

| 一级指标 | 二级指标 | 三级指标（教师行为） | 三级指标（学生/课堂行为） |
|---|---|---|---|
| 探究合作的教学过程 | 美的教学设计 | 教师设置的教学目标符合学生学情 | 学生清楚教学目标 |
| | | 教学设计重视课程育人的理念 | 学生感受到英语学习的意义 |
| | 美的教学实施 | 教师引导学生探究合作学习 | 学生积极探究合作学习 |
| | | 教师关注了学生是否跟得上进度 | 学生跟得上进度 |
| | | 课堂生成了预设之外的问题 | 学生提出了新的问题 |
| | 美的教学评价 | 教师评价学生的学习过程 | 学生被评价时备受启发 |
| | | 教师评价学生的学习结果 | 学生被评价时备受启发 |
| | | 教师评价学生个人的学习表现 | 学生被评价时备受启发 |
| | | 教师评价全班的表现 | 学生被评价时备受启发 |

## （三）指标3：示范对话的英语课堂师生关系

英语课堂教学过程中的师生关系指课堂情境内的教师与学生相处状态的具体表现。本研究在一级指标的基础上划分了3个二级指标，分别是平等的伦理之善、互爱的情感之善和理解的业务之善。然后在3个二级指标下划分了8个三级指标，平等的伦理之善观察的是教师与学生之间基于特殊身份的相处之道；互爱的情感之善着重的是师生之间的情感表达；理解的业务之善强调为了实现师生的共生共长，教师帮助学生成性的专业展现及学生的回应。具体见下表9－3。

表9-3 示范对话的师生关系观察指标

| 一级指标 | 二级指标 | 三级指标（教师行为） | 三级指标（学生/课堂行为） |
| --- | --- | --- | --- |
| 示范对话的师生关系 | 平等的伦理之善 | 教师对学生始终友好，对教学很有热情，上课精神饱满 | 学生对教师始终友好 |
| | | 教师鼓励学生表达不同观点或意见 | 学生勇于表达自己观点或意见 |
| | | 教师提问时关注了不同水平的学生 | 学生很高兴自己被关注 |
| | 互爱的情感之善 | 教师提问时很耐心 | 学生回答时很认真 |
| | | 教师能关注全体学生身心健康，给学生传递正能量 | 学生积极与教师互动 |
| | 理解的业务之善 | 教师积极示范学习 | 学生积极模仿学习 |
| | | 教师分享体会、经历与观点 | 学生乐于分享 |
| | | 教师能启发学生思考问题，而不总是灌输 | 学生积极参与学习 |

## （四）指标4：整体的教学关系

各个维度的运行形成了教学关系的整体运行。英语课堂的整体的教学关系指课堂情境内各教学主体，包括教师与学生、教学设计者与实施者、教学内容的选择与学生，主要是教师与学生等主体相处的状态表现。本研究在一级指标的基础上划分了1个二级指标，即和谐自然的课堂。然后在1个二级指标下划分了3个三级指标，即教师的教学节奏是否适当，与之对应的是学生的学习专注度；教师的教学目标是否合理，与之对应的是学生深入思考的程度；师生所创设的课堂气氛是否自然，与之对应的是学生神情的愉悦感。具体见下表9-4。

表9-4 整体的教学关系观察指标

| 一级指标 | 二级指标 | 三级指标（教师行为） | 三级指标（学生/课堂行为） |
| --- | --- | --- | --- |
| 整体的教学关系 | 和谐自然的课堂 | 教学节奏是否适当 | 学生学习专注度高 |
| | | 教学目标是否合理 | 学生深入思考 |
| | | 课堂气氛是否自然 | 学生神情愉悦 |

## 三、课堂教学关系观察量表的构建

在实地观课与录像观课数十节后，经过多次修改和一线教师同伴们的讨论、反复斟酌，本研究最终制定了课堂观察量表，见表9－5。

表9－5　“求真—尚美—崇善”教学关系课堂观察量表

| 一级指标 | 二级指标 | 三级指标（教师行为） | 三级指标（学生/课堂行为） |
| --- | --- | --- | --- |
| 生趣真实的教与学关系 | 真实的教学内容 | 教师创设适合学生特点的情境 | 学生对该情境感兴趣 |
| | | 教师呈现有趣的教学内容 | 学生对该内容感兴趣 |
| | | 教师挖掘教学内容的人文意义 | 学生理解了该意义 |
| | 生动的教学活动 | 教师组织师生互动活动 | 学生积极参与师生互动活动 |
| | | 教师组织小组、生生互动活动 | 学生积极参与小组、生生互动活动 |
| | 合适的教学方法 | 教师提问时使用开放式问题 | 学生乐于回答开放式问题 |
| | | 教师耐心倾听学生的回答 | 学生积极回答问题 |
| | | 教师具体指导学生深入思考 | 学生积极深入思考 |
| 探究合作的教学过程 | 美的教学设计 | 教师设置的教学目标符合学生学情 | 学生清楚教学目标 |
| | | 教学设计重视课程育人的理念 | 学生感受到英语学习的意义 |
| | 美的教学实施 | 教师引导学生探究合作学习 | 学生积极探究合作学习 |
| | | 教师关注了学生是否跟得上进度 | 学生跟得上进度 |
| | | 课堂生成了预设之外的问题 | 学生提出了新的问题 |
| | 美的教学评价 | 教师评价学生的学习过程 | 学生被评价时备受启发 |
| | | 教师评价学生的学习结果 | 学生被评价时备受启发 |
| | | 教师评价学生个人的学习表现 | 学生被评价时备受启发 |
| | | 教师评价全班的表现 | 学生被评价时备受启发 |

续上表

| 一级指标 | 二级指标 | 三级指标（教师行为） | 三级指标（学生/课堂行为） |
| --- | --- | --- | --- |
| 示范对话的师生关系 | 平等的伦理之善 | 教师对学生始终友好，对教学很有热情，上课精神饱满 | 学生对教师始终友好 |
| | | 教师鼓励学生表达不同观点或意见 | 学生勇于表达自己观点或意见 |
| | | 教师提问时关注了不同水平的学生 | 学生很高兴自己被关注 |
| | 互爱的情感之善 | 教师提问时很耐心 | 学生回答时很认真 |
| | | 教师能关注全体学生的身心健康，给学生传递正能量 | 学生积极与教师互动 |
| | 理解的业务之善 | 教师积极示范学习 | 学生积极模仿学习 |
| | | 教师分享体会、经历与观点 | 学生乐于分享 |
| | | 教师能启发学生思考问题，而不总是灌输 | 学生积极参与学习 |
| 整体的教学关系 | 和谐自然的课堂 | 教学节奏是否适当 | 学生学习专注度高 |
| | | 教学目标是否合理 | 学生深入思考 |
| | | 课堂气氛是否自然 | 学生神情愉悦 |

观察量表使用说明：观课教师对应三级指标记录课堂中授课教师和学生每种行为的发生频次。

## 四、课堂教学关系观察量表的改进和局限性

本观察量表的构建基于人性视角下教学关系的理论研究基础，着重为其行动研究的案例实证服务，论证和检验人性视角下教学关系对课堂教学效果的改善，并发展其实践途径。本课堂观察量表的创新之处还在于既观察课堂教学中教师的表现，也观察学生的表现，让学生的学习状态成为观察教学关系运行状态的重要组成部分。

虽然经数次实践和易稿，但本量表仍然表现出一定的局限性：①关系表现的不可描述性。教学关系作为一个主观性较强的概念，具有一定的抽象性，虽然本研究着眼于人性视角下教学关系，但行为的表现是否能说明人性视角下依然有着“公说公有理，婆说婆有理”的可能性，还未能明确。②教学作为一项人引领的事理，作为主体的人与作为主体的事、物的

碰撞即为交流，即产生了关系。由于本研究强调作为“关系”事的主体教与学关系，作为“关系”人的主体师生关系，作为“关系”理的主体教学过程，所以本量表的三级指标并没有涵盖所有的相关表现，同时，指标之间可能存在着部分重叠的现象。③本观察量表的实施受观察者的主观因素影响，效度有局限性。

## 第四节 “求真—尚美—崇善”教学关系的中学英语课堂构建的案例实证

为进一步论证人性视角下教学关系的实践可行性和检验本研究提出的一系列中学英语课堂构建成果的效果，本研究组织了案例实证。

### 一、案例实证者的选取

笔者从自身行动研究中了解到，人性视角下教学关系在当前高中阶段推行的实践难度较大。主要原因有二，其一是外部因素。首先，行政力量的干预是推行受阻的主要原因。高中教学关系的主体，如学校、社会、家庭、教师与学生等对于当下教育教学所面临的社会功利价值的需求远大于其他，如考试的排名，升学率的高低都比学生个体性的全面发展、社会性的平衡引领及善性的坚定培养要重要很多。其次，当下高中教师所承受的应试教育压力加大了实践的落实难度。从高一开始各学科的教学主要围绕考试，如知识点小测、周测、月考、期中考和期末考等。在这种压力下，教师直言不讳地表示采取某些“非人性”的手段和方法，如强制性的背诵与默写、大容量的讲授和练习、高频率的复习和测试，在短期内对于提高学生的分数更加有效。其二是教师自身的因素。大多数教师虽然认同人性视角下教学关系的理念与主张，但认为要实施这种关系是对自己教学已有观念和行为的一种挑战，是向自己的工作舒适区挑战。因此，笔者利用自己的名师工作室的名义，邀请工作室成员进行案例研究。笔者先后对 10 多位中学英语教师课堂中的教学关系进行了观察，最后选择了来自初中阶段的英语教师 P 进行案例研究。

相比高中英语教师面临的外部因素和自身因素，初中教师在英语课堂落实人性视角下教学关系的可能性更大。首先，初中教师面临的外部压力相对较小。除初三的升学压力较大之外，其他年级的教师对自己的课堂有相对较大的主动权，不必面临太大的行政压力。从教学内容来看，初中英语语言知识项目的数量要少一些，知识难度要浅显些，教师面对的学科压力要小一些。其次，初中班级的规模更便于开展人性视角下教学关系的实践研究。初中班级学生一般为 40 人左右，相比起 55 人左右的高中班级人数要少许多，更利于开展讨论、小组探究与合作等教学活动。

笔者选取了 35 岁的教师 P，对其进行了一学期的跟踪研究。教师 P 来自 G 市一所省重点中学初中部。在前期她的教学关系课堂观察中，研究者发现其课堂教学的优点是：教师 P 对教育教学具有很高的热情，有 8 年的工作经验，对工作负责，乐于和他人一起探索教育教学的门道，且英语学科基础扎实，非常想提高自己的专业素养；教师 P 有时较为严肃，但性格开朗，喜欢和学生沟通与交流；上课时自信大方，精神饱满。

教师 P 对教育教学有自己的思考，认同人性视角下教学关系的基本理念和主张，对“求真—尚美—崇善”教学关系的中学英语课堂的内涵、实施原则与构建策略表示理解与赞同，愿意进行“求真—尚美—崇善”教学关系的中学英语课堂构建研究。

## 二、案例实证的实施

笔者首先利用“求真—尚美—崇善”教学关系的课堂观察量表对其课堂进行了证前观察分析。笔者在了解到教师 P 对教学关系理念的相关认识与掌握了教师 P 的教学行为后，指导其阅读相关文献，更新英语教育教学理念。同时根据课堂观察表的记录，指导其进行“求真—尚美—崇善”教学关系的课堂教学设计与实施。之后，笔者利用课堂观察量表对其进行了 3 次过程性观察，并和她一起研讨课堂的构建。最后再对其进行了一次证后观察分析（见附录 7、图 9－3）。

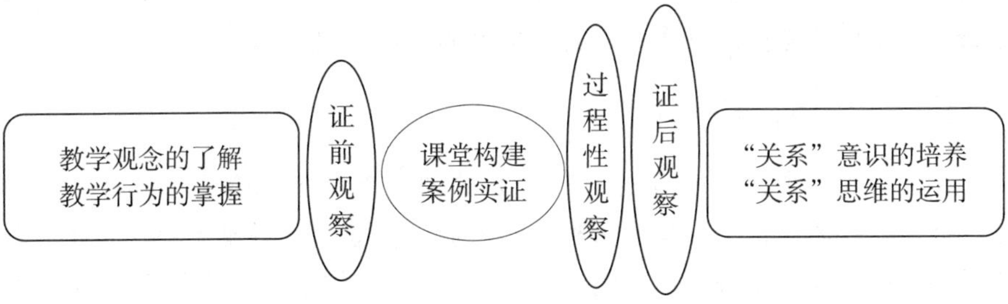


**图 9－3 中学英语课堂构建案例实证结构图**

## （一）证前观察分析

在证前观察研究中，笔者发现教师 P 的课堂教学关系存在的主要问题是：从课堂的整体来看，气氛较为沉闷，教学任务基本完成；教师教学态度认真，神情稍微有点严肃和紧张；大部分学生学习较为认真，但练习环节中，不少学生持有困惑的表情。主要体现在以下 3 个方面。

1. 教与学关系缺乏生趣

教师 P 在课堂教学中较少考虑教学内容的情境性与生活性，以及教学活动的意义构建和教学手段的丰富性。课堂里学生与教师的深层次互动较少。教师 P 提问的类型基本以封闭式问题为主，学生在回答问题时，教师 P 没有进行有针对性的点评。另外，教师 P 控制教学节奏的意识较强，对不同层次学生的关注度不够，导致课堂的生成性不足。

2. 教学过程较少探究

教师 P 在英语课程的教学设计中，主要考虑知识的传授，如单词、短语和句型的掌握，较少考虑语言的真实运用与意义的生成。教师 P 较少挖掘所授材料中的人文内涵，一味强调练习完成的技巧与方法。教师较少有意识地培养学生的独立思考能力与探究意识。教师 P 在评价自己的教学效果时，基本以学生的考试成绩为主。

3. 师生关系缺少对话

教师 P 重视学生上课的纪律和自己权威的地位，习惯于采用讲授的教学方式，习惯于直接给出答案，教师 P 在等待学生的问题回答时略为急躁，学生回答不对时，有时甚至匆忙应付。学生深入思考的时间较少，也很少提出不同的见解。

在数次的过程性观察交流中，笔者发现教师 P 在课堂设计时逐渐有了“关系”意识，课堂实施时开始会用“关系”思维，从而使课堂的整体气氛活跃了，学生思考的时间多了，师生之间自然的对话也多了。

## （二）证后观察分析

在证后观察中，研究者发现教师 P 的课堂教学关系存在发生了以下变化：首先，在研讨课上，按照过程性观察研讨的建议，教师 P 把之前的传统的插秧式教室变成了环形的小组式教室，全班 40 位学生，共分成了 10 个四人小组（见如图 9 –4）。据教师 P 反映，她的学生很喜欢这种课桌摆放的方式，在这种空间里，他们感觉更自在、更轻松，尤其可以满足和同伴交流的需求。

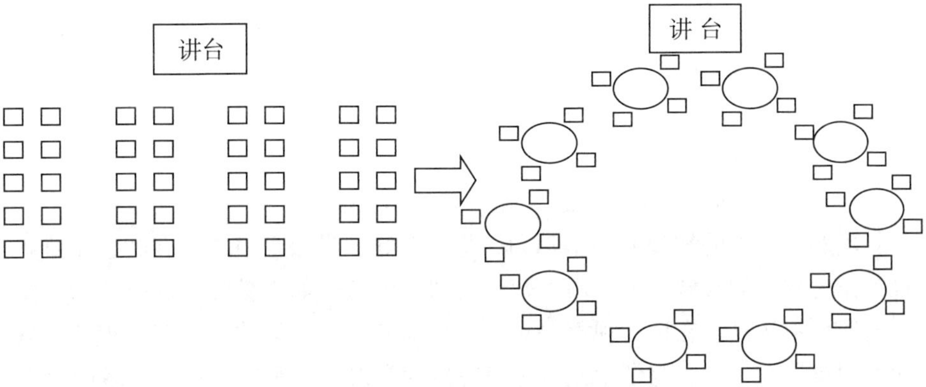


图 9－4 案例实证前后的教室空间变化

其次，从课堂的整体来看，气氛较为活跃，教学任务基本完成。教师上课富有激情，神情比较放松，时常微笑。学生爱表现，爱提问，师生之间交流较自然。具体说来，证后观察课中的教学关系有以下表现。

1．教与学关系产生了生趣

在证后观察课里，教师 P 创设了生动有趣的情境。例如，在导入环节，教师 P 以初中学生最喜欢的小测形式引入本节课的主题，如“Science and Technology”，并且有意识地选择了与日常生活密切相关的科技产品，如车、电灯、手机和电脑等。教师 P 与教学内容产生了较为充分的互动，教学内容的生活意义被关注。又如帮助教师购买手机的活动环节体现了教师 P 对“Science and Technology”这一单元主题的生活意义的关注，学生在推荐手机的过程中，展现了自己对相关产品的看法。另外，教师 P 的开放式问题多了，并进行了及时的解答与追问。难能可贵的是，教师 P 表现出对教学活动意义的构建，如让学生表达出手机支付给人们生活带来的变化，这是生趣真实的教与学关系的重要表现，即教师以学生的人性发展为中心设计教学活动，让学生体验到学习活动的意义。

2．教学过程重探究合作

教师 P 在本节课设计了多角度的语言实践活动，引领学生在语言实践活动中探究语言的规律，如形容词比较级的用法。在同伴活动、小组合作中学习和运用语言知识。教师 P 还设计了多形式的语言任务。教师 P 共设计了五个口头表达活动、一个视频观看活动、一个兼备口头与书面任务的写作任务，把语言知识的学习环节，如语言的操练融入了多形式的任务中完成。教师P及时有效地评价学生的表现，令人惊喜的是，教师P除了进行简单的评价之外，还引领学生深入讨论话题，如主题“Science and Technology”给人们的生活带来的影响。

教学过程的设计、实施与评价显示出教师P与教学对象、教学内容及教学环节产生了深度的交流。

3. 师生之间产生了真正的交流

虽然生活中的教师P性格随和、待人友好，但课堂中的她有时过于维护自己作为教师的权威形象。因为她认为初中课堂中如果教师不保持严肃，学生上课就不认真。在证后观察课堂里，教师P神情较为放松，有意识地启发学生用英语表达，且与学生交流也显得较为自然。在小组活动时，教师P不仅有效地维持课堂秩序，还倾听与引发了一个相对落后小组的讨论。绝大多数学生积极回答教师的提问，积极和小组同伴进行讨论，师生间、生生间产生了深层次的互动。教师没有打断学生的发言，而是耐心等候学生作答并给予及时的鼓励。

## 三、案例实证的结果分析

教师P采用了“求真—尚美—崇善”教学关系的课堂构建策略，经过一个学期的案例实证，她更新了课堂教学理念，承担了大型的公开研讨课。从一系列的研究结果可以看出，通过一个学期案例实证，教师P逐步构建了“求真—尚美—崇善”教学关系的课堂，逐步有了“关系”意识与“关系”行为，让课堂教学关系发生了积极的变化，教学关系的改善对学生的英语学习兴趣和学业成绩有了正向的影响。

### （一）“求真—尚美—崇善”教学关系的中学英语课堂案例实证之课堂观察

本节研讨课中，笔者欣喜地看到了教师P在教学设计中持有“关系”意识，在教学实施中发扬“关系”思维，在“人性”的教学活动中彰显“人性”（见表9－6）。

表 9－6 “求真—尚美—崇善”教学关系的中学英语课堂观察记录表

| 授课教师：教师 P | | | 授课班级：初二（8）班 | |
|---|---|---|---|---|
| 课题：“Science and Technology”主题单元复习课 | | | | |
| 学生人数：40 人 | | | 时间：2018 年 12 月 6 日（星期四） | |
| 步骤 | 教师活动 | 学生活动 | 研究者的观察记录 | 时长 |
| 环节 1：导入 | 问候学生、布置课堂任务 | 问候教师；清楚课堂学习任务 | 教师精神饱满；学生大方自信 | 1 分钟 |
| 环节 2：复习单元重点语言知识 | ①引领学生在小测中复习、理解和运用单元重点词汇；<br>②在黑板上板书重点的单词、短语和语法项目 | 参加小组竞赛抢答；<br>参加小测，理解和运用语言 | 关于科技产品特点、用途介绍的小测体现了“科技与人”的思考，也符合新课标在语篇中学习语言的要求。<br>词汇：disatance，candles，ink，speed，anytime，refill，tiny，keep in touch with，in the daytime，be unaware of，spendon<br>语法：more convenient than，faster，bigger，better than<br>全是常用的词汇；<br>此环节全部小组都很活跃；<br>由“电脑的作用”引入“电脑游戏问题”，并及时进行健康生活习惯的教育：我们不应该花太多时间玩电脑游戏。本环节总结自然而充满人文关怀 | 6 分钟 |
| 环节 3：语法复习 | ①呈现句子，让学生找出语法规则并写在黑板上；<br>②向学生展示出三张手机图片，并向学生提出自己的问题：帮教师 | ①学生观察句子并找出6个句子的语言规则：形容词比较级的“as... as...”与“... than...”的用法；<br>②看图片，阅读表格，以小组形式 | 要求学生在情境中使用语言，符合英语课程的要求；<br>最重要的是，从师生关系看，通过此任务拉近了师生之间的距离，“让学生帮忙做决定”的任务满足了初二学生喜欢表达自己意见的发展特点，体现了教师的伦理之善，即将学生放到与自己平等的地位；<br>从教与学关系的运行来看，教师通过情境活动，将枯燥平淡的语法教学内容变得生动有趣； | 12 分钟（此部分教师计划使用 12 分钟，最后花了 15 分钟） |

续上表

| 步骤 | 教师活动 | 学生活动 | 研究者的观察记录 | 时长 |
| --- | --- | --- | --- | --- |
| 环节3：语法复习 | 做买手机的决定（要求学生讨论时使用三个带有比较级的句子）；<br>③要求学生以小组形式分享观点并总结语言规则 | 讨论并帮助教师做决定买手机（讨论时使用三个带有比较级的句子）；<br>③学生以小组的形式分享观点 | 学生的热烈讨论充分地证明了生趣真实的而非“我说你听、我讲语法你做笔记”的教与学关系是可以构建的；<br>从教学过程中的关系来看，教师带着让学生复习和使用语言的教学目标设计和实施了此部分教学活动，没有使用传统的填空练习来评价学生的复习效果。而是设计了交流活动，体现了发扬学生个性、充满探究合作的人性视角下的教学关系；<br>此部分是本课堂的重点，即让学生理解、分析和初步使用本单元的语言知识；<br>教师建议学生在写作中使用句型：We advise you to buy ... Because it is ... among/of the three. Its .../It is ... than ... （but ... than ...）：Its .../It is （not） as ... as ...<br>反思：对于初中学生而言，在表达观点时能有意识地使用目的性语言固然很好，但在学生集中精力表达时，打断提醒她使用目的性语言，不利于学生使用语言的流利度 | |
| 环节4：巩固语言练习 | ①全班头脑风暴，发表手机使用的观点；<br>②引领学生观看一段关于移动支付的视频；<br>③全班头脑风暴，发表移动支付 | ①分享手机的使用；<br>②观看关于移动支付的视频并做笔记；<br>③分享移动支付的观点；<br>④构思写作，尤其是短文的时态、结 | 人们往往缺乏对身边熟悉事物的细致入微的思考。视频引领学生从另一个角度思考手机与移动支付的特点、功能及作用；<br>教学关系的人性运行不仅仅是教师与学生的双向交流，适当的媒介与手段更符合生活本来的面貌。人的思维、情感、智慧就是在不断的碰撞交流中愈来愈接近人性发展的本来途径； | 15分钟 |

**续上表**

| 步骤 | 教师活动 | 学生活动 | 研究者的观察记录 | 时长 |
|---|---|---|---|---|
| 环节 4：巩固语言练习 | 的观点，教师同时板书关键点；<br>④指导学生弄清楚写作任务；培养写作元认知思维；<br>⑤带领学生熟悉写作评价标准 | 构和语言；<br>⑤写一篇关于移动支付的小短文 | 反思：学生在写作过程中，教师能有意识地在课室内走动，并对需要帮助、需要关注的学生表示理解，并做出示范和个性化指导 | 15 分钟 |
| 环节 5：同伴评价作文 | ①教师组织学生小组评价小短文；<br>②全班评价小短文 | ①小组互评小短文；<br>②学会评价小短文 | 评价既是学习手段，也是学习内容，在评价习作的过程中，学生内化了知识，迁移了能力。学生在经历过复习、理解、运用和实践语言知识之后，提高了认知、锻炼了思维、丰富了个体性、社会性的发展；<br>教学关系的运行主要表现在学生与自己、与学习内容的互动交流之中；<br>这是一节主题—思维的写作课 | 5 分钟 |
| 环节 6：总结 | 引领学生总结所学内容 | 总结当堂所学 | 观察完整课堂，笔者感受到“求真—尚美—崇善”的教学关系得到了实践：教学活动不灌输、不强制，可以对话、可以引领；<br>课堂无需焦虑，学生自在成长。课堂之真可设，过程之美可创，师生之间可和谐交往，整体可以成人成性 | 1 分钟 |

“求真—尚美—崇善”的教学关系原本基于人性、利用人性和为了人性，体现在教学目标、教学内容、教学手段等的关系的和谐共处。师生关系是人性视角下教学关系的实施主体，教与学关系是理想课程与实践课程的综合状态，教学过程是“关系”意识与培养的重要平台

### （二）“求真—尚美—崇善”教学关系的中学英语关键环节课堂实录分析

本节研讨课中，笔者选取体现了教学关系表现得比较丰富的环节进行课堂实录的分析，以案例来实证“求真—尚美—崇善”教学关系的中学英语课堂构建的有效性，以深化人性视角下教学关系的实践途径的探究（见表9－7）。

**表9－7　中学英语课堂关键环节实录分析**

| 课堂实录分析基本信息 | |
|---|---|
| 授课教师 | 教师P |
| 授课课题 | “Science and Technology”主题单元复习 |
| 授课班级 | 初二（8）班 |
| 学生人数 | 40人 |
| 时间 | 2018年12月6日（星期四） |
| 实录分析时间为 | 14：17—14：22 |
| 时长 | 5分钟 |

环节介绍：教师引领学生观看一段关于“移动支付”的视频，然后让学生分享观点，旨在复习与总结前面语言知识的重点，同时为后面的写作任务做铺垫。

| 课堂实录 | 教学关系表现分析 | | | |
|---|---|---|---|---|
| | 生动真实的教与学关系 | 探究合作的教学过程 | 示范对话的师生关系 | 整体教学关系 |
| T1：*I want you to listen to a speech about mobile phone and answer the question：What can we learn about mobile payment from the speech? Get reeady? Maybe you need to take some notes.*（伴随做笔记的手势语）（1）（笔者注：视频是两位深受中学生喜爱的著名年轻男主持人关于移动支付的采访与回答：主持人A：*What do you think of mobile payment? It has recently become quite popular in China. Mobile payment can make our* | （2）适应学生个性发展需要，选择了学生们喜闻乐见的主持人的视频，突出了情境与教学内容的真实性<br>（5）教师开放式的 | （6）讨论话题（对过去没有手机支付的生活与用手机支付的生活进行比较）的设计，发扬了此阶段学生爱批判、爱表达的天性，表现了探究合作教 | （1）教师语言“you need to”和手势语体现了教师的理解示范作用。<br>（3）用实例示范，给学生更适合的表达方式。S2的回答显示了示范的作用。 | （8）整体教学关系和谐自然，教学节奏适当，快慢合理；教学活动丰富有序；师生交往自然，教师淡定从容，学生专注自信，不急不躁。气氛温 |

**续上表**

| 课堂实录 | 教学关系表现分析 | | | |
| --- | --- | --- | --- | --- |
| | 生动真实的教与学关系 | 探究合作的教学过程 | 示范对话的师生关系 | 整体教学关系 |
| *life so much easier. In fact, I have not carried cash with me for a long time.*<br>主持人B：*Well, me too. In fact, most Chinese people are like that now.*）<br>T2：*Ok. What can we learn about mobile payment from the speech?*（2）<br>有5位同学举手要回答问题。<br>S1：*Popular in China.*<br>T3：*Ok, it is popular in China.*（3）<br>T4：*Any other ideas?*<br>有10位同学举手要回答问题。<br>S2：*It can make our lives more convenient.*（3）<br>T5：*Ok. Good. Much convenient, Much easier.*（教师板书much easier）<br>T6：*Easier, how to change easy into easier?*<br>Ss：*Change y into -ier.*（4）<br>有3位同学举手要回答问题。<br>S3：*When we can't find the cash in the subway or on the bus, we can pay it by (using) mobile phones.*（5）<br>T7：*Yes. We don't need to carry cash when we go outside.*（教师板书don't carry cash）<br>*Cash? What is cash?*<br>Ss：现金。<br>T8：*Please read aloud.* | 提问激发了学生的生活体验，体现了生动的教与学关系。教师的概括帮助学生提升了思维 | 学过程中的教学关系。<br>（7）本环节教师共发出2个指令8个提问，其中开放式问题6个，封闭式问题2个；积极解答4次，评价学生表现3次。共6个学生单独回答了问题（没有重复回答）全班回答2次，朗读1次，师生互动共9次。从以上数据统计可证明，本环节中教师重视教学关系发生的“以学生为中心”，教师为引领，学生为主导的教与 | （4）语言的准确性教学，照顾到基础落后的学生，体现师生关系的伦理之善 | 暖和煦。<br>“情境—思维”的教学模式契合了人性视角下教学关系的运行 |

续上表

| 课堂实录 | 教学关系表现分析 | | | |
| --- | --- | --- | --- | --- |
| | 生动真实的教与学关系 | 探究合作的教学过程 | 示范对话的师生关系 | 整体教学关系 |
| *Mobile payment becomes popular and makes our lives much easier than before.*<br>*Chinese people don't carry cash with them.* （这是对前面视频内容的概括，教师组织全班朗读了一遍）<br>T9：*So we don't need to carry cash with them. But what was the life like before the invention of mobile payment?* (6)<br>……（学生沉默了6秒，教师耐心等候，然后重述了一遍问题：*Before the mobile payment, what was people's life like?*）<br>教师开始示范、鼓励学生继续表达。<br>S4：*People always use cash to pay in the past.*<br>T10：*Good. Very good.*<br>S5：*Without mobile phones, people can't go to visit other places easily.*<br>T11：*Oh, right.* （教师竖起大拇指点赞发言学生）<br>S6：*People are easy to lose money outside...*<br>T12：*People are easy to...* （教师自我修正表达）*It's easy for people to lose money.*<br>*So what happened now?*<br>Ss：*People always use mobile phones to pay.*<br>T13：*Yes, ok* (7) (8) | | 学关系，但整个师生互动基本由教师引领，学生没有提出新的问题 | | |

注：斜体字为教师P的课堂语言；（ ）内为笔者的教学活动旁白；T表示teacher教师；T1、T2、T3、T4……表示教师在本环节内的第1、2、3、4……次说话，以此类推；S表示student学生；Ss表示students学生们；S1、S2、S3、S4……表示本环节内的第1、2、3、4……个回答问题的学生；S1表示第一个回答问题的学生第一次回答，以此类推。

## （三）课堂观察量表记录分析

由于笔者组织了名师工作室成员进行了现场观课，所以笔者首先对参加现场观课的工作室成员进行了培训，将工作室成员分成了四组，每组两位教师，分别记录观察量表的四个方面：教与学关系、教学过程、师生关系和整体的教学关系。为了确保观察的顺利进行，笔者事先让教师P对人性视角下教学关系的理解，对本节课教学设计的理念、目标及主要环节做了一个简单的介绍。为了保证观察的客观准确，笔者将人性视角下教学关系进行了细致解读，同时建议观察教师按照课堂进展的先后，对某些指标的记录按六个环节进行记录，如教与学关系的“情境、内容、活动、学生指导”、教学过程的“目标、理念、进度和评价 ”、师生关系的“友好、鼓励、关注、耐心、示范和分享、启发”等，而整体的教学关系则是按每个环节的实现情况来记录（见表9－8）。

**表9－8 中学英语案例实证之课堂观察量表记录**

| 一级指标 | 二级指标 | 三级指标（教师行为） | 频次/次 | 三级指标（学生的课堂行为） | 频次/次 | 备注 |
|---|---|---|---|---|---|---|
| 生趣真实的教与学关系（A） | 真实的教学内容（A1） | 教师创设适合学生特点的情境（A11） | 5 | 学生对该情境感兴趣（A11XS） | 5 | |
| | | 教师呈现有趣的教学内容（A12） | 2 | 学生对该内容感兴趣（A12XS） | 2 | |
| | | 教师挖掘教学内容的人文意义（A13） | 3 | 学生理解了该意义（A13XS） | 3 | |
| | 生动的教学活动（A2） | 教师组织师生互动活动（A21） | 6 | 学生积极参与师生互动活动（A21XS） | 6 | |
| | | 教师组织小组、生生互动活动（A22） | 3 | 学生积极参与小组、生生互动活动（A22XS） | 3 | |
| | 合适的教学方法（A3） | 教师提问时使用开放式问题（A31） | 32 | 学生乐于回答开放式问题（A31XS） | 25 | |
| | | 教师耐心倾听学生的回答（A32） | 40 | 学生积极回答问题（A32XS） | 30 | |
| | | 教师具体指导学生深入思考（A33） | 3 | 学生积极深入思考（A33XS） | 3 | |

续上表

| 一级指标 | 二级指标 | 三级指标（教师行为） | 频次/次 | 三级指标（学生的课堂行为） | 频次/次 | 备注 |
|---|---|---|---|---|---|---|
| 探究合作的教学过程（B） | 美的教学设计（B1） | 教师设置的教学目标符合学生学情（B11） | 6 | 学生清楚教学目标（B11XS） | 5 | |
| | | 教学设计重视课程育人的理念（B12） | 6 | 学生感受到英语学习的意义（B12XS） | 5 | |
| | 美的教学实施（B2） | 教师引导学生探究合作学习（B21） | 3 | 学生积极探究合作学习（B21XS） | 2 | |
| | | 教师关注了学生是否跟得上进度（B22） | 3 | 学生跟得上进度（B22XS） | 2 | |
| | | 课堂生成了预设之外的问题（B23） | 0 | 学生提出了新的问题（B23XS） | 0 | |
| | 美的教学评价（B3） | 教师评价学生的学习过程（B31） | 0 | 学生被评价时备受启发（B31XS） | 0 | |
| | | 教师评价学生的学习结果（B32） | 10 | 学生被评价时备受启发（B32XS） | 9 | |
| | | 教师评价学生个人的学习表现（B33） | 6 | 学生被评价时备受启发（B33XS） | 6 | |
| | | 教师评价全班的表现（B34） | 3 | 学生被评价时备受启发（B34XS） | 3 | |
| 示范对话的师生关系（C） | 平等的伦理之善（C1） | 教师对学生始终友好，对教学很有热情，上课精神饱满（C11） | 6 | 学生对教师始终友好（C11XS） | 6 | |
| | | 教师鼓励学生表达不同观点或意见（C12） | 6 | 学生勇于表达自己观点或意见（C12XS） | 10 | |
| | | 教师提问时关注了不同水平的学生（C13） | 5 | 学生很高兴自己被关注（C13XS） | 5 | |
| | 互爱的情感之善（C2） | 教师提问时很耐心（C21） | 4 | 学生回答时很认真（C21XS） | 4 | |
| | | 教师能关注全体学生身心健康，给学生传递正能量（C22） | 3 | 学生积极与教师互动（C22XS） | 3 | |

**续上表**

| 一级指标 | 二级指标 | 三级指标（教师行为） | 频次/次 | 三级指标（学生的课堂行为） | 频次/次 | 备注 |
|---|---|---|---|---|---|---|
| 示范对话的师生关系（C） | 理解的业务之善（C3） | 教师积极示范（C31） | 5 | 学生积极模仿学习（C31XS） | 4 | |
| | | 教师分享体会、经历与观点（C32） | 0 | 学生乐于分享（C32XS） | 0 | |
| | | 教师能启发学生思考问题，而不总是灌输（C33） | 5 | 学生积极参与学习（C33XS） | 5 | |
| 整体的教学关系（D） | 和谐自然的课堂（D1） | 教学节奏是否适当（D11） | 5 | 学生学习专注度高（D11XS） | 4 | |
| | | 教学目标是否合理（D12） | 6 | 学生深入思考（D12XS） | 6 | |
| | | 课堂气氛是否自然（D13） | 5 | 学生神情愉悦（D13XS） | 5 | |

注：本量表共四个一级指标，分别为A、B、C、D；10个二级指标，分别为A1～3，B1～3，C1～3，D1；28个三级指标。

很明显，教师P通过采纳研究者提出的“求真—尚美—崇善”教学关系的中学英语课堂构建研究成果，并通过自身不断的反思、实践与学习积累，尤其在教学过程的设计环节，教与学关系的提问环节，师生关系的情感表达方面取得了很大的进步，这可以在课堂观察教师的观察量表可以看出。以上分析和前一部分笔者的现场课堂观察分析是基本一致的。

观察量表结果分析：结合观察教师的课堂观察和量表分析，教师P案例实证后课堂的教学关系“人性”味主要表现在：①教与学关系中，教师在六个环节都关注了和学生的互动，其中在四个主要环节都组织了小组活动，在两个环节组织了生生互动活动。教学过程中，如教师的设计中关注了“人”的成长，教学实施中确保了小组活动时学生的学习专注度和热情，教学评价关注了全体学生的积极性。②师生关系中，教师P关注了教育教学中学生的差异，既强调深度思考和表达能力的呈现，也组织了句子朗读、词语拼写等内容，充分照顾后进学生的活动。教师P在课堂上始终保持耐心，和学生愉悦互动。③整体的教学关系中，教师P把握了较好的教学节奏，详略得当，快慢适合，重点突出，大部分学生跟得上教学进度，学生保持了较高的学习专注度。

但任何课堂都不是完美的，从观课教师的反馈和量表可以看出，本节课里，指标 A22 可以提供更多的提示，让学生的思考更深入些，例如在谈论移动支付（mobile payment）时，可以允许学生思考与讨论 mobile payment 的缺点与风险，也可以在写作前提醒学生思考，以培养学生的批判性思维。另外，指标 B23、B31 和 C32 并没有出现，可以间接说明教师是课堂的绝对主导，所有的教学活动都是在教师的安排中完成。教师 P 在课后交流中表示，由于初中学生理解问题和表达问题较为偏颇，她不敢太放手，生怕跑题，从而不能完成教学计划。很多观察教师都深有同感，课堂后面部分认为有“赶课”的迹象。教学实践中，该如何发扬学生的探索的天性与成性需求，培养他们的批判性、创造性思维的课堂教学探索任重而道远，需要教师拿出更大的勇气，付诸更具体而持久的行动。

## （四）课后“课堂中教学关系调查表”（学生）分析

在证后观察研究中，笔者除了现场听课，做课堂观察笔记之外，还对教师 P 的课堂录像进行了关键环节的实录分析，笔者根据随机抽样的原则，组织教师 P 所在班的 30 名学生进行了“课堂中教学关系调查表”[①]（附录 8）。本调查表数据问卷共有 12 道题，统计结果如表 9－9 所示。

**表 9－9　课后“课堂中教学关系调查表”（学生）指标的描述性统计量**

| 题项 | 平均值 | 标准差 |
|---|---|---|
| 1. 教师对教学热情，上课精神饱满，自信大方 | 4.65 | 0.67 |
| 2. 教师能关注全体学生的身心健康，给学生传递正能量 | 4.77 | 0.70 |
| 3. 教师能引导学生不断独立思考问题，而不总是死记硬背 | 4.72 | 0.58 |
| 4. 教师能呈现有趣，且联系实际和深浅适度的教学内容 | 4.70 | 0.55 |
| 5. 教师组织了生动活泼且风趣的互动活动，而不总是讲授 | 4.60 | 0.61 |
| 6. 教师及时提问、解答与追问 | 4.65 | 0.73 |
| 7. 教师设计的教学目标清楚、明白 | 4.74 | 0.48 |
| 8. 教师教学时能关注学生学习状态，而不是一味赶教学进度 | 4.67 | 0.82 |
| 9. 教师能及时评价学生的学习表现，而不是置之不理 | 4.72 | 0.54 |
| 10. 教师鼓励学生发表自己的见解，并能向教师质疑 | 4.44 | 0.86 |

① 裴娣娜. 现代教学论基础［M］. 北京：人民教育出版社，2015：364.

续上表

| 题项 | 平均值 | 标准差 |
|---|---|---|
| 11. 教师等待学生回答问题时很耐心，多鼓励引领而不是指责、代答 | 4.77 | 0.47 |
| 12. 教师能积极示范和引领学生探究知识，而不总是直接给出答案 | 4.74 | 0.53 |

表9－9为课后“课堂中教学关系调查表”指标的描述性统计量表，从表中可以看出学生眼中课堂教学关系的表现。绝大部分平头均值在4.44～4.77，说明被调查学生对本节课的教学关系的各个层面的认识比较一致，差异性不明显。尤其是在整体的教学关系方面，如第2项“教师能关注全体学生的身心健康，给学生传递正能量”，学生们认同较高。在第11项“教师等待学生回答问题时很耐心，多鼓励引领而不是指责、代答”方面，学生们一致认为教师拥有这样的行为。这和前面的课堂观察分析是一致的。相比而言，从“教师鼓励学生发表自己的见解，并能向教师质疑”的平均值和标准差来看，学生的认同率还有一定的改善空间。另外，从标准差来看，对教学中的教学方法“教师组织了生动活泼且风趣的互动活动，而不总是讲授”和实施时“教师教学时能关注学生学习状态，而不是一味赶教学进度”等方面，学生的认识有一定的差异。

### （五）学生学业成绩对比

教师P探索了构建“求真—尚美—崇善”教学关系课堂的构建，教师P说她和学生的交往更密切了，学生学习英语的热情更高了，课堂气氛更活跃了，尤其是在学期的下半阶段，所授班的学生成绩取得了明显进步（见表9－10）。

**表9－10　案例实证教师授课班学生学业成绩前后测 $t$ 检验结果**

| 项目 | 前测 | 后测 | $n$/人 | 测试段 | 成对差分 | | | | | $t$ | df | Sig.（双侧） |
|---|---|---|---|---|---|---|---|---|---|---|---|---|
| | | | | | 均值 | 标准差 | 均值的标准误 | 差分的95%置信区间 | | | | |
| | | | | | | | | 下限 | 上限 | | | |
| 对1 | 78.83 | 83.05 | 100 | 期中—期末 | －4.22 | 7.77 | 0.78 | －5.76 | －2.68 | －5.43 | 99 | 0.00 |

根据表9－10可以看出，$t$ = －5.43，Sig.（双侧）＝0.00，说明前、后

测得分之间有非常显著性差别，再从均值来看，前、后测得分的差为4.22。可见，教师P构建了“求真—尚美—崇善”教学关系的中学英语课堂后，任教班的学生期末考试成绩有了明显的提高，期末考试成绩得分明显高于期中考试成绩得分，教师的教育教学质量有了明显改善，学生的英语学业成绩有显著提高（$P<0.05$）。

以上一系列的研究结果可以说明，教师P在课堂中实践了“求真—尚美—崇善”教学关系的中学英语课堂之后，学生接触到了更真实有趣的英语教学内容，激发了学生对学习的主体精神，感受到教师的情感之善，与教师的交流更自然了，具有了更积极的学习情绪和态度，从而学习效果提高了。

综上所述，本案例实证论证了本研究提出的“求真—尚美—崇善”教学关系的英语课堂构建研究成果对课堂中教学关系的改善有一定的作用。

# 第十章　人性视角下教学关系的实践途径与运行机制

人性视角下教学关系体现在教育教学中是“求真—尚美—崇善”教学关系，即真的教与学关系，美的教学过程，善的师生关系。这种关系的倡导既是基于培养拥有完全个体性、和谐社会性和为善向善性的人的需求，也是出于对当下“应对式”教学关系的批判性反思。人性视角下教学关系实现的前提条件包括社会、学校、教师与学生等教学主体并要求其认识人性化教学的重要性，培育人性化教学关系建构的条件与土壤。所以要实现人性视角下教学关系，教学主体观念的转变与更新很重要，在教育教学实践中的探索更显得珍贵。结合理论构建与实践研究，本章总结出人性视角下教学关系具体的实践途径与运行机制。

## 第一节　人性视角下教学关系的实践途径

针对不同阶段不同学生的特点，在教学实践中，学校和教师可以采取“求真—尚美—崇善”教学关系实现，即生趣真实的教与学关系，探究合作的教学过程，示范对话的师生关系。此实践途径在行动研究和课堂构建研究中已经得到验证与充实。

### 一、生动真实的教与学关系

为了适应基础教育阶段学生可形可塑的人性发展特点，学校教育需提供生动真实的教与学关系。如在教学内容的选择上，可以结合学生生活实际选取教学内容；从教学内容的来源来看，可以通过采用多种渠道，包括传统媒体与新兴媒体的鲜活与真实的信息；从内容的呈现方式来看，情境的创设可以将内容变得更有趣。在教与学活动的组织上，以真实交流为组织原则。如教师的提问要关注问题的类型、层次，针对性和开放性。学生的讨论活动要围绕主题展开，要注意讨论的难度、深度和思维要求。在教与学方法的选择上，要因材施教，以适合不同阶段、不同个性与不同需求的学生；方法的选择还可适度使用信息技术手段以适应时代的要求。

## 二、探究合作的教学过程

为了发扬学生喜新探新的人性需求和认知特点，学校教育需主张探究合作的教学过程。在教学设计、实施与评价中要体现出既针对群体又满足个体人性发展的思路。教学设计要突出学生的发展目标，要关注学生的个体性、社会性和善恶性在其中的表现，教学目标的确定、教学方法的选择与教学步骤的生成必须围绕相应的人性发展。在教学实施中，组织学生进行个体的、群体的主动探究与合作任务显得尤为重要。例如，小组学习的有效实施，项目式学习团队的建立，主题意义探究任务都能帮助形成此种教学关系。教学的评价要以学生过程性的、全面性的发展为本。如生成性教学评价观的建立，表现性教学评价手段的使用。

## 三、示范对话的师生关系

教学关系运行最重要的执行者是教师与学生，学校要大力促进学生为善向善的秉性发展，形成示范对话的师生关系。示范意味着教师能作为学生的学习、生活甚至精神追求的表率，与“德高为师，身正为范”具有同样的意蕴。在师师关系中，要鼓励教师志于示范、敢于示范、自信示范，如在课堂中表达的示范、解题的示范，在课余学习中态度的示范、健康生活的示范、人格魅力的示范。对话要求教师平视学生，做学生的朋友，引领他们思考，而不总是灌输，要善于和学生共情、分享、指导与帮助，而不总是说教、抱怨、责骂与忽视甚至冷漠，对话中的教师“不再仅仅是授业者，在与学生的对话中，教师本身也得到教益，学生在被教的同时反过来也在教育教师，他们合作起来共同成长”①。

① 弗莱雷. 被压迫者教育（修订版）［M］. 顾建新，赵友华，何曙荣，译. 上海：华东师范大学出版社，2014：44.

# 第二节　人性视角下教学关系的运行机制

从前面两章可知，本研究采取行动研究与课堂构建的方式观照教学关系现状，提出、检验并完善了“求真—尚美—崇善”教学关系的实践途径，即生趣真实的教与学关系，探究合作的教学过程，示范对话的师生关系。根据不同学段的学生特点，本研究在此基础上进一步建构人性视角下教学关系的运行机制。本研究中教学关系的存在以“善”为目标，以“美”为手段，以“真”为内容。它的运行应因时而变，循地而化，遵循教学对象“人性”的表现差异。具体说来，以尊重人的存在与发展为教学关系运行的前提，以引领人性的发展与完善为教学关系运行的目标，以产生真正的对话为教学关系运行的方法。

## 一、运行前提：尊重人的存在与发展

教学关系的存在以人的存在为前提，故它的运行需充分考虑其中的核心主体，即学生的身心发展需求。如小学生的天真求问不应被考试过早地抹去，否则只留下缺乏真正智慧熏陶的头脑。中学生的青春无敌也不应被反复的练习所淹没，否则只能为高校输送创造思维日益贫瘠的平庸学习者。若要使学生具备聪慧、灵气和可持续性发展的学习能力，学校教育教学状态应尊重其自然美好之天性发展，而非无视其人性的丰富与变化。教学关系各主体要立足于人的存在与发展，方可建构并运行人性视角下教学关系。要按学校的不同层次，即学段来进行，在不同学段、不同学科内又需具体分析，从而构建人性视角下教学关系。但学生始终是教学关系运行的主体核心。

## 二、运行目标：引领人性的完善

学校教育运行是为了什么？为了人性的完善。人类的不完美性与现实的改造性需要教育成为一种生生不息的活动。① 教学关系也是如此。每个历史时期与特定空间需要不同的劳动者、建设者，人性的发展会打上时代的烙

① 保罗·弗莱雷．被压迫者教育［M］．修订版．顾建新，赵友华，何曙荣，译．上海：华东师范大学出版社，2014：48.

印，但教育与教学的可为之处正在于引领人性自身的完善以适应时代的发展和人个体性、和谐社会性及为善向善性的发展。教学关系可促使教师与学生追求终极善，并发展个体性中的精神性，与主动融合的社会性，发展人的整体性，这与“培养人、发展人”的教育目标保持一致。

## 三、运行方法：产生真正的对话

怎样能使教学关系立于时间与空间之端，朝着人性完善的方向前行？将教师和学生视为整体的人是真正对话产生的必要条件。整体的人意味着重视人性的全面发展，如美好的精神世界、和谐的社会交往、坚定的善的信念。推以及之，具有整体意义上的教学关系方能培养整体意义上的人，最终促进“人的文化生成”。[①] 教学关系各主体之间真正的对话是推动其发展与前行的最主要方法。“对话是一种教学精神、一种教学理念，是教师与学生经由教学任务进行某种交往，以进行知识的传授和创造，以形成具有对话精神的个体。”[②] 在对话的交互关系中，教师不再是作为知识的占有者和给予者，而是通过对话启导学生的精神。

## 四、人性视角下教学关系的运行结构

在中国传统人性论里，人性的具体表现为“心、性、情、才”，人存在的宏观层面决定了教育的可能性、可为性和可行性，人存在的微观层面直接影响着教育教学实践中人性的发展与完善，如精神世界的充实、主体性的培养和人格的养成等（见图 10－1）。

本研究中，中国传统人性论中的“心、性、情、才”表现为人的整体性存在，是人性视角下教学关系的出发点。人的三种存在样式，为人性视角下教学关系的整体运行奠定了理论依据与实践基础。

人的整体性存在为教学关系中儿童“心、性、情、才”等人性各个层面在教学中的具体表现、发展与目的提供了方向。人的个体性存在为教育教学中重视儿童的生理性与精神性的全面发展提供了研究本体的需求、理论建构与实践的依据。所以本研究主张在此基础上实现“求真”的教与学关系以适

① 张广君．生成论教学哲学的核心观点［J］．当代教育与文化，2012，4（2）：30－38.

② 米靖．论基于对话理念的教学关系［J］．课程·教材·教法，2005（3）：20－25.

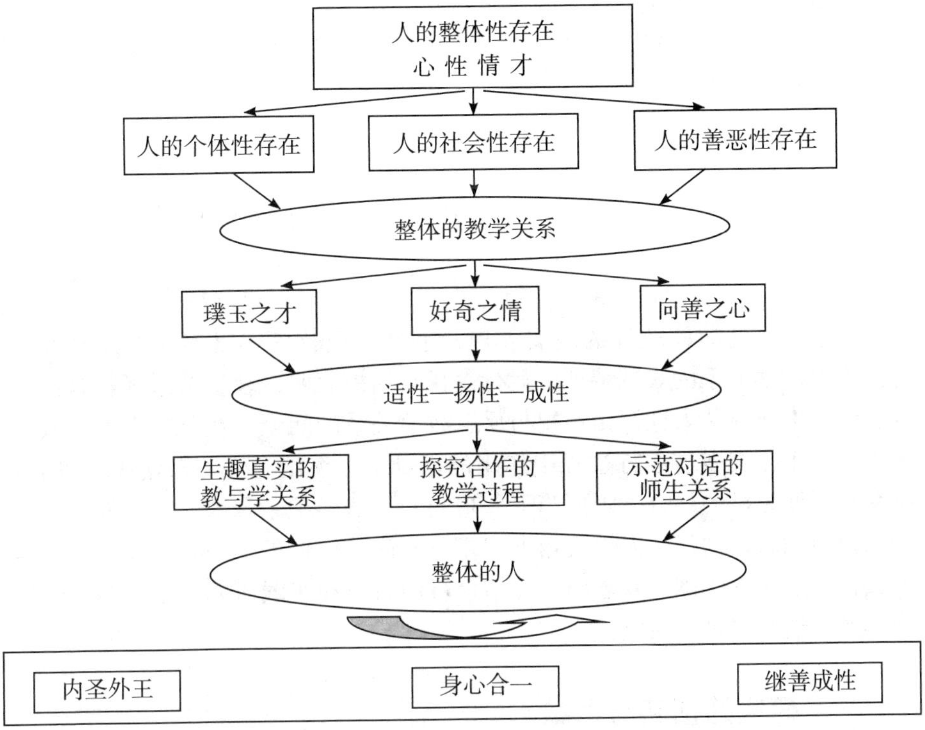


**图 10-1　人性视角下教学关系的运行结构图**

应儿童之性，在课堂教学中尤其要强调尊重儿童的璞玉之才。具体说来就是尊重儿童与教学的教与学关系，满足儿童个体性发展，不一味追求让儿童的教育满足社会的功利需求，而应考虑儿童作为个体的成长需求，并且这种需求是基于儿童的生理与精神双重发展要求。人的社会性存在为教育教学的可为性奠定了现实基础，指明了教学关系的社会价值与意义，所以本研究也主张在此基础上建立“尚美”的教学过程以扬学生之性，在教育教学过程中要特别发扬儿童的好奇之情。具体说来，以科学自然的教学过程，鼓励儿童喜新探新，发扬儿童的美好人性。人的向善性存在为教育教学奠定了培养人、促进人、发展人及完善人性的最终目标，指明了教学关系的最终意义、价值与效果达成的评价与追求。所以本研究主张在此基础上形成“崇善”的师生关系，在学校要着重培养儿童的向善之心。具体说来，以向善为善的人性终极善成就美好的师生关系，实现师生的美好德行，最后师生实现“整体的人”，表现为内圣外王的个体性、身心合一的社会性、继善成性的价值性。

人性视角下教学关系是一个“以人为本”的本体存在，也是一个“求真—尚美—崇善”的价值存在。它的运行以人性的理解、发扬与达成为出发点，以养成“整体的人”为目标，它的运行在于满足人类求真的本性，在于发扬人精神世界的美感，在于完善人对“善”的追求，最终“让教育成为真正为善的事业”。①

## 第三节　研究的创新、贡献和不足

教学关系是学校教育的现实表现，也是学校教育得以存在的最基本条件。当下教学关系的表现特征、运行途径与结果表明，教学关系现状是需要反思的。本研究从人性视角审视与反思教学关系的问题，在分析人性于教学关系的产生、发展与运行过程中作用的基础上，突出人性与教学关系存在、维系与功能彰显的结合，观照当下“应对式”教学关系及师生对于教学关系的认识与期盼，构建了人性视角下“求真—尚美—崇善”的教学关系，并探究其构建的理论基础、观念路径，结合行动研究和实践研究论证、检验及发展其实践途径与运行机制。

### 一、研究的创新与贡献

本文结合理论思辨与实践研究，运用多种研究方法，对人性视角下教学关系的理论基础、观念路径、实践途径与运行机制进行了深入探讨，获得了具有理论创新与实践指导的研究结论。

#### （一）理论创新

1. 教学关系理论的充实：构建了人性视角下教学关系模型

本研究认为，教学关系是基于人性、以人性为手段、为了人性的现实存在，构建了人性视角下“求真—尚美—崇善”教学关系模型。从所研究的内容来看，本研究不同于以往将教学关系局限于师生关系之下，或将教学关系等同于教与学关系，而是从人的个体性、和谐社会性和为善向善性存在需求出发，基于人对真、善、美的价值追求本性，基于教学关系存在的价值意义，把人性视角下教学关系作为本体概念来构建与解读。

2. 教学关系研究视角的创新：从人性视角对教学关系进行构建

本研究从人性视角来对教学关系进行研究。从关系的本体维度来看，教

① 王本陆. 教育崇善论［M］. 广州：广东教育出版社，2001：1.

学关系是基于学生人性特质，以学生发展为本，追求科学方法，志在“求真”的教学相长行为。从关系的存在状态来看，教学关系是利用人性作为手段，动态生成，共同“尚美”的教学过程。从关系的目的价值来看，教学关系是为了人性之善，共生共长，一起“崇善”的师生相处。

3. 教育人性化理论的充实

本研究从教学关系层面研究教育人性化的可能性与可行性教学关系，是学校教育教学各主体之间互动与交流的表现，本文对其“人性视角下”整体性的建构与实践旨在表达更多的教育教学主动性、独立性与创新性，试图为教育教学中“人性”的发展提供更多的可行途径。本文虽然具有较浓重的理想主义色彩，但并非无视教育对社会的依附性，而是对教育教学本身应有的独立性与理想性的反思研究，是对教育教学应具备的价值前提的执守。

### （二）实践贡献

1. 为课堂教学改革提供实践理路

教学关系是学校教育状态的直接反映。本文提出的“求真—尚美—崇善”教学关系的实践途径以及人性视角下教学关系的运行机制为课堂教学改革提供了实践路径，即通过构建人性视角下教学关系的课堂来实现新时期“以学生发展为本”的教学关系，最终促进学生的发展与成长。

2. 为学校教育教学实践提供实践指导

针对目前教育教学中出现的“非人性”现象及“应对式”教学关系，本文开发了一系列教学关系研究成果，如教学关系调查问卷、自测量表、“求真—尚美—崇善”教学关系的课堂观察量表、课堂中教学关系调查表（学生）以及教学案例分析、实录分析等，为教育管理者与教师提供了具有可操作性的教学关系实践支持。

## 二、研究的不足

教学关系的研究属于教育教学的基本理论研究，本文尝试构建人性视角下教学关系，从理论构建出发，结合实践研究，是一项探索性的努力。但受研究者的研究能力与经验的局限，现实与精力的限制，本研究尚存在以下不足之处。

### （一）实践研究涉及面与效果受现实条件的局限

受研究者工作经历局限。本文中人性视角下教学关系的实践研究主要在基础教育阶段的某些学科完成的。一方面，人性视角下教学关系实践要求教师对教育教学有自己的独立思考、创新能力与理想追求。另一方面，当下基础教育阶段学校教育较大地受制于外部条件，实践效果受到了影响。

### （二）理论构建的理想主义色彩与暂时的实践困难

笔者在人性视角下教学关系的实践研究中发现，虽然教学要尊重、适应不同阶段学生的天性发展相对容易做到，但若要发扬并彰显学生天性的独立思考、探究能力与创造精神，单凭教师的一己之力很难在短时间内实现。要完全实践人性视角下教学关系，还需要社会、学校、家庭对教育观念的转变，评价制度的更新与学生本身学习自觉的提升，它是一项系统工程。从教育本身来说，人性视角下教学关系的实践需从幼儿教育、小学教育开始着手，还需家庭教育、社会教育配合，可以说，它是一个长远任务。

一百多年前蔡元培先生主张教育之高尚理想，“教育者，养成人格之事业也。使仅仅为灌注知识、练习技能之作用，而不贯之以理想，则是机械之教育，非所以施于人类也……调和之世界观与人生观……担负将来之文化……安贫乐道之志趣。”① 同时他也意识到这些倡议“以当今物质文明之当王，拜金主义之盛行，上述诸义，几何不被目为迂阔，然教育指导社会，而非随逐社会者也”②。的确，被视为“迂阔”又如何，教育本身应该有着不为他役的价值。作为教育工作者，无论是理论构建还是实践探究，毫无疑问，今天的我们仍需持有这种理性的思考与坚守的勇气。

①② 高平叔. 蔡元培教育论著选［M］. 北京：人民教育出版社，2011. 45 - 46，47.

# 参 考 文 献


［1］弗莱雷．被压迫者教育学（修订版）［M］．顾建新，赵友华，何曙荣，译．上海：华东师范大学出版社，2014.

［2］杜威．民主主义与教育［M］．王承绪，译．北京：人民教育出版社，2001.

［3］杜威．人的问题［M］．傅统先，邱椿，译．上海：上海人民出版社，2006.

［4］泰勒．课程与教学的基本原理［M］．罗康，张阅，译．北京：中国轻工业出版社，2014.

［5］黑格尔．小逻辑［M］．贺麟，译．北京：商务印书馆，1980.

［6］海德格尔．存在与时间［M］．陈嘉映，王庆节，译．北京：生活·读书·新知三联书店，2014.

［7］布伯．我与你［M］．陈维纲，译．北京：生活·读书·新知三联书店，1986.

［8］卡西尔．人论［M］．甘阳，译．上海：上海译文出版社．2013.

［9］康德．论教育［M］．赵鹏，等译．上海：上海人民出版社，2005.

［10］马克思．1844 年经济学哲学手稿［M］//中共中央马克思恩格斯列宁斯大林著作编译局．马克思恩格斯全集：第三卷，北京：人民出版社，2002.

［11］马克思．关于费尔巴哈的提纲［M］//马克思，恩格斯．马克思恩格斯选集：第 1 卷，北京：人民出版社，1995.

［12］雅斯贝尔斯．什么是教育［M］．邹进，译．北京：生活·读书·新知三联书店，1991.

［13］莫兰．迷失的范式：人性研究［M］．陈一壮，译．北京：北京大学出版社，1999.

［14］莫兰．复杂性理论与教育问题［M］．陈一壮，译．北京：北京大学出版社，2004.

［15］利奥塔．后现代状况：关于知识的报告［M］．岛子，译．长沙：

湖南美术出版社，1996.

[16] 夸美纽斯. 大教学论 [M]. 傅任敢，译. 北京：教育科学出版社，2014.

[17] 克拉耶夫斯基. 教学过程的理论基础 [M]. 王义高，译. 南昌：江西教育出版社，1996.

[18] 休谟. 人性论 [M]. 关文运，译. 北京：商务印书馆，2016.

[19] 许慎. 说文解字 [M]. 徐铉，校定. 北京：中华书局，2013.

[20] 扬雄. 宋本扬子法言 [M]. 李轨，等注. 北京：国家图书馆出版社，2017.

[21] 王通. 中说 [M]. 北京：中国文史出版社，2012.

[22] 陈建华. 基础教育哲学 [M]. 北京：北京大学出版社，2009.

[23] 陈向明. 质的研究方法与社会科学研究 [M]. 北京：教育科学出版社，2000.

[24] 方勇，李波. 荀子 [M]. 北京：中华书局，2011.

[25] 冯友兰. 三松堂全集：第 5 卷 [M]. 郑州：河南人民出版社，2000.

[26] 高平叔. 蔡元培教育论著选 [M]. 北京：人民教育出版社，2011.

[27] 高时良. 学记 [M]. 北京：人民教育出版社，2016.

[28] 高文. 教学模式论 [M]. 上海：上海教育出版社，2002.

[29] 扈中平. 现代教育学 [M]. 北京：高等教育出版社，2010.

[30] 扈中平，等. 教育人学论纲 [M]. 北京：高等教育出版社，2015.

[31] 教育部教师工作司. 中学教师专业标准（试行）解读 [M]. 北京：北京师范大学出版社，2013.

[32] 联合国教科文组织国际教育发展委员会. 学会生存：教育世界的今天和明天 [M]. 华东师范大学比较教育研究所，译. 北京：教育科学出版社，1996.

[33] 联合国教科文组织. 反思教育：向“全球共同利益”的理念转变？[M]. 联合国教科文组织总部中文科，译. 熊建辉，校译. 北京：教育科学出版社，2017.

[34] 科瑟，社会学思想名家 [M]. 石人，译. 北京：中国社会科学出版社会，1990.

[35] 刘云杉. 从启蒙者到专业人：中国现代化历程中教师角色演变 [M]. 北京：北京师范大学出版社，2006.

［36］孟宪承，等．中国古代教育史资料［M］．北京：人民教育出版社，1961．

［37］裴娣娜．现代教学论基础［M］．2 版．北京：人民教育出版社，2015．

［38］彭正梅．解放和教育：德国批判教育学研究［M］．上海：华东师范大学出版社，2008．

［39］齐梅．教育研究方法［M］．北京：高等教育出版社，2015．

［40］施良方．中学教育学［M］．福州：福建教育出版社，1996．

［41］王本陆．教育崇善论［M］．广州：广东教育出版社，2001．

［42］王弼．老子道德经注［M］．楼宇烈，校释，北京：中华书局，2011．

［43］王策三．教学论稿［M］．北京：人民教育出版社，1985．

［44］吴杰．教学论：教学理论的历史发展［M］．长春：吉林教育出版社，1986．

［45］吴也显．教学论新编［M］．北京：教育科学出版社，1991．

［46］肖绍明．批判与实践：论教育人性化［M］．北京：中国社会科学出版社，2016．

［47］徐复观．中国人性论史：先秦篇［M］．北京：九州出版社，2014．

［48］叶澜．教育概论［M］．北京：人民教育出版社，2006．

［49］张法琨．古希腊教育论著选［M］．北京：人民教育出版社，2007．

［50］张广君．教学本体论［M］．兰州：甘肃教育出版社，2002．

［51］黄书光．中国教育哲学史：第四卷［M］．济南：山东教育出版社，2000．

［52］中国蔡元培研究会．蔡元培全集：第二卷［M］．杭州：浙江教育出版社，1997．

［53］中华人民共和国教育部．普通高中英语课程标准（2017 年版）［M］．北京：人民教育出版社，2018．

［54］朱熹．四书章句集注［M］．武汉：长江出版社，2016．

［55］庄周．庄子［M］．姚彦汝，译．北京：北京联合出版公司，2015．

［56］周国平．周国平论教育：守护人性［M］．修订版．上海：华东师范大学出版社，2015．

［57］BLACKBURN S．牛津哲学辞典［M］．上海：上海外语教育出版

社，2000.

[58] 顾明远. 教育大辞典：第 1 卷 [M]. 上海：上海教育出版社，1990.

[59] 顾明远. 教育大辞典：简编本 [M]. 上海：上海教育出版社，1999.

[60] 顾明远. 教育大辞典（上下册） [M]. 上海：上海教育出版社，1998.

[61] 霍恩比. 牛津高阶英汉双解辞典：第四版 [M]. 北京：商务印书馆，1997.

[62] 威廉斯. 关键词：文化与社会的词汇 [M]. 刘建基，译. 北京：生活· 读书· 新知三联书店，2005.

[63] 中华人民共和国教育部. 普通高中英语课程标准（2020 年修订版）[M]. 北京：人民教育出版社，2020.

[64] 梅德明，王蔷. 普通高中英语课程标准（2017 年版）解读 [M]. 北京：高等教育出版社，2018.

[65] 高时良. 学记 [M]. 北京：人民教育出版社，2016.

[66] 胡斌武. 课堂教学伦理问题研究 [D]. 兰州：西北师范大学，2003.

[67] 黄华玲. 英语教学中的文化教学：范畴与方法 [D]. 福州：福建师范大学，2003.

[68] 黄黎明. 知识教学的文化哲学研究 [D]. 重庆：西南大学，2008.

[69] 吕朝龑. 教学过程中伦理问题探究 [D]. 兰州：西北师范大学，2004.

[70] 吕雪. 审美化课堂教学情境探究 [D]. 宁波：宁波大学，2008.

[71] 杨龙习. 基于儿童游戏精神的小学英语课堂教学改进策略研究 [D]. 重庆：重庆师范大学，2016.

[72] 张绍军. 我国新世纪基础教育课程改革从课程到课堂走向研究 [D]. 长沙：湖南师范大学，2016.

[73] 万作芳. 论教育异化 [D]. 武汉：华中师范大学. 2001.

[74] 安治. 情境教学法，让学生学的开心 [J]. 当代教育研究，2009(4)：63－64.

[75] 曹开秋，代静，潘宗桃，等. 对话教学的内涵、价值追求及功能 [J]. 现代教育科学（普教研究），2010 (6)：15－17.

[76] 曹树，邬春芹. 教学目标设计中的“异化现象”探析 [J]. 江苏

教育研究，2010（7）：34－38.

［77］车丽娜，徐继存．寻找失落的知识分子精神：论教师的知识分子精神的式微与重建［J］．教师教育研究，2007，19（2）：28－31.

［78］陈秉公．深化教育改革与当代理想人格模式建构［J］．中国高等教育，2014（2）：6－9.

［79］陈新巧，赵书超．课堂交往：生命化教学的启动与展开［J］．教育探索，2007（11）：15－16.

［80］陈云奔．基础教育教学改革中的四种异化［J］．教育学报，2009（1）：66－68.

［81］陈云恺．论培育人性的教育［J］．教育科学，2003（2）：1－3.

［82］崔允漷．基于课程标准：让教学“回家”［J］．基础教育课程，2011（12）：51－52.

［83］崔振成．自由生态：教师课程意识转向的价值基础［J］．教育科学研究，2016（2）：67－72.

［84］邓肇玖．小学品社学科与学生心理健康教育融合的研究［J］．福建教育学院学报，2017（11）：80－82.

［85］董纯才．中小学教育必须改革［J］．教育研究，1986（8）：6－12.

［86］段兆兵．教学关系研究：教学研究的新课题［J］．当代教育科学，2009（9）：25－28，43.

［87］方勇，罗彩云．教育独立的困境：国民政府第一次全国教育会议之考察［J］．华东师范大学学报（教育科学版），2007（3）：70－75.

［88］冯建军，刘霞．“适合的教育”：内涵、困境与路径选择［J］．南京社会科学，2017（11）：141－149.

［89］高志敏．关于终身教育、终身学习与学习化社会理念的思考［J］．教育研究，2003（1）：79－85.

［90］顾明远．未来教育的变与不变［J］．基础教育论坛（综合版），2016（3）：1.

［91］关松林．关于基础教育课程改革成效、问题与对策的思考［J］．课程·教材·教法，2010（7）：14－17.

［92］郭清丽．改善教学关系，让课堂教学更具人性化［J］．广东教育（教研版），2006（6）：33－34.

［93］郝文武．教育：主体间的指导学习：学习化社会的教育本质新概念［J］．教育研究，2002（3）：14－18.

［94］核心素养研究课题组．中国学生发展核心素养［J］．中国教育学刊，2016（10）：1－3.

[95] 贺能坤. 基础教育的工具理性错位与价值理性回归 [J]. 中国教育学刊, 2016 (7): 32－37.

[96] 扈中平, 蔡春. 教育人学论纲 [J]. 华东师范大学学报 (教育科学版), 2003 (3): 1－9.

[97] 扈中平. 教育何以能关涉人的幸福 [J]. 教育研究, 2008 (11): 30－37.

[98] 扈中平. 教育目的中个人本位论与社会本位论的对立与历史统一 [J]. 华南师范大学学报 (社会科学版), 2000 (2): 87－94.

[99] 黄伟, 焦强磊. 基于教学关系的课堂教学模式变革 [J]. 课程·教材·教法, 2016 (3): 71－77.

[100] 靳玉乐, 张丽. 我国基础教育新课程改革的回顾与反思 [J]. 课程·教材·教法, 2004 (10): 9－14.

[101] 李栋. 技与道之间:"天地人事"之教的回归与突破 [J]. 教育理论与实践, 2018, 38 (31): 7－11.

[102] 李瑾瑜. 关于师生关系本质的认识 [J]. 教育评论, 1998 (4): 34－36.

[103] 李莉莉. 心智的具身性与整体的人: 解析现代哲学中的具身性思潮 [J]. 浙江社会科学, 2019 (1): 96－101, 158.

[104] 李龙强. 人性观照下的教育与思想政治教育 [J]. 思想政治教育研究, 2013 (1): 89－92.

[105] 李鹏. 关于《中华人民共和国义务教育法 (草案)》的说明 [J]. 中华人民共和国国务院公报, 1986 (12).

[106] 李秋零, 康德论人性根本恶及人的改恶向善 [J]. 哲学研究, 1997 (1): 28－33.

[107] 林崇德. 创造性人才·创造性教育·创造性学习 [J]. 中国教育学刊, 2000 (1): 5－8.

[108] 林崇德. 对未来基础教育的几点思考 [J]. 课程·教材·教法, 2016, 36 (3): 3－10.

[109] 林正范, 徐丽华. 对教师行为研究的认识 [J]. 教师教育研究, 2006 (2): 23.

[110] 鲁子问. 批判性思维教育的时与机 [J]. 英语学习, 2017 (5): 6－7.

[111] 鲁正一, 张广君. 主体生成论视角下的教学人性观: 问题、方法与启示 [J]. 当代教育与文化, 2018, 10 (5): 74－79.

[112] 马明中. 教育管理的人性逻辑研究 [J]. 教育研究与实验, 2013

(6)：17－21.

[113] 孟繁华，周洪宇，石中英，等. 全面建设小康社会与教育改革 [J]. 教育研究，2003 (3)：3－13.

[114] 孟令全. 教与学关系新论 [J]. 课程·教材·教法，2004 (7)：32－36.

[115] 米靖. 论基于对话理念的教学关系 [J]. 课程·教材·教法，2005 (3)：20－25.

[116] 牛利华. 一种教育理想：教育应关注儿童的生存状态 [J]. 教育科学，2002 (5)：61－63.

[117] 牛军明，李枭鹰. 教育生发图式的人性论审视 [J]. 教育评论，2016 (6)：17－20.

[118] 庞学光. 善待儿童"爱智慧"的天性：儿童哲学教育的意义初探 [J]. 教育研究，2013，34 (10)：10－17.

[119] 尚洪波. 论理想人格与教育目的的"国民性"之维：近代"国民性改造"思潮的伦理学省察 [J]. 江苏社会科学，2015 (4)：259－266.

[120] 施久铭. 核心素养：为了培养"全面发展的人" [J]. 人民教育，2014 (10)：13－15.

[121] 宋剑，扈中平. 教育与人性：教育人学研究的永恒命题 [J]. 教育理论与实践，2007 (17)：8－10.

[122] 孙建辉. 培养"全面发展的人"，关键在实践落实：专访北京师范大学林崇德教授 [J]. 中国教师，2016 (9)：24－28.

[123] 汤丽伟. 刍议新课程理念的异化 [J]. 内蒙古农业大学学报(社会科学版)，2005 (1)：124－125，135.

[124] 涂艳国，周贵礼. 试论教育回归人性的基本方式 [J]. 教育研究，2012，33 (2)：24－28.

[125] 文雪，扈中平. 人性假设与教育意谓 [J]. 高等教育研究，2004 (5)：11－15.

[126] 汪霞. 我们的课堂生态了吗 [J]. 全球教育展望，2005 (5)：17－22.

[127] 王蔷. 从综合语言运用能力到英语学科核心素养：高中英语课程改革的新挑战 [J]. 英语教师，2015，15 (16)：6－7.

[128] 王若水. 异化：这个译名 [J]. 读书，2000 (7)：149.

[129] 王小英. 对教学活动中"教"与"学"关系的审思 [J]. 东北师大学报（哲学社会科学版)，2012 (5)：218－221.

[130] 吴明超. 泛在学习中文学术论文的内容分析研究 [J]. 中国远程

教育，2011（7）：31－37.

［131］吴遵民．走出“学习化社会”的理解误区：兼论哈钦斯“学习社会”思想的本质与特征［J］．上海大学学报（社会科学版），2003（6）：75－79.

［132］项贤明．人工智能与未来教育的任务［J］．华东师范大学学报（教育科学版），2017，35（5）：21－24.

［133］肖群忠．论中国传统人性论思想的特点与影响［J］．齐鲁学刊，2007（3）：38－42.

［134］肖绍明，董标．教育与人性：教育基本理论专业委员会第十二届学术年会综述［J］．教育研究，2010，31（3）：109－111.

［135］肖绍明，扈中平．教育何以复归人性［J］．高等教育研究，2010，31（6）：25－32.

［136］肖绍明，扈中平．教育人性化的实践哲学基础、范畴与意义［J］．教育研究与实验，2013（3）：1－6.

［137］肖绍明，扈中平．教育人性化的个体价值取向［J］．教育研究，2010（9）：45－51.

［138］肖绍明，扈中平．教育人性化的总体化实践［J］．教育研究与实验，2010（5）：1－6.

［139］许海．普通高中任务问题的探讨［J］．教育研究，1985（9）：12.

［140］薛希辉．初中语文教学中情感教育的有效策略［J］．基础教育课程，2015，（4）：34－35.

［141］阎光才．谁的大学？最后的教授？［J］．读书，2013（11）：116－123.

［142］杨兆山，张海波．基于人性论的教育学学科体系建构［J］．教育研究，2010，31（4）：12－16.

［143］姚远峰．论人性及其教育的价值导向［J］．教育理论与实践，2002（3）：5－8.

［144］姚姿如，杨兆山．“以人为本”教育理念的意蕴［J］．教育研究，2011，32（3）：17－20.

［145］余宏亮，吴海涛．教师作为知识分子：公共性、可能性与实践性［J］．教育学报，2014，10（5）：122－128.

［146］袁德润．从“知识”、“实践”走向“生存”：教育研究三种取向评析［J］．教育研究与实验，2010（2）：22－25.

［147］张传燧．课程改革在路上：历史、现状与未来［J］．课程·教

材·教法，2015，35（8）：3－9.

［148］张道全．人性假设与教育理论［J］．教育理论与实践，2001（11）：11－12.

［149］张广君．多维视野中的教学关系［J］．教育研究，2003（6）：73－78.

［150］张广君．教学基本职能：人与文化的双重建构［J］．内蒙古师大学报（哲学社会科学版），2000（2）：53－57.

［151］张广君．生成论教学哲学的核心观点［J］．当代教育与文化，2012，4（2）：31－32.

［152］张广君．生成论教学哲学论纲：架构与特征［J］．当代教育与文化，2011，3（4）：28－33.

［153］张建桥．教学关系：百年探索的得与失［J］．教育导刊，2016（9）：24－27.

［154］张琼，张广君．走向“关系本体论”：对话教学的基础重构与应然取向［J］．高等教育研究，2015，36（7）：75－80.

［155］张荣伟．论“教”与“学”的五种关系范型［J］．教育发展研究，2012，32（10）：50－56.

［156］张荣伟．我国基础教育“十年课改”的反思［J］．课程·教材·教法，2010，30（12）：3－10.

［157］张素玲，郑宇红．解读师生关系中的民主平等：兼与孙迎光先生商榷［J］．江苏高教，2010（5）：95.

［158］张晓洁，张广君．教学认识论的当代转向：从知识论到生成论——生成论教学哲学的认识论镜像［J］．教育研究，2017，38（7）：130－138.

［159］张中原，扈中平．教育人性化的三重遮蔽与敞明［J］．华东师范大学学报（教育科学版），2015，33（2）：1－9.

［160］章小谦．试析蔡元培的“世界观教育”思想［J］．江西师范大学学报（哲学社会科学版），2002（2）：54－58.

［161］赵景欣，彭耀光，张文新．中华优秀传统文化传承与学生发展核心素养研究［J］．中国教育学刊，2016（6）：23－28.

［162］郑鲁晶．思维品质教学对于英语写作能力的影响研究［J］．安徽工业大学学报（社会科学版），2013，30（3）：92－94，98.

［163］钟启泉．信息化时代知识教学的诉求：兼议学校的软环境设计［J］．教育发展研究，2018，38（4）：1－7.

［164］钟启泉，姜美玲．新课程背景下教学改革的价值取向及路径

[J]. 教育研究，2004 (8)：32 -36.

[165] 周晟. 哈钦斯"学习社会"理论的本质与启示 [J]. 教育发展研究，2011，31 (23)：30.

[166] 周险峰. 教师作为知识分子：走向批判的教师教育 [J]. 外国教育研究，2009，36 (7)：34 -38.

[167] 陈宝生. 努力办好人民满意的教育 [N]. 人民日报，2017 -09 -08 (7).

[168] 国家中长期教育改革和发展规划纲要工作小组办公室. 国家中长期教育改革和发展规划纲要 (2010—2020 年) [EB/OL]. (2010 -7 -29) [2018 -12 -10]. http://www.moe.gov.cn/srcsite/ A01/s7048/201007/t20100729_171904.html.

[169] 普通高中教科书英语必修 1 -3，选择性必修 1 -4 (学生用书) [M]. 北京：人民教育出版社，2011.

[170] 田慧生. 全面深化课程改革 落实立德树人根本任务 [N]. 中国教育报，2014 -03 -30.

[171] 许慎. 说文解字 [M]. 段玉裁，注. 杭州：浙江古籍出版社，2006：502.

[172] 张艳. 课堂革命，教育的担当使然：学为中心的课堂变革思考 [C] //国家教师科研专项基金科研成果 (十四)，2017.

[173] 中共中央办公厅国务院办公厅印发《关于深化教育体制机制改革的意见》[EB/OL]. (2017 -9 -25) [2017 -12 -21]. http://www.moe.gov.cn/jyb_xwfb/gzdt_gzdt/201709/t20170925_315201.html.

[174] 朱之文. 牢牢把握正确办学方向　大力推进基础教育公平优质发展 [EB/OL]. (2018 -10 -19) [2018 -12 -21]. http://www.moe.gov.cn/jyb_xwfb/moe_176/201810/t20181019_21/content_352159.html.

[175] 周济. 关于《中华人民共和国义务教育法 (修订草案)》的说明 [EB/OL]. (2006 -07 -21) [2018 -12 -10]. http://www.npc.gov.cn/wxzl/gongbao/2006 -07/21/content_5350745.htm.

[176] FREIRE P. The politics of education: culture, power and liberation [M]. London: Macmillan, 1985.

[177] MFD YOUNG. The curriculum of the future [M]. London: Falmer: 1998.

[178] TREVARTHEN C, GRATIER M, OSBORNE N. The human nature of culture and education [J]. Wiley Interdisciplinary Reviews: Cognitive Science, 2014, 5 (2): 173 -192.

[179] FANG Z, DENG L. Revelation of educational human nature theory on the realization of educational happiness [J]. Studies in sociology of science, 2014, 5 (2): 34 -38.

[180] HEIDI L, STEPHEN E. A personal connection: promoting positive attitudes towards teaching and learning [J]. Anatomical sciences education, 2017, 10 (5).

[181] JENNIFER M C. Emergent interactions: rethinking the relationship between teaching and learning [J]. Teaching in higher education, 2015 (20) 6.

[182] LOUGHRAN J. Pedagogy: making sense of the complex relationship between teaching and learning [J]. Curriculum Inquiry, 2013, 43 (1): 120 - 122.

[183] LAMPE M. Science, human nature, and a new paradigm for ethics education. [J]. Science and engineering ethics, 2012, 18 (3): 543 -549.

[184] LAYTE M, RAVET S. Rethinking quality for building a learning society [J]. Handbook on quality and standardisation in E - learning, 2006 (23): 347 -365.

[185] LEWIS T E. Rethinking the learning society: giorgio agamben on studying, stupidity, and impotence [J]. Studies in philosophy and education, 2011, 30 (6): 586, 588, 592.

[186] MELISSA A, ANGELICA T, JAIME G, et al . Teacher misbehavior and its effects on student interest and engagement [J]. Communication education, 2016, 65 (2): 204 -212.

[187] SU Y H. The non instrumental vision of the learning society [J]. International review of education, 2010, 56 (5 -6): 517 -530.

[188] UNESCO. Rethinking education: towards a global common good? [EB/OL] (2015 -06 -05)[2016 -06 -29]. http:// unesdoc. unesco. org/images/0023/002325/232555e. pdf. :36.

# 附　　录

## 附录1　教学关系问卷（教师版）

尊敬的教师：

您好！感谢您参加本次问卷调查！教师是立教之本、兴教之源。本调查旨在对基础教育不同学段的教师进行调查研究，探讨教师对教学关系的认识，以更好地分析基础教育阶段教学中存在的问题，为新时期教学改革的理论与实践提供一定的参考价值。本调查采用匿名的方式，调查数据只为科学研究而用，对您提供的信息绝对保密。请您仔细阅读每一道题，并作答，选择题在相应的圆圈内打“√”。除了说明是多选题外，其他都是单选题和表述题。谢谢您的支持！

华南师范大学教育科学学院

《人性视角下基础教育阶段教学关系研究》研究组

### 一、个人信息

1. 您的性别：

○男　　○女

2. 您的年龄：

○20～25周岁　　○26～30周岁　　○31～35周岁　　○36～40周岁

○41～45周岁　　○46～50周岁　　○51～55周岁　　○56～60周岁

3. 您的学位：

○博士研究生　　○硕士研究生　　○本科（学士）　　○大专

○中专及以下

4. 您的专业技术职称：

○中学高级　　○中学一级　　○中学二级　　○中学三级

○小学高级　　○小学一级　　○小学二级　　○小学三级

○未评级

5. 您的教学工作年限：
○1～3年 ○3～5年 ○5～10年 ○10～15年
○15～20年 ○20年以上

6. 您所教年段：
○小学1～3年级 ○小学4～6年级
○中学7～9年级 ○中学10～12年级

7. 您所教学科：
○高中语文 ○高中数学 ○高中英语 ○高中物理
○高中化学 ○高中生物 ○高中思想政治 ○高中地理
○高中历史 ○高中音乐 ○高中美术 ○高中体育
○高中信息技术 ○高中通用技术 ○高中劳动技术教育
○高中综合实践 ○初中语文 ○初中数学 ○初中英语
○初中物理 ○初中化学 ○初中生物
○初中道德与法治 ○初中地理 ○初中历史 ○初中音乐
○初中美术 ○初中体育 ○初中信息技术
○初中通用技术 ○初中劳动技术教育
○初中综合实践 ○小学语文 ○小学数学 ○小学英语
○小学自然 ○小学道德与法治 ○小学音乐 ○小学美术
○小学体育 ○小学综合实践 ○小学信息技术 ○其他

8. 您目前是否担任班主任（包括副班主任）：
○是 ○否

9. 您所在学校地处：
○省会城市 ○地级城市 ○县城（市） ○镇
○乡村

10. 您目前所教学校属于：
○生源非常优秀类 ○生源优秀类 ○生源良好类 ○生源普通类

11. 您目前所教学生属于：
○冠军班 ○精英班 ○优生班 ○平行班
○本年级没有分各类班

## 二、师生关系

12. 您认为师生关系最重要的是：
○教师和学生的情感关系
○课堂教学活动中和学生的教与学关系
○课后教学活动中和学生的交流辅导
○生活伦理上的关爱交流

13. 您认为影响师生关系的最重要因素是：

○教师道德高尚　○教师人格魅力　○教师学科教学成绩
○教师教学风格　○教师学识才华　○教师与学生情感亲疏

14. 您认同师生关系中：

○教师中心说　○学生中心说　○教师引导学生主导说
○教师主导学生主体说　○师生合作说

15. 除了关心学生学业成绩，您关注学生身心，如品性、态度、习惯等：

○总是　○经常　○有时　○偶尔
○从不

16. 学生会和您分享自己生活的快乐、苦恼与体会：

○总是　○经常　○有时　○偶尔
○从不

17. 您误会了学生的表现，会主动道歉：

○总是　○经常　○有时　○偶尔
○从不

18. 您认为自己是什么类型的教师：

○幽默型　○激情型　○自然型　○平淡型
○沉闷型

19. 您认为自己与学生关系是什么类型：

○民主型　○放任型　○依赖型　○对立型

20. 您认为自己与学生关系良好：

○总是　○经常　○有时　○偶尔
○从不

## 三、教学过程

21. 您认为教学过程首先是一项怎样的活动：

○教师教　○学生学
○特殊的交往　○教师的教与学生的学相结合的双边
○师生共同创造生命意义的过程

22. 您认为教学过程中学生首先是：

○教学过程的接受者　○教学过程的参与者
○教学过程的创造者

23. 您认为教学过程中教师首先是：

○教学过程的主导者　○教学过程的管理者
○教学过程的监督者　○教学过程的创造者

24. 您认为教学过程中，学什么和怎么学实际上的决定者是：
○教师 ○学生 ○学校 ○考试
○教材
25. 您最常使用的教学方法是：［多选题］*
○讲授法 ○讨论法 ○读书指导法 ○演示法
○参观教学法 ○练习法 ○实验法 ○现场教学法
○自主学习 ○发现法 ○探究法 ○任务驱动法
26. 您使用的教学内容主要根据：［多选题］*
○课程标准 ○教学大纲 ○教材 ○课外的资料
○自己的经验 ○学生的需求
27. 您认为学科教学的最终目的是：
○掌握学科知识 ○培养学科技能 ○培养关键能力
○培养学生成才
28. 您了解每位学生个性心理爱好特征：
○总是 ○经常 ○有时 ○偶尔
○从不
29. 您课后主动对学生进行个性化辅导：
○总是 ○经常 ○有时 ○偶尔
○从不
30. 您用考试成绩评价学生：
○总是 ○经常 ○有时 ○偶尔
○从不

## 四、教与学活动

31. 您认为课堂教学的中心是：
○教材 ○教师 ○学生 ○教师和学生
32. 您进行教学设计时，首先考虑的因素：
○教学目标 ○教学内容 ○教学方法 ○考试要求
○学生学习现状
33. 您课堂的教与学活动主要是：
○教师讲，学生听 ○学生讲，教师评
○师生共同参与的探究讨论 ○学生自学和讨论
34. 您通常的课堂教学模式是：
○先教后学 ○先学后教 ○少教多学 ○自学自理

35. 您是否组织过课堂互动（包括师生、生生与组组）活动：
○总是　○经常　○有时　○偶尔
○从不
36. 您上课时，大部分学生回答问题：
○非常积极　○比较积极　○一般积极　○不太积极
○很不积极
37. 您上课时，学生回答不正确，您能耐心启发：
○总是　○经常　○有时　○偶尔
○从不
38. 课堂教与学中，您倾向于对怎样的学生给予更多关注：
○成绩优秀　○成绩中等　○成绩落后　○思维灵活
○踏实肯学　○行为表现不专注
39. 您上课时，维持课堂秩序主要依靠：
○学生自觉性　○教师威信　○课堂纪律与惩罚
○教学内容　○教学风格　○教学方法
40. 课堂中，对违纪学生您主要采取以下哪些做法：
○严厉斥责　○惩罚（如罚站、留堂等）　○讽刺挖苦
○温和批评　○先做冷处理，课后进行说教
41. 您课后和学生交流课堂教学情况：
○总是　○经常　○有时　○偶尔
○从不
42. 您认为学生喜欢上您的课：
○总是　○经常　○有时　○偶尔
○从不
43. 您主动撰写教学反思：
○总是　○经常　○有时　○偶尔
○从不

## 五、您理想中的教学关系

44. 您心中的好学生（选择您认为最重要的三项）：[多选题]*
○身心健康　○品行端正　○乐观向上　○思维活跃
○好奇心强　○勤奋踏实　○友爱他人
45. 您心中的好教师（选择您认为最重要的三项）：[多选题]*
○身心健康　○道德高尚　○富有人格魅力
○学科教学能力强　○关爱学生身心发展
○所授学生考试成绩优秀　○享受教学生涯

46. 您享受教学过程：

○总是 ○经常 ○有时 ○偶尔

○从不

47. 您认为教学关系与学生学业成绩的关系密切：

○总是 ○经常 ○有时 ○偶尔

○从不

48. 您心中理想的师生关系是：[多选题]*

○师道尊严 ○民主平等 ○分享合作 ○共生共长

原因 [表述题]

______

49. 您心中理想的教与学活动是：[多选题]*

○教师讲学生学 ○教师为中心

○学生为中心 ○教师为主导、学生为主体

○意义建构 ○创新发展

○教学相长

原因 [表述题]

______

50. 您心中理想的教学过程是：[多选题]*

○知识传递 ○技能培养 ○思维发展 ○情感体验

○价值观培养 ○思想交流

原因 [表述题]

______

原因 [表述题]

______

51. 您认为要改善教学关系，最大的压力来自：[多选题]*

○家长 ○社会 ○学校 ○学生

○同事 ○自己

52. 教师是专业技术人员，您认为其专业性主要体现在：

○教学对象的特定性 ○学科教学的专业性

○教学工作的社会性

53. 您认为教师职业对于学生最独特价值在于：

○传授学生学科与非学科知识

○培养学生学习、生活能力

○影响学生的人生观、世界观与价值观

○培养学生成为适应社会发展的人

54. 随着互联网和人工智能技术的发展，您认为教师职业会被替代：
○非常可能　○有较大可能　○说不清　○不太可能
○完全不可能
原因［表述题］

______________________________

## 六、建言献策

55. 要进行建立人性视角下的教学关系，您认为当地教育行政或研究部门最应该为中小学教师做哪些工作？［表述题］

______________________________

______________________________

本次调查到此结束，再次感谢您的配合。

# 附录2 教学关系问卷（学生版）

亲爱的同学：

你好！感谢你参加本次问卷调查！本调查旨在对基础教育不同学段学生进行调查研究，了解与分析学生对教学关系的认识，以更好地探讨基础教育阶段教学中存在的问题。本调查采用匿名方式，调查数据只为科学研究而用，对你提供的信息绝对保密。请你仔细阅读每一道题，并作答，选择题在相应的圆圈内打“√”。谢谢你的支持！

华南师范大学教育科学学院
《人性视角下基础教育阶段教学关系研究》研究组

## 一、个人信息（单选题）

1. 性别：

○男　○女

2. 年龄：

○9岁　○10岁　○11岁　○12岁
○13岁　○14岁　○15岁　○16岁
○17岁　○18岁

3. 学习阶段：

○小学四年级　○小学五年级　○小学六年级　○初中一年级
○初中二年级　○初中三年级　○高中一年级　○高中二年级
○高中三年级

4. 您所在学校属于：

○普通小学　○市一级小学　○省一级小学　○普通初中
○市一级初中　○省一级初中　○普通高中　○市一级高中
○省一级高中、市示范性高中　○国家示范性高中

5. 您所在班级属于：

○重点班　○普通班
○平行班（学校没有区分重点班和普通班）

6. 您在最近一次英语大型（期中、期末或月考）统一测试中成绩如何：

○优秀（取得了全卷90%及以上的分数）
○良好（取得了全卷80%至90%的分数）
○中等（取得了全卷70%至80%的分数）
○及格（取得了全卷60%至70%的分数）

○不及格（取得了少于全卷60%的分数）

请仔细阅读第二、三和四部分每一道题（S1～S8、G1～G8、J1～J11），并作答。每一道题无对错之分，只能选择一个答案。

## 二、师生关系测验题（矩阵量表题）

S1. 英语教师常讽刺或嘲笑你。

| 选项 | 1. 完全符合 | 2. 比较符合 | 3. 基本符合 | 4. 比较不符合 | 5. 完全不符合 |
|---|---|---|---|---|---|
| 认同度 | ○ | ○ | ○ | ○ | ○ |

S2. 你常屈服于英语教师的命令与权威。

| 选项 | 1. 完全符合 | 2. 比较符合 | 3. 基本符合 | 4. 比较不符合 | 5. 完全不符合 |
|---|---|---|---|---|---|
| 认同度 | ○ | ○ | ○ | ○ | ○ |

S3. 英语教师常和你发脾气。

| 选项 | 1. 完全符合 | 2. 比较符合 | 3. 基本符合 | 4. 比较不符合 | 5. 完全不符合 |
|---|---|---|---|---|---|
| 认同度 | ○ | ○ | ○ | ○ | ○ |

S4. 你常和英语教师争吵。

| 选项 | 1. 完全符合 | 2. 比较符合 | 3. 基本符合 | 4. 比较不符合 | 5. 完全不符合 |
|---|---|---|---|---|---|
| 认同度 | ○ | ○ | ○ | ○ | ○ |

S5. 你感受不到英语教师对你的关心。

| 选项 | 1. 完全符合 | 2. 比较符合 | 3. 基本符合 | 4. 比较不符合 | 5. 完全不符合 |
|---|---|---|---|---|---|
| 认同度 | ○ | ○ | ○ | ○ | ○ |

S6. 你不关心你的英语教师。

| 选项 | 1. 完全符合 | 2. 比较符合 | 3. 基本符合 | 4. 比较不符合 | 5. 完全不符合 |
|---|---|---|---|---|---|
| 认同度 | ○ | ○ | ○ | ○ | ○ |

S7. 英语教师上课很不投入。

| 选项 | 1. 完全符合 | 2. 比较符合 | 3. 基本符合 | 4. 比较不符合 | 5. 完全不符合 |
|---|---|---|---|---|---|
| 认同度 | ○ | ○ | ○ | ○ | ○ |

S8. 你不喜欢上英语课。

| 选项 | 1. 完全符合 | 2. 比较符合 | 3. 基本符合 | 4. 比较不符合 | 5. 完全不符合 |
|---|---|---|---|---|---|
| 认同度 | ○ | ○ | ○ | ○ | ○ |

## 三、教学过程测验题

G1. 你不满意目前英语学习的内容。

| 选项 | 1. 完全符合 | 2. 比较符合 | 3. 基本符合 | 4. 比较不符合 | 5. 完全不符合 |
|---|---|---|---|---|---|
| 认同度 | ○ | ○ | ○ | ○ | ○ |

G2. 你不满意目前的英语学习方式。

| 选项 | 1. 完全符合 | 2. 比较符合 | 3. 基本符合 | 4. 比较不符合 | 5. 完全不符合 |
|---|---|---|---|---|---|
| 认同度 | ○ | ○ | ○ | ○ | ○ |

G3. 你不满意目前英语学习的评价方式。

| 选项 | 1. 完全符合 | 2. 比较符合 | 3. 基本符合 | 4. 比较不符合 | 5. 完全不符合 |
|---|---|---|---|---|---|
| 认同度 | ○ | ○ | ○ | ○ | ○ |

G4. 你认为英语教师把考试成绩的高低作为衡量学生的优劣与奖惩学生的唯一标准。

| 选项 | 1. 完全符合 | 2. 比较符合 | 3. 基本符合 | 4. 比较不符合 | 5. 完全不符合 |
|---|---|---|---|---|---|
| 认同度 | ○ | ○ | ○ | ○ | ○ |

G5. 英语教师只关心成绩好的同学。

| 选项 | 1. 完全符合 | 2. 比较符合 | 3. 基本符合 | 4. 比较不符合 | 5. 完全不符合 |
|---|---|---|---|---|---|
| 认同度 | ○ | ○ | ○ | ○ | ○ |

G6. 你很少和教师交流学习英语的困难和感受。

| 选项 | 1. 完全符合 | 2. 比较符合 | 3. 基本符合 | 4. 比较不符合 | 5. 完全不符合 |
|---|---|---|---|---|---|
| 认同度 | ○ | ○ | ○ | ○ | ○ |

G7. 英语教师很少与你倾心相谈学习之外的生活及体会。

| 选项 | 1. 完全符合 | 2. 比较符合 | 3. 基本符合 | 4. 比较不符合 | 5. 完全不符合 |
|---|---|---|---|---|---|
| 认同度 | ○ | ○ | ○ | ○ | ○ |

G8. 你享受不到英语学习给自己带来的快乐。

| 选项 | 1. 完全符合 | 2. 比较符合 | 3. 基本符合 | 4. 比较不符合 | 5. 完全不符合 |
|---|---|---|---|---|---|
| 认同度 | ○ | ○ | ○ | ○ | ○ |

## 四、教与学关系测验题

J1. 英语课堂中，教师从不强调要多听、多说和多用英语。

| 选项 | 1. 完全符合 | 2. 比较符合 | 3. 基本符合 | 4. 比较不符合 | 5. 完全不符合 |
| --- | --- | --- | --- | --- | --- |
| 认同度 | ○ | ○ | ○ | ○ | ○ |

J2. 英语课堂中，教师总是强调考试成绩。

| 选项 | 1. 完全符合 | 2. 比较符合 | 3. 基本符合 | 4. 比较不符合 | 5. 完全不符合 |
| --- | --- | --- | --- | --- | --- |
| 认同度 | ○ | ○ | ○ | ○ | ○ |

J3. 英语课堂中，教师的教学内容很枯燥。

| 选项 | 1. 完全符合 | 2. 比较符合 | 3. 基本符合 | 4. 比较不符合 | 5. 完全不符合 |
| --- | --- | --- | --- | --- | --- |
| 认同度 | ○ | ○ | ○ | ○ | ○ |

J4. 英语课堂中，教师总是讲练习题。

| 选项 | 1. 完全符合 | 2. 比较符合 | 3. 基本符合 | 4. 比较不符合 | 5. 完全不符合 |
| --- | --- | --- | --- | --- | --- |
| 认同度 | ○ | ○ | ○ | ○ | ○ |

J5. 英语课堂中，教师总是“满堂灌”（即教师说得多，学生说得很少）。

| 选项 | 1. 完全符合 | 2. 比较符合 | 3. 基本符合 | 4. 比较不符合 | 5. 完全不符合 |
| --- | --- | --- | --- | --- | --- |
| 认同度 | ○ | ○ | ○ | ○ | ○ |

J6. 英语课堂中，教师引导你回答问题时缺乏耐心。

| 选项 | 1. 完全符合 | 2. 比较符合 | 3. 基本符合 | 4. 比较不符合 | 5. 完全不符合 |
| --- | --- | --- | --- | --- | --- |
| 认同度 | ○ | ○ | ○ | ○ | ○ |

J7. 英语课堂中，教师缺乏组织互动活动（如师生、生生与组组活动），不鼓励学生口头、笔头表达与分享。

| 选项 | 1. 完全符合 | 2. 比较符合 | 3. 基本符合 | 4. 比较不符合 | 5. 完全不符合 |
| --- | --- | --- | --- | --- | --- |
| 认同度 | ○ | ○ | ○ | ○ | ○ |

J8. 英语课堂中，教师维持课堂秩序总是依靠严厉斥责与惩罚。

| 选项 | 1. 完全符合 | 2. 比较符合 | 3. 基本符合 | 4. 比较不符合 | 5. 完全不符合 |
| --- | --- | --- | --- | --- | --- |
| 认同度 | ○ | ○ | ○ | ○ | ○ |

J9. 你经常不能明白英语教师的讲解。

| 选项 | 1. 完全符合 | 2. 比较符合 | 3. 基本符合 | 4. 比较不符合 | 5. 完全不符合 |
|---|---|---|---|---|---|
| 认同度 | ○ | ○ | ○ | ○ | ○ |

J10. 英语教师无法帮助你改进学习方法。

| 选项 | 1. 完全符合 | 2. 比较符合 | 3. 基本符合 | 4. 比较不符合 | 5. 完全不符合 |
|---|---|---|---|---|---|
| 认同度 | ○ | ○ | ○ | ○ | ○ |

J11. 英语教师常给你增加不必要的学习负担。

| 选项 | 1. 完全符合 | 2. 比较符合 | 3. 基本符合 | 4. 比较不符合 | 5. 完全不符合 |
|---|---|---|---|---|---|
| 认同度 | ○ | ○ | ○ | ○ | ○ |

## 五、你理想中的教学关系

7. 你对目前英语学习中的教学关系：

○完全满意 ○比较满意 ○基本满意 ○比较不满意

○完全不满意

8. 你认为影响英语教学关系的最大因素来自：[多选题]*

○家长 ○学校 ○教师 ○自己

○考试

9. 你心中理想的师生关系是：[多选题]*

○师道尊严（教师品德行为与学识都是学生的楷模，学生应尊敬和服从教师）

○民主平等（教师和学生应互相尊重，平等交流知识）

○分享合作（教师和学生应互相尊重，分享知识和提高能力）

○共生共长（教师和学生应像朋友一样，一起成长，共同提高）

10. 你心中理想的教学过程是：[多选题]*

○不断提高考试成绩

○不断吸收书本与其他知识

○不断训练口头与书面表达能力

○不断发展思维能力

○不断体验各类情感

○不断形成各种观点和思想

○不断拓展文化视野

○不断培养价值观（对世界、人生和事物的看法）

11. 你心中理想的教与学关系是：[多选题]*

○教师讲学生学（教师负责讲解明白、学生负责认真听讲）

○教师为中心，主导课堂（教师的教学设计与组织以教学内容目的的要求为主）

○学生为中心，主导课堂（教师的教学设计与组织以学生水平、需求和发展为主）

○教师为主导、学生为主体，师生共同主导课堂（教师的教学设计与组织既以教学内容要求为主，又以学生水平、需求和发展为主）

○意义建构（学生在教师引领下进行知识构建）

○创新发展（学生在教师引领下得到能力发展）

○教学相长（教学和学生一起探究、一起成长）

请你检查一遍，看看是否有漏答的题目并请补充完整。

本次调查到此结束，再次感谢你的配合。祝你学习进步，健康成长！

# 附录3 人性视角下基础教育阶段教学关系研究之书面访谈提纲（高中英语）

亲爱的同学：

你好！为更好地促进英语学习，请允许我们对你进行书面访谈。请你认真、详尽地填写。本调查旨在调查基础教育不同学段学生对于教学关系的认识与看法，你的填写对于英语教学具有重要意义！本调查采用匿名形式，调查数据只为科学研究而用，我们对你提供的信息绝对保密。谢谢你的支持！

华南师范大学教育科学学院
《人性视角下基础教育阶段教学关系研究》研究组

## 一、个人信息（单选题）

**请在相对应的方框内打“√”：**

1. 性别：□男 □女

2. 年龄：□6岁 □7岁 □8岁 □9岁 □10岁 □11岁 □12岁 □13岁 □14岁 □15岁 □16岁 □17岁 □18岁

3. 学习阶段：□小学一年级 □小学二年级 □小学三年级 □小学四年级 □小学五年级 □小学六年级 □初中一年级 □初中二年级 □初中三年级 □高中一年级 □高中二年级 □高中三年级

4. 你所在学校属于：□普通小学 □市一级小学 □省一级小学 □普通初中 □市一级初中 □省一级初中 □普通高中 □市一级高中 □省一级高中 □市示范性高中 □国家示范性高中

5. 你所在班级属于：□重点班 □普通班 □平行班（学校没有区分重点班和普通班）

6. 你在最近一次英语大型（期中、期末或月考）统一测试中成绩如何：

□优秀（取得了全卷90%及以上的分数） □良好（取得了全卷80%至90%的分数）

□中等（取得了全卷70%至80%的分数） □及格（取得了全卷60%至70%的分数）

□不及格（取得了少于全卷60%的分数）

## 二、表述题

7. 你喜欢上现在的英语课吗？为什么？如果你是英语教师，你会怎么让同学们喜欢英语课？

8. 你喜欢英语课的教学内容吗？为什么？如果你是英语教师，你会怎么选择教学内容？

9. 大部分英语课上，教师讲得多还是同学们讨论得多？如果你是英语教师，你会怎么做？

10. 课堂上你喜欢英语教师的提问吗？为什么？如果你是英语教师，你会怎样对待提问你的学生？

11. 你喜欢英语教师总是强调考试成绩吗？为什么？如果你是教师，你会怎样对待学生的考试成绩？

12. 课堂上你跟得上英语教师的进度吗？为什么？如果你是英语教师，你会怎样怎样安排你的教学进度？

13. 当有学生上课不认真时，英语教师如何处理？如果你是英语教师，你会如何处理？

14. 英语教师课余和你相处愉悦吗？为什么？

15. 你会仔细阅读英语教师给你批改的作业吗？为什么？

16. 你很清楚每单元或每节课英语学习的目标吗？为什么？

请你检查一遍，看看是否有漏答的题目并请补充完整。本次调查到此结束，再次感谢你的配合。祝你学习进步，健康成长！

# 附录4 “情境—思维”课堂之高中英语选择性必修1第四单元主题写作教学设计与反思

## 一、教学设计

### （一）教学内容（teaching content）

Topic Writing of Unit 4 Body Language（人教版（2019年版）高中英语课程选择性必修一第四单元主题）（Body Language）写作。

### （二）教学目标（teaching aims）

学生能使用相关主题写作的语言表达（To apply the topic expressions of writing intentionally.），包括词汇与句型。

学生能运用相关主题写作的组织方式，包括篇章、段落与连接词（To apply the organizing method of passage and paragraphs.）。

学生能发展相关主题写作的语篇结构、内容与意义的表达能力（To practice language learning and writing skills.）。

学生能培养与主题相关的积极生活态度与人际关系处理方式（To cultivate a positive attitude towards trouble and relationships in our life.）。

### （三）设计理念（designing rationale）

教学理念：“求真—尚美—崇善”教学关系改善英语教学。

英语写作教学理念：过程性写作教学。

英语教学理念：“情境—思维”课堂促进学生思维品质发展。

### （四）学情分析（analysis of target students）

学生的英语语言学习兴趣与热情有待激发与维持，英语语言基础较为薄弱，亟待夯实，英语语言能力与学习能力亟待提高。

对于英语写作，大部分学生已基本掌握高一写作的基本要求，如字数、题型种类、简单评价等；已具备了一定的写作能力，如构思、遣词造句等，但学生在读者意识、写作结构组织、内容拓展和表达丰富等方面有待培养与提高。

本写作教学属于单元主题写作，学生已经初步完成了两篇主题阅读，掌握了基本的主题词汇，了解了基本的主题意义，如 body language 的主要功能：帮助沟通与表达情感。

### （五）教学重点（important teaching points）

学生能提高主题写作的提纲组织与细节拓展能力（Students can learn how to organize and develop a topic writing.）。

**（六）教学难点（difficult teaching points）**

学生能有意识地运用高级的表达进行写作（Students can try using some advanced sentence structures.）。

学生能有意识提高写作能力与写作评价（Students may be weak in polishing and assessing their writing.）。

**（七）教学方法（teaching methods）**

1. 任务型教学法（task-based approach）
2. 小组、同伴合作（working in pairs or groups）
3. 交际教学法（communicative teaching method ）

**（八）教具准备（teaching aids）**

电脑、投影仪、教案教学 PPT（computer，project，worksheet for students，PPT）。

**（九）课时（teaching period ）**

40 分钟

## 二、教学步骤

| 环节 | 教师活动 | 学生活动 | 设计意图 | 思维品质发展策略 |
|---|---|---|---|---|
| 情境一：warming－up | ①Play an English song.<br>②Greetings.<br>③Present some pictures about the topic of body language.<br>④Introduce the lesson aim | Listen to the song, watch the pictures and try to experience the function of body language | To arouse the students' interest in the lesson | 在语境中呈现词汇与表达，让学生构建单元主题词汇与表达网络，促进学生思维品质的准确性发展 |

续上表

| 环节 | 教师活动 | 学生活动 | 设计意图 | 思维品质发展策略 |
|---|---|---|---|---|
| 情境二：discussion | ①Ask students to get the mind map of the writing.<br>②Ask the students to complete the writing outline | ① Complete the writing outline carefully.<br>② Understand the main content probably involved in each paragraph | To help students clarify the outline probably involved in the writing | 在师生讨论中，教师引领学生进行语篇结构的安排活动，让学生构建语篇结构图式，促进学生思维品质的准确性和灵活性发展 |
| 情境三：Application and language learning | ①Present writing situation one to students.<br>② Help students to order the main paragraphs of the writing.<br>③Encourage students to show their relevant expressions，such as sentence patterns，phrases and vocabulary | ①Discuss in groups and work out some expressions of the writing.<br>②Choose one student to present the structure and expressions.<br>③Read the sample writing aloud | ① To apply the writing outline to situation one.<br>②To help students to enrich and have a good command of some useful expressions | ①在写作情境一中，教师使用打乱的4个文段让学生进行语篇意义的匹配活动，促进学生思维品质的深刻性发展。<br>②教师使用语义解释、句式转换与翻译的方式让学生进行主题交流的学习，促进学生思维品质的准确性、批判性与灵活性发展 |

续上表

| 环节 | 教师活动 | 学生活动 | 设计意图 | 思维品质发展策略 |
| --- | --- | --- | --- | --- |
| 情境四：writing practice | ①Present writing situation two to students.<br>②Ask each student to write a letter according to situation two.<br>③Offer students some help if necessary.<br>④Encourage students to use some advanced expressions | Write a letter according to situation two | To put what they have learned into practice | 在写作情境二中，教师要求学生独自审题构思、组织结构、拓展内容及遣词造句，让学生进行主题写作，实现知识的迁移、技能的发展及能力的内化，促进学生思维品质的准确性、灵活性、深刻性、批判性、独创性及敏捷性发展 |
| 情境五：revising | ①Ask the students to read aloud their writings to their peers.<br>②Ask the students to assess their letters in pairs.<br>③Encourage students to present several letters and make comments | ①Revise the letter.<br>②Peer review.<br>③Correct the errors | To learn to do peer review.<br>To learn from each other | 教师提供根据学生学情制定的评价单，组织学生在朗读、倾听与反思中实现自评与互评，实现学生语言能力、学习能力的发展，促进学生思维品质的准确性、深刻性、批判性发展 |

续上表

| 环节 | 教师活动 | 学生活动 | 设计意图 | 思维品质发展策略 |
|---|---|---|---|---|
| 情境六：cultivating competences | ①To summarize what they have learned.<br>②To develop students' positive attitude towards life by presenting some famous sayings about smiling | ① Review what they have learned in this period.<br>② Reflect what they behave in their daily life | To consolidate | 教师引领学生深化主题写作的目的及意义，升华学生的发展性需求，实现融认知、情感、技能、文化及素养于一体的语言学习过程 |
| 情境七：assignment | Ask the students to revise and polish the writing | Revise the letter based on the checklist | To give the students a further accuracy practice | |

## 三、教学反思

### （一）对教学设计的反思

本节课是“求真—尚美—崇善”教学关系改善英语教学行动研究中的教学案例。本行动研究以“情境—思维”课程教学为载体，旨在通过英语教学中一系列情境的创设、推进与学生思维品质的发展，检验与论证“求真—尚美—崇善”教学关系能助力改善英语教学，同时完善该教学关系的实践途径。

本设计中所用的语言准确，表达清晰，明确地表达了设计者的理念、思路与具体教学步骤。本节课围绕核心素养下的英语教学理念，以情境为载体，以发展学生思维品质为目的，符合学生的实际学情与需求。本节课的情境创设贴近学生生活，为半真实情境与真实情境相结合，也考虑到了各个阶段的教学目标。

### （二）对教学实施的反思

本节课能根据教学设计逐步实施教学过程，从一个情境到下一个情境，逐步推进，能根据教学对象的掌握情况采用不同的活动形式，即个人活动、小组活动和集体活动，组织各种语言实践活动，如朗读、讨论、提问、自评和互评，推进教学实施过程的各个环节。

同伴教师在本节课中首先观察教师提问的难度、针对性、层次性及类型，同时关注追问和解答；其次观察情境创设与推进的有效性；再次观察学生的讨论情况及教师的教学机智、管理智慧和人格魅力等方面。

**（三）对教学效果的反思**

在本节课的语言能力运用部分，大部分学生能使用相关主题写作的语言表达、组织方式，并培养了积极的生活态度与人际关系的处理方式。但个别学生没有按要求完成写作任务，教师可以通过增加个人提问及小组活动的时间，让不同层次的学生都能完成相关的写作任务，使学生的思维品质得到发展。

本堂课中，教师的提问方式，耐心、及时的解答受到了观课教师的赞扬，起到很好的示范作用，例如在描述照片人物情绪的环节中，教师主动示范并引领学生大胆自信投入到中，起到了很好的效果。

**Unit 4　Writing worksheet for students**

Part one：outlining the writing：try to get the outline of the writing

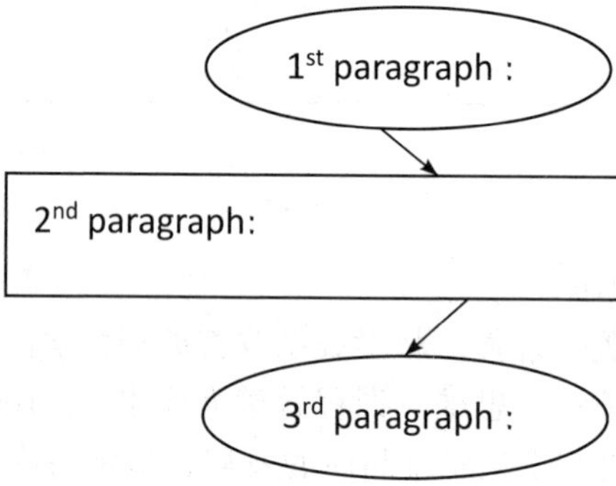


A：Ask if something is wrong；perhaps make some guesses.

B：Describe the body language that you noticed.

C：Offer to help；remind him/her that you are a good friend.

Part two：developing the content and language

Situation 1：This morning，you noticed that Tom，an exchange student（交流生）from the UK，one of your friends in your class，left the classroom in a hurry. You want to write him a short letter to show him your concern.（1）Try to develop the outline of the writing for situation one：

Dear Tom，

(1) ______________________________

(2) ______________________________

(3) ______________________________

(4) ______________________________ (closing 结尾辞),

Yours,

Your name

(2) Language learning

①Which phrase has the similiar meaning as "be willing to" in the letter above?

②How will you express "想家是很正常的事"?

③How will you express "我留意到你……"?

④How will you express "我愿意随时帮助你"?

Part Three: practice writing

Situation 2: 最近你们班新来的 Fred，也是你的好朋友，经常心不在焉，当你问他时，他又低头不语。你决定写一封信（100 字左右）给他。你可从平时和他的交流中对他的处境做出某些合理的猜测与细节补充。

Part Four: self (Peer) – assessing checklist – homework

| 评价项目 | | 自评（是√ 否× 部分☑） | 同伴评（是√ 否× 部分☑） |
|---|---|---|---|
| 结构 | 1. 段落之间过渡自然吗? | | |
| | 2. 段落内部有使用得当的连接词吗? | | |
| 内容 | 3. 内容详略得当、重点突出吗? | | |
| | 4. 细节补充合理吗? | | |
| 语言 | 5. 时态表达正确吗? | | |
| | 6. 句子有遵循主语和谓语搭配吗? | | |
| | 7. 使用了高级词汇和句子吗? | | |
| 书写 | 8. 字母大小写、标点符号使用正确吗? | | |
| | 9. 书写工整（无乱涂乱画）吗? | | |
| 作文亮点 | 10. 有好词好句（请用☆在原文中画出） | | |

Part Five: polished writing

Did you have any difficulty in writing the letter? Make a list.

# 附录5 英语行动研究后访谈提纲

1. 你认为英语课堂上教师的提问合适吗？为什么？

2. 英语课堂上教师讲得多还是同学们讨论得多？你认为合适吗？为什么？

3. 英语教师还总是强调考试成绩吗？你认为合适吗？为什么？

4. 你喜欢英语教师课内课外创设的英语学习情境与学习内容吗？为什么？

5. 你喜欢上现在的英语课吗？为什么？

6. 你课余和英语教师相处愉悦吗？为什么？

# 附录6　教学关系学生自我调查问卷

亲爱的同学：

你好！感谢你参加本次问卷调查。本调查旨在了解你对教学关系现状与原因的认识，以更好地探讨基础教育阶段教学中存在问题。本调查采用匿名方式，调查数据只为科学研究而用，对你提供的信息绝对保密。谢谢你的支持！

华南师范大学教育科学学院

《人性视角下基础教育阶段教学关系研究》研究组

## 一、个人信息（单选题）

1. 性别：

○男　○女

2. 年龄：

○6岁　○7岁　○8岁　○9岁

○10岁　○11岁　○12岁　○13岁

○14岁　○15岁　○16岁　○17岁

○18岁

3. 学习阶段：

○小学一年级　○小学二年级　○小学三年级　○小学四年级

○小学五年级　○小学六年级　○初中一年级　○初中二年级

○初中三年级　○高中一年级　○高中二年级　○高中三年级

4. 你所在学校属于：

○普通小学　○市一级小学　○省一级小学　○普通初中

○市一级初中　○省一级初中　○普通高中　○市一级高中

○省一级高中、市示范性高中　○国家示范性高中

5. 你所在班级属于：

○重点班　○普通班

○平行班（学校没有区分重点班和普通班）

6. 你在最近一次英语大型（期中、期末或月考）统一测试中成绩：

○优秀（取得了全卷90%及以上的分数）

○良好（取得了全卷80%至90%的分数）

○中等（取得了全卷70%至80%的分数）

○及格（取得了全卷60%至70%的分数）

○不及格（取得了少于全卷60%的分数）

请你仔细阅读第二、第三和第四部分每一道题并作答。每一道题无对错之分，只能选择一个答案。

谢谢你的合作。

## 二、师生关系测验题（矩阵量表题）

S1. 英语教师常讽刺或嘲笑你。

| 选项 | 1. 完全符合 | 2. 比较符合 | 3. 基本符合 | 4. 比较不符合 | 5. 完全不符合 |
|---|---|---|---|---|---|
| 认同度 | ○ | ○ | ○ | ○ | ○ |

S2. 你常屈服于英语教师的命令与权威。

| 选项 | 1. 完全符合 | 2. 比较符合 | 3. 基本符合 | 4. 比较不符合 | 5. 完全不符合 |
|---|---|---|---|---|---|
| 认同度 | ○ | ○ | ○ | ○ | ○ |

S3. 英语教师常和你发脾气。

| 选项 | 1. 完全符合 | 2. 比较符合 | 3. 基本符合 | 4. 比较不符合 | 5. 完全不符合 |
|---|---|---|---|---|---|
| 认同度 | ○ | ○ | ○ | ○ | ○ |

S4. 你常和英语教师争吵。

| 选项 | 1. 完全符合 | 2. 比较符合 | 3. 基本符合 | 4. 比较不符合 | 5. 完全不符合 |
|---|---|---|---|---|---|
| 认同度 | ○ | ○ | ○ | ○ | ○ |

S5. 你感受不到英语教师对你的关心。

| 选项 | 1. 完全符合 | 2. 比较符合 | 3. 基本符合 | 4. 比较不符合 | 5. 完全不符合 |
|---|---|---|---|---|---|
| 认同度 | ○ | ○ | ○ | ○ | ○ |

S6. 你不关心你的英语教师。

| 选项 | 1. 完全符合 | 2. 比较符合 | 3. 基本符合 | 4. 比较不符合 | 5. 完全不符合 |
|---|---|---|---|---|---|
| 认同度 | ○ | ○ | ○ | ○ | ○ |

S7. 英语教师上课很不投入。

| 选项 | 1. 完全符合 | 2. 比较符合 | 3. 基本符合 | 4. 比较不符合 | 5. 完全不符合 |
|---|---|---|---|---|---|
| 认同度 | ○ | ○ | ○ | ○ | ○ |

S8．你不喜欢上英语课。

| 选项 | 1．完全符合 | 2．比较符合 | 3．基本符合 | 4．比较不符合 | 5．完全不符合 |
|---|---|---|---|---|---|
| 认同度 | ○ | ○ | ○ | ○ | ○ |

## 三、教学过程测验题

G1．你不满意目前英语学习的内容。

| 选项 | 1．完全符合 | 2．比较符合 | 3．基本符合 | 4．比较不符合 | 5．完全不符合 |
|---|---|---|---|---|---|
| 认同度 | ○ | ○ | ○ | ○ | ○ |

G2．你不满意目前的英语学习方式。

| 选项 | 1．完全符合 | 2．比较符合 | 3．基本符合 | 4．比较不符合 | 5．完全不符合 |
|---|---|---|---|---|---|
| 认同度 | ○ | ○ | ○ | ○ | ○ |

G3．你不满意目前英语学习的评价方式。

| 选项 | 1．完全符合 | 2．比较符合 | 3．基本符合 | 4．比较不符合 | 5．完全不符合 |
|---|---|---|---|---|---|
| 认同度 | ○ | ○ | ○ | ○ | ○ |

G4．你认为英语教师把考试成绩的高低作为衡量学生的优劣与奖惩学生的唯一标准。

| 选项 | 1．完全符合 | 2．比较符合 | 3．基本符合 | 4．比较不符合 | 5．完全不符合 |
|---|---|---|---|---|---|
| 认同度 | ○ | ○ | ○ | ○ | ○ |

G5．英语教师只关心成绩好的同学。

| 选项 | 1．完全符合 | 2．比较符合 | 3．基本符合 | 4．比较不符合 | 5．完全不符合 |
|---|---|---|---|---|---|
| 认同度 | ○ | ○ | ○ | ○ | ○ |

G6．你很少和教师交流学习英语的困难和感受。

| 选项 | 1．完全符合 | 2．比较符合 | 3．基本符合 | 4．比较不符合 | 5．完全不符合 |
|---|---|---|---|---|---|
| 认同度 | ○ | ○ | ○ | ○ | ○ |

G7．英语教师很少与你倾心相谈学习之外的生活及体会。

| 选项 | 1．完全符合 | 2．比较符合 | 3．基本符合 | 4．比较不符合 | 5．完全不符合 |
|---|---|---|---|---|---|
| 认同度 | ○ | ○ | ○ | ○ | ○ |

G8. 你享受不到英语学习给自己带来的快乐。

| 选项 | 1. 完全符合 | 2. 比较符合 | 3. 基本符合 | 4. 比较不符合 | 5. 完全不符合 |
|---|---|---|---|---|---|
| 认同度 | ○ | ○ | ○ | ○ | ○ |

## 四、教与学关系测验题

J1. 英语课堂中，教师从不强调要多听、多说和多用英语。

| 选项 | 1. 完全符合 | 2. 比较符合 | 3. 基本符合 | 4. 比较不符合 | 5. 完全不符合 |
|---|---|---|---|---|---|
| 认同度 | ○ | ○ | ○ | ○ | ○ |

J2. 英语课堂中，教师总是强调考试成绩。

| 选项 | 1. 完全符合 | 2. 比较符合 | 3. 基本符合 | 4. 比较不符合 | 5. 完全不符合 |
|---|---|---|---|---|---|
| 认同度 | ○ | ○ | ○ | ○ | ○ |

J3. 英语课堂中，教师的教学内容很枯燥。

| 选项 | 1. 完全符合 | 2. 比较符合 | 3. 基本符合 | 4. 比较不符合 | 5. 完全不符合 |
|---|---|---|---|---|---|
| 认同度 | ○ | ○ | ○ | ○ | ○ |

J4. 英语课堂中，教师总是讲练习题。

| 选项 | 1. 完全符合 | 2. 比较符合 | 3. 基本符合 | 4. 比较不符合 | 5. 完全不符合 |
|---|---|---|---|---|---|
| 认同度 | ○ | ○ | ○ | ○ | ○ |

J5. 英语课堂中，教师总是“满堂灌”（教师说得多，学生说得很少）。

| 选项 | 1. 完全符合 | 2. 比较符合 | 3. 基本符合 | 4. 比较不符合 | 5. 完全不符合 |
|---|---|---|---|---|---|
| 认同度 | ○ | ○ | ○ | ○ | ○ |

J6. 英语课堂中，教师启发你回答问题时缺乏耐心。

| 选项 | 1. 完全符合 | 2. 比较符合 | 3. 基本符合 | 4. 比较不符合 | 5. 完全不符合 |
|---|---|---|---|---|---|
| 认同度 | ○ | ○ | ○ | ○ | ○ |

J7. 英语课堂中，教师缺乏组织互动活动（如师生、生生与组组活动），不鼓励学生口头、笔头表达与分享。

| 选项 | 1. 完全符合 | 2. 比较符合 | 3. 基本符合 | 4. 比较不符合 | 5. 完全不符合 |
|---|---|---|---|---|---|
| 认同度 | ○ | ○ | ○ | ○ | ○ |

J8．英语课堂中，教师维持课堂秩序总是依靠严厉斥责与惩罚。

| 选项 | 1．完全符合 | 2．比较符合 | 3．基本符合 | 4．比较不符合 | 5．完全不符合 |
|---|---|---|---|---|---|
| 认同度 | ○ | ○ | ○ | ○ | ○ |

J9．你经常不能明白英语教师的讲解。

| 选项 | 1．完全符合 | 2．比较符合 | 3．基本符合 | 4．比较不符合 | 5．完全不符合 |
|---|---|---|---|---|---|
| 认同度 | ○ | ○ | ○ | ○ | ○ |

J10．英语教师无法帮助你改进学习方法。

| 选项 | 1．完全符合 | 2．比较符合 | 3．基本符合 | 4．比较不符合 | 5．完全不符合 |
|---|---|---|---|---|---|
| 认同度 | ○ | ○ | ○ | ○ | ○ |

J11．英语教师常给你增加不必要的学习负担。

| 选项 | 1．完全符合 | 2．比较符合 | 3．基本符合 | 4．比较不符合 | 5．完全不符合 |
|---|---|---|---|---|---|
| 认同度 | ○ | ○ | ○ | ○ | ○ |

请你检查一遍，看看是否有漏答的题目并请补充完整。再次感谢你的合作。

本次调查到此结束，再次感谢你的配合。祝你学习进步，健康成长！

# 附录7 “求真—尚美—崇善”教学关系的中学英语课堂观察表

| 一级指标 | 二级指标 | 三级指标（教师行为） | 频次/次 | 三级指标（学生的课堂行为） | 频次/次 | 备注 |
|---|---|---|---|---|---|---|
| 生趣真实的教与学关系（A） | 真实的教学内容（A1） | 教师创设适合学生特点的情境（A11） | 5 | 学生对该情境感兴趣（A11XS） | 5 | |
| | | 教师呈现有趣的教学内容（A12） | 2 | 学生对该内容感兴趣（A12XS） | 2 | |
| | | 教师挖掘教学内容的人文意义（A13） | 3 | 学生理解了该意义（A13XS） | 3 | |
| | 生动的教学活动（A2） | 教师组织师生互动活动（A21） | 6 | 学生积极参与师生互动活动（A21XS） | 6 | |
| | | 教师组织小组、生生互动活动（A22） | 3 | 学生积极参与小组、生生互动活动（A22XS） | 3 | |
| | 合适的教学方法（A3） | 教师提问时使用开放式问题（A31） | 32 | 学生乐于回答开放式问题（A31XS） | 25 | |
| | | 教师耐心倾听学生的回答（A32） | 40 | 学生积极回答问题（A32XS） | 30 | |
| | | 教师具体指导学生深入思考（A33） | 3 | 学生积极深入思考（A33XS） | 3 | |
| 探究合作的教学过程（B） | 美的教学设计（B1） | 教师设置的教学目标符合学生学情（B11） | 6 | 学生清楚教学目标（B11XS） | 5 | |
| | | 教学设计重视课程育人的理念（B12） | 6 | 学生感受到英语学习的意义（B12XS） | 5 | |
| | 美的教学实施（B2） | 教师引导学生探究合作学习（B21） | 3 | 学生积极探究合作学习（B21XS） | 2 | |
| | | 教师关注了学生是否跟得上进度（B22） | 3 | 学生跟得上进度（B22XS） | 2 | |
| | | 课堂生成了预设之外的问题（B23） | 0 | 学生提出了新的问题（B23XS） | 0 | |

续上表

| 一级指标 | 二级指标 | 三级指标（教师行为） | 频次/次 | 三级指标（学生的课堂行为） | 频次/次 | 备注 |
|---|---|---|---|---|---|---|
| 探究合作的教学过程（B） | 美的教学评价（B3） | 教师评价学生的学习过程（B31） | 0 | 学生被评价时备受启发（B31XS） | 0 | |
| | | 教师评价学生的学习结果（B32） | 10 | 学生被评价时备受启发（B32XS） | 9 | |
| | | 教师评价学生个人的学习表现（B33） | 6 | 学生被评价时备受启发（B33XS） | 6 | |
| | | 教师评价全班的表现（B34） | 3 | 学生被评价时备受启发（B34XS） | 3 | |
| 示范对话的师生关系（C） | 平等的伦理之善（C1） | 教师对学生始终友好，对教学很有热情，上课精神饱满（C11） | 6 | 学生对教师始终友好（C11XS） | 6 | |
| | | 教师鼓励学生表达不同观点或意见（C12） | 6 | 学生勇于表达自己观点或意见（C12XS） | 10 | |
| | | 教师提问时关注了不同水平的学生（C13） | 5 | 学生很高兴自己被关注（C13XS） | 5 | |
| | 互爱的情感之善（C2） | 教师提问时很耐心（C21） | 4 | 学生回答时很认真（C21XS） | 4 | |
| | | 教师能关注全体学生身心健康，给学生传递正能量（C22） | 3 | 学生积极与教师互动（C22XS） | 3 | |
| | 理解的业务之善（C3） | 教师积极示范（C31） | 5 | 学生积极模仿学习（C31XS） | 4 | |
| | | 教师分享体会、经历与观点（C32） | 0 | 学生乐于分享（C32XS） | 0 | |
| | | 教师能启发学生思考问题，而不总是灌输（C33） | 5 | 学生积极参与学习（C33XS） | 5 | |

续上表

| 一级指标 | 二级指标 | 三级指标（教师行为） | 频次/次 | 三级指标（学生的课堂行为） | 频次/次 | 备注 |
|---|---|---|---|---|---|---|
| 整体的教学关系（D） | 和谐自然的课堂（D1） | 教学节奏是否适当（D11） | 5 | 学生学习专注度高（D11XS） | 4 | |
| | | 教学目标是否合理（D12） | 6 | 学生深入思考（D12XS） | 6 | |
| | | 课堂气氛是否自然（D13） | 5 | 学生神情愉悦（D13XS） | 5 | |

# 附录8　课堂中教学关系调查表（学生）

亲爱的同学：

你好！为了帮助教师诊断和改进教学工作，现特制定“课堂中教学关系调查表”供你填写，请你根据任课教师的教学情况，认真客观地回答以下问题。

班级：　　　　科目：　　　　教师：　　　　填写日期：

注：请根据任课教师所教课程的实际情况与下面所列项目的符合程度做出判断。每个项目后有5个等级，它们依次是：很不符合、比较不符合、一般、比较符合、很符合。回答时，请选择一个最能代表你看法的选项。本调查采用匿名形式，调查数据只为科学研究而用，对你提供的信息绝对保密。谢谢你的支持！

华南师范大学教育科学学院

《人性视角下教学关系的研究》研究组

| 项目 | 很不符合 | 比较不符合 | 一般 | 比较符合 | 很符合 |
|---|---|---|---|---|---|
| 1. 教师对教学热情，上课精神饱满，自信大方 | 1 | 2 | 3 | 4 | 5 |
| 2. 教师能关注全体学生的身心健康，给学生传递正能量 | 1 | 2 | 3 | 4 | 5 |
| 3. 教师能引导学生不断独立思考问题，而不总是死记硬背 | 1 | 2 | 3 | 4 | 5 |
| 4. 教师能呈现有趣，且联系实际和深浅适度的教学内容 | 1 | 2 | 3 | 4 | 5 |
| 5. 教师组织了生动活泼且风趣的互动活动，而不总是讲授 | 1 | 2 | 3 | 4 | 5 |
| 6. 教师及时提问、解答与追问 | 1 | 2 | 3 | 4 | 5 |
| 7. 教师设计的教学目标清楚、明白 | 1 | 2 | 3 | 4 | 5 |
| 8. 教师教学时能关注学生学习状态，而不是一味赶教学进度 | 1 | 2 | 3 | 4 | 5 |

**续上表**

| 项目 | 很不符合 | 比较不符合 | 一般 | 比较符合 | 很符合 |
|---|---|---|---|---|---|
| 9. 教师能及时评价学生的学习表现，而不是置之不理 | 1 | 2 | 3 | 4 | 5 |
| 10. 教师鼓励学生发表自己的见解，并能向教师质疑 | 1 | 2 | 3 | 4 | 5 |
| 11. 教师等待学生回答问题时很耐心，多鼓励引领而不是指责、代答 | 1 | 2 | 3 | 4 | 5 |
| 12. 教师能积极示范和引领学生探究知识，而不总是直接给出答案 | 1 | 2 | 3 | 4 | 5 |

# 后　　记

本书是在笔者的博士论文《人性视角下教学关系的研究》的基础上修改而成的。

2015 年 9 月，怀着满腔的热情和好奇，笔者步入华南师范大学校园。回首间，我与自己、与他人、与世界的种种经历浮现于眼前：有紧张的课程学习、有奔波的满身疲惫、有焦虑的论文写作，有茅塞顿开的思维碰撞，有热烈讨论的晚课堂。或紧张，或轻松，或焦虑，或淡定，或无奈，或积极，或痛苦，或快乐。岁月如歌，数年飞逝，博士毕业后，我来到广东省教育研究院从事教育研究工作，心中充满感动、感恩与感谢。

感谢敬爱的导师扈中平先生。扈老师有着很高的理论修养，他的课堂幽默风趣；有着深厚的教育情怀，常常引人深思。扈老师有着很强的人格魅力，他的生活充满着智慧。扈老师对于我一有引领之恩。当初，正是他对我的贸然去信给予的友善回应，我才有了攻读博士学位的勇气。扈老师不仅接纳我为其入室弟子，让我学有所依，还以深厚的学识影响着我对教育教学实践的思考；扈老师不仅关心我的学业进展，激励我多阅读、多思考，具体指导我的论文写作，还关心我的生活与工作，鼓励我积极乐观、豁达从容，追求更有为、更幸福的生活。

感谢张广君老师。张老师他既富有东北学者的耿直包容，又具有人文学者特有的细腻深沉。他师德高尚、平等爱生，设身处地替学生着想，令我深深感动；他关注基础教育教学实践，视野开阔、思想深邃，令我深受感染；他博学多思，课堂中旁征博引、火花不断，善于启发，令我灵感迸发；他温和敦厚、善良真诚，无论在学习上、生活上，还是工作上都给予了我很多的关爱、指导与帮助，令我受益终身。

感谢黄甫全老师。黄老师的渊博学识、严谨治学，令我敬仰。正如黄老师所言："师生的缘分有时在门内，有时在门外，只要有心就会有师生之情。"还记得开题时，正是黄老师让我坚定了论文研究的方向；也正是黄老师细致深入的指导，让我对研究的目标、内容、方法及思路有了更自信笃定的态度和明确清晰的认识。

感谢华南师范大学教育科学学院的老师们。感谢曾文婕教授、李志厚教授、冯生尧教授、柯森教授、刘志文教授、齐梅教授、潘蕾琼老师、王文岚老师等诸位老师的精彩课程与指导，是你们拓宽了我的知识视野，是你们提升了我的学习能力，是你们点拨了我的思想火花，播下了我智慧的种子。曾文婕教授既是学术方面的大师，又如朋友般温和友好，她常常用准确的语言点醒处于思考迷惘中的我。李志厚教授授课视野开阔，给我提供了许多学习资源，他真诚友好，上课风趣幽默，总是让课堂充满着正能量。冯生尧教授睿智低调，课程内在逻辑性强且深入浅出。柯森教授为人谦和，循循善诱，关爱学生。刘志文教授平和亲切，授课方式独特，激励我勇于探究，大胆思考。齐梅教授思维严谨，观点犀利，举手投足间尽显女性学者的魅力，留给我很多启迪。潘蕾琼老师年轻有为、热爱生活，引导我不断思考与深入学习。王文岚老师亦师亦友，对教育现象总保持着独特的思考视角，启发我学术与生活原来如此密切。

感谢所有接受与我博士论文研究相关的问卷调查、访谈与课堂观察的老师，你们的支持不仅是对于我学业的支持，也是对于我个人的爱护。感谢所有参与了我博士论文研究的学生，没有你们真实的、及时的、认真的问卷回复与访谈参与，就没有本研究需要的重要数据。

感谢扈门所有同门的帮助。感谢李柯柯师姐的引荐之情，感谢肖绍明师兄、庞国辉师兄、张中原师兄、刘通师兄、杨坚师兄对我研究论文的指导；感谢邵成智、邹小婷、徐胜阳、姜盛祥、夏泉源等师弟师妹给我不同方式的关心、帮助与支持，拥有你们的情谊是我极大的幸福。

感谢帅飞飞、李敏、谢大雅、付雪芹、蔡忠兵、刘慧、刘瑞芹、曾德强、龚金花、易敏、杨耀伟、李灵丽、李义茹等同窗好友，我终生难忘与你们一起以中年之躯放飞思想、追逐梦想与相互鞭策的美好日子。

感谢昔日单位的领导和同事，感谢批准我求学的冯亦葵校长，感谢让我论文行动研究得以顺利完成的谢虎成校长，感谢激励我不断深入研究奋力前行的陈秋兰校长和李广超研究员，感谢我亲爱的学生彭妮娜提供课堂让我研究，是你们的支持让我有幸开始、愉悦享受并顺利完成我的学业。感谢广东省教育研究院提供的丰富教育研究资源，搭建的广阔教育研究平台让我能从更宽的角度看到教育更多面貌与更深内涵。感谢广东省教育研究院傅湘龙院长、李海东副院长、曾令鹏主任、熊潜主任，还有吴有昌、鲍银霞、施美彬、李英老师，以及广东高等教育出版社的编辑，正是有了你们的大力支持，本书得以付梓面世。

最后感谢我的家人！没有你们的支持，就不可能有今天的我。感谢我的父母，你们不仅给了我健康的体魄与充沛的精力，还给了我生活上无私的支持，更给了我精神上无穷的力量，是你们对知识的重视与对我的深爱让我有勇气重回校园求学，是你们从小把我培养成吃苦耐劳、不轻言放弃的性格，让我坚持到最后。感谢我的两位弟弟，为了支持我求学，你们分担了大部分的家庭责任，传递着血浓于水的挚爱亲情。感谢我的丈夫于进，您用宽广的胸怀包容着我，您用默默的行动支持我将四年大部分的周末用于学业，您在繁忙的工作之余，不仅主动分担家务与抚养孩子，还和我分享求学所思，听我絮说教育灵感。感谢我的两个孩子，大儿子于瀚斌，你学习自觉、积极向上，不让妈妈操心你的学业，还经常关心我的学业进度和多样情绪，让我体验到和孩子一起天天学习与成长是一件多么美妙的事情。小儿子于瀚凯，你的出生是妈妈求学四年中最大的惊喜，你让我再次体验到为人母的快乐，让我感受到作为高龄妈妈的喜悦与骄傲。论文撰写之时，你还在襁褓之中。每当看着襁褓中的你，琢磨着老子“复归于婴儿”的人性期待，想象着你长大的可爱模样，便觉着自己是世界上最幸福的人。感谢你们，我的亲人们，你们的陪伴是我最大的精神支柱。

亚里士多德曾说，“求知是人类的本性”。几年前，我选择华南师范大学作为求知的起点。在那儿，我收获了师恩与友情、知识与智慧、美好与幸福。本书与其说是我求学功课完成的表现形式，更不如说是我对多年基础教育体验、实践与研究的感性表达与理性反思。庄子说：“吾生也有涯，而知也无涯。以有涯随无涯，殆已。”但窃以为以有涯随无涯，乐也。因为以有涯之人生追随无涯之真知，思考与探究教育的无限可能，又何尝不如欣赏“山间之清风、水中之明月”般乐趣无穷？是为后记。

罗永华

2021 年 9 月于广州